金融業界大研究

第4版

齋藤 裕［著］

はじめに

本書の初版が発行されたのは、２００８年9月に起きた米国発の金融危機、いわゆるリーマンショックの1年前。今から8年前のことだ。

当時の日本の金融界は、バブルの後遺症をまだ引きずりながらも、大手銀行は、３大メガバンクに集約されようやく復活の道筋が見えてきた時期だった。

ところが、翌年にリーマンショックが起きたことで、ビジネスモデルの修正に見舞われた。銀行本来のビジネスは、お金を企業や個人に貸して利ざやを稼ぐこと。ところが、このビジネスモデルはバブルがはじけた90年代中頃から衰退。メガバンクは、当時国際金融界を席巻していた米投資銀行に追いつき、追い抜こうと経営戦略のベクトルをリスクビジネス強化に舵を切りつつあった。

しかし、リーマンショックで一転して国際金融界に金融規制の網がかけられ、日本の金融界も出鼻をくじかれた。が、こうした金融動乱が、日本の銀行にとってはバブル時代の１９８０年代に次いで、国際金融界への再デビューのきっかけにもなった。欧米の有力金融機関が、リーマンショックの後遺症に悩んだ間隙をついて、比較的影響が軽微だったメガバンクが、アジアの新興国融資を中心にプレゼンスを高めるチャンスになったのだ。証券界の雄であった野村グループも、破綻したリーマン・ブラザーズの欧州部門を買収した。

このリーマンショックをも金融界は乗り越えたように思えたが、実はその金融危機とは、銀行、証券、保険といった金融機関が光り輝くことを守ってくれていた「資本主義社会」そのものの存在意義を問う出来事だったのだ。しかし、まだその回答を誰もが示してはいない。

いま、日本だけでなく世界の金融業界が長引くデフレの中でもがき苦しんでいる。そんな中、日本の金融界は海外ビジネスやグループ力に依存し、何とか脱出しようとしているが、そこに起こったのが、ゼロ金利政策、英国のEU離脱といった予想もしなかった事態だった。

今回、国際金融界の変遷をたどりながら、2012年にスイスで開かれた世界経済フォーラム（ダボス会議）でテーマになった資本主義の苦悩にも触れた。現状、世界経済の低成長化が避けられず、しかも唯一の成長エンジンだった中国が、いまや国際金融界の波乱要因になっており、従来の資本主義と、社会主義国である中国の「国家資本主義」が相対する世界が共存しようとしている。

本書では、これから金融界に籍を置こうとしている若い人たちに、銀行・証券・保険の各業界の現状、問題点を解明しながら、各金融機関が今日の複雑な時代にどのような経営戦略を描こうとしているのかを、解りやすく解説する点に力点を置いた。

今後、金融界がどのような変遷をたどるかは不透明だが、金融界を理解する上で少しでも本書が役に立ってもらえたら望外の喜びだ。

２０１６年11月

齋藤　裕

金融業界大研究［第４版］◎目次

はじめに　2

1 CHAPTER
金融業界最新動向
混迷深める金融業界　11

1　混沌としてきた国際金融の世界　12
2　海外頼みが続く日本の金融機関　20
3　再編・統合で変わる業界地図　24
4　混迷深めるドル体制の変遷　30
5　米と中国の金融覇権戦争　43

2 CHAPTER
銀行
業界のしくみ・展望・主要企業　47

1　銀行のしくみと役割　48

2 銀行の種類 52
3 ビジネス最前線 57
4 伸び悩む3メガのグループ戦略 63
5 再編避けられない地域金融機関 67
6 主要企業のプロフィール ①三菱UFJフィナンシャル・グループ 73
7 主要企業のプロフィール ②みずほフィナンシャル・グループ 77
8 主要企業のプロフィール ③三井住友フィナンシャルグループ 81
9 主要企業のプロフィール ④三井住友トラスト・ホールディングス 85
10 主要企業のプロフィール ⑤りそなホールディングス 89

3 CHAPTER 証券 業界のしくみ・展望・主要企業 93

1 証券会社のしくみと役割 94

2 70年代以降に激変した証券会社 99
3 証券会社の今後の展望 102
4 主要企業のプロフィール ①野村ホールディングス 115
5 主要企業のプロフィール ②大和証券グループ本社 119
6 主要企業のプロフィール ③SMBC日興証券 123
7 主要企業のプロフィール ④みずほ証券 127
8 主要企業のプロフィール ⑤三菱UFJ証券ホールディングス 131
9 準大手・中堅証券 135
10 ネット証券 138

4 CHAPTER 生命保険

業界のしくみ・展望・主要企業

141
1 生命保険会社のしくみと役割 142
2 市場環境の変化 145

3 動き出した勝ち残りを巡る再編 148
4 海外戦略に活路 151
5 主要企業のプロフィール ①日本生命保険 155
6 主要企業のプロフィール ②第一生命保険 159
7 主要企業のプロフィール ③明治安田生命保険 163
8 主要企業のプロフィール ④住友生命保険 167
9 主要企業のプロフィール ⑤T&Dホールディングス 171
10 主要企業のプロフィール ⑥ソニー生命保険 174
11 主要企業のプロフィール ⑦フコク生命保険 176
12 主要企業のプロフィール ⑧朝日生命保険 179
COLUMN 再編圧力増し、苦悩が続く「地方銀行」 182

5
CHAPTER
損害保険 業界のしくみ・展望・主要企業 183

1 損害保険会社のしくみと役割 184
2 最近の業界動向と海外戦略 188
3 進む業界再編と代理店改革 192
4 主要企業のプロフィール ①東京海上ホールディングス 198
5 主要企業のプロフィール ②MS&ADインシュアランスグループホールディングス 202
6 主要企業のプロフィール ③SONPOホールディングス 206
7 その他の損保会社 ①トーア再保険②共栄火災海上保険③ソニー損保④朝日火災海上保険⑤セコム損害保険 210

6
CHAPTER
活躍する金融マンたち 217

INTERVIEW 金融業界の仕事 三井住友銀行 ▼ 長沢翔太さん
海外でも今と同じ仕事をやってみたい 218

INTERVIEW 金融業界の仕事 住友生命保険 ▼ 齋藤卓磨さん
開発商品は自分の子供みたいなモノ 222

INTERVIEW 金融業界の仕事 SMBC日興証券 ▼ 大関千尋さん
担当エリアの支店から信頼される存在に 226

7 CHAPTER
金融業界企業データ&関連ウェブサイト

金融業界企業データ&関連ウェブサイト 231
三菱UFJフィナンシャル・グループ/三菱東京UFJ銀行/三菱UFJ信託銀行 232
みずほフィナンシャルグループ/みずほ銀行/みずほ信託銀行 233
三井住友フィナンシャルグループ/三井住友銀行 234
りそなホールディングス/りそな銀行/埼玉りそな銀行 235
三井住友トラスト・ホールディングス/三井住友信託銀行/セブン銀行 236

野村ホールディングス／野村證券／野村アセットマネジメント 237
大和証券グループ本社／大和証券／みずほ証券 238
三菱ＵＦＪモルガン・スタンレー証券／ＳＭＢＣフレンド証券 239
日本生命保険／第一生命保険／住友生命保険 240
明治安田生命保険／三井生命保険／朝日生命保険 241
東京海上ホールディングス／東京海上日動火災保険／損害保険ジャパン日本興亜 242
ＭＳ＆ＡＤインシュアランスグループホールディングス／三井住友海上火災保険／あいおいニッセイ同和損害保険 243
金融業界関連ウェブサイト 245

カバーデザイン◉内山絵美（有）釣巻デザイン室
ＤＴＰ◉三月社
編集協力◉三月社、大和田勲

1

CHAPTER

金融業界最新動向

混迷深める金融業界

1
CHAPTER 1

混沌としてきた国際金融の世界

未曽有のマイナス金利時代

資本主義世界が揺らいでおり、経済の動脈を担っている金融機関の役割が問われている。

2008年に米国発の金融危機、いわゆるリーマンショックが起こり、世界経済は急速に収縮した。その危機的状況を救ったのが、世界中の資源を爆食していると批判されながらも、世界経済の需要を一手に引き受けてきた中国。だが、この救世主も一時の勢いが無くなり、いまや、世界経済のブレーキ役になっており、中国発の金融危機さえ言われだした。また、銀行システム以外での信用供与を行なっているシャドーバンキング問題も懸念されている。

今日の金融界に課せられているテーマは「低成長時代に金融機関はどのような貢献ができるのか」だ。低成長は世界中に及んでいる。とくに日本、欧米など先進国はデフレ経済（経済が収縮し、物の値段が持続的に下落）から脱却できずに金融緩和に走り、市場にジャブジャブとお金を流している。が、なぜかそのお金は私たちの社会（資本主義）の未来が明るくなるような使い方がされていない。いま、金融界はどうなっているのか。その中で、銀行、証券、生・損保といった日本の金融機関は、存在価値を高めるためにどういった行動を取ればいいのか。

この2008年のリーマンショックを境に、国際金融市場は大きく変わった。なぜなら、経済を牽引してきた米国一国主義の終焉の鐘が鳴った瞬間でもあったからだ。

米国の衰えは、財政赤字が膨らんだベトナム戦争後の1970年代から始まった。1990年代以降は疲弊した経済を得意の金融に依存し、日本をはじめとして欧州諸国、中国などからの資金環流でその

シャドーバンキング

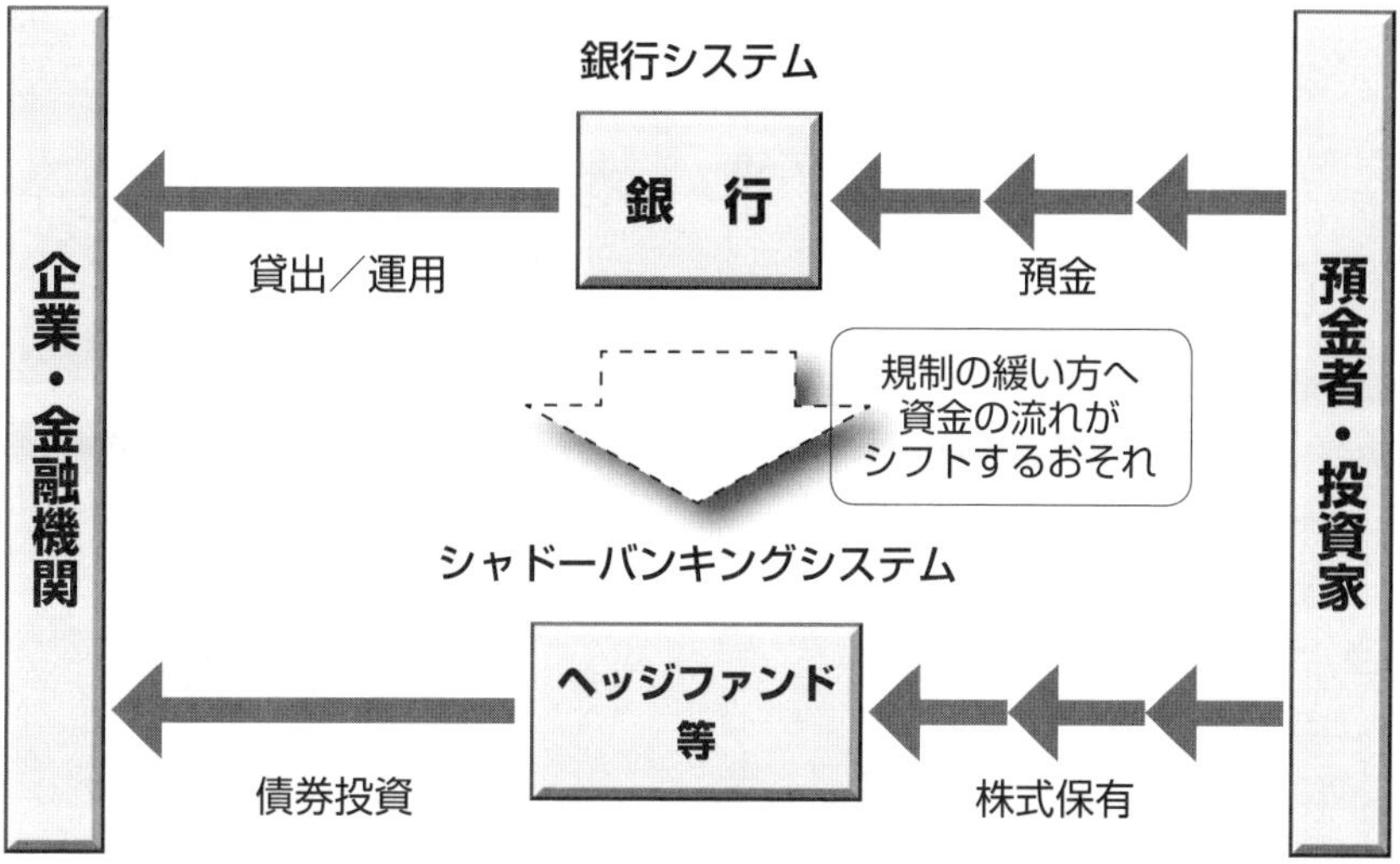

ヘッジファンド：少人数の投資家から資金を集め、積極的にリスクを取り、高収益を目指すファンド。

命脈を長らえてきた。しかし、かつての輝きは失い、底流では新時代を告げる鐘が鳴り始めたものの、国際金融の世界では米国がリードするドル基軸時代がまだ続きそうだ。

世界的な金融危機後、金融規制強化を主張した欧州と、規制強化に消極的な米国が対立し、必ずしも足並みはそろわないでいる。米国は、これまで自国を引っ張ってきた成長中心の米国型グローバル化、規制緩和の旗を降ろす考えはさらさらない。一方で、欧州勢は「米国の過剰な規制緩和が危機を招いた」との批判を今でも持ち、規制強化に反発する米国から主導権を奪おうとしている。

こうした、米国対欧州の対立を尻目に、中国などの新興国が台頭してきた。西側諸国は、中国を自分たちの世界に取り込みたいと思っている。しかし、社会主義国を、資本主義の要である金融システムの要として認知することは諸刃の剣であることも知っている。

しばらくは、欧米中心の金融の世界が続くが、従来の資本主義と、台頭してきた社会主義国・中国＝

「国家資本主義」の、2つの資本主義が競合する混沌とした時代になりそうだ。

英国のEU離脱が国際不安を増幅

この複雑かつ混沌とした世界をさらに揺るがしているのが英国の「EU離脱」騒動。今後、英国の離脱がEU連合、延いては国際経済にどのような影響を与えるかを知るには時間が必要だが、中国の欧州政策にも影響を与えるのは確実で、今後の動向が注目される。

2016年6月24日、前日の英国のEU離脱が決まったことを受けて世界の株式市場が震撼し、1日だけで約3・3兆ドル（330兆円強）の時価総額が消失した。翌日以降、株式市場は持ち直したが、今回の出来事は、世界的な金融システム不安を引き起こした2008年の金融危機とは異なる。米国発の金融危機では、金融機関が世界通貨であるドルの調達が困難になったが、今回懸念されるのは、第2、第3の英国が出現し、それぞれが英国同様に「保護主義」政策を強化することで、世界経済の成長鈍化に繋がるのでは、ということだ。

一方で、今回、銀行株の下落が大きかった。その要因は2つあった。1つは、世界経済がさらに収縮する結果、一段と金融緩和が進み、銀行収益を圧迫する懸念があること。

また、欧州ビジネスの本拠地をロンドンに置いている金融機関は戦略見直しが必要になっている。英国のEU離脱で大きな問題になるのが、単一の免許でEU域内での営業が出来る「パスポート制度」。これまで、多くの日本の金融機関の欧州ビジネスは英国に現地法人を設立して本拠地とし、英当局の認可（免許取得）を受ければパリ、ミラノなどに店舗を出すことができた。しかし、今後この制度を利用できなくなる可能性がある。そうなれば、英国以外のEU諸国に現地法人を作る必要が生じる。

また、保険業界は欧州事業の統括拠点である英国法人が保険のライセンスを取得して、欧州全域で事業展開しているが、新たに欧州大陸側でライセンスを取得する必要がでてきそうだ。当然、こうした組織再編に絡んで人員の移動も必要になり、コストアップ要因になる。

なぜ、マイナス金利が導入されたのか

世界経済・金融の世界が混沌としているのに加えて、いま日本の金融界は、これまで経験したことのない環境下で揺れている。発端は、日銀が金融政策として初めて導入した「マイナス金利政策」だ。

リーマンショックの翌年に各国の経済成長率が急落。多くの国でデフレ（景気悪化による物価下落）が心配されるようになり、欧米の中央銀行はこぞって大幅な政策金利の引き下げを行なった。そして政策金利がゼロ下限に達すると、それまでの〝金利を操作〟する通常の金融政策から、市中に出回る〝お金の量を操作〟する金融政策の転換を行なった。

しかもこの金融政策は、当初の金融危機対応から、次第に株高・通貨安を演出して景気浮揚のための政策に転化し、金融政策の目的そのものが、「物価を抑制する」から、「物価を引き上げる」へと、まったく逆になってきた。

そして、日本では中央銀行である日本銀行（以下日銀）が、後遺症が懸念されるにもかかわらず、国債を大量に購入する量的緩和を実施してきた。が、そうした政策も力尽き、ついに未曽有の体験ゾーンである「マイナス金利時代」に突入した。

この「マイナス金利」によって銀行、証券、生・損保といった金融機関の経営は、続くデフレに加えて新たな難題を突きつけられた。

「マイナス金利」とはどういう事なのか。

以前から準備預金制度があり、対象となる民間金融機関（銀行、信用金庫、農林中央金庫）は預金などの一定比率以上の金額を日銀に預け入れる事を義務付けられている。さらに、金融機関は、この預ける義務以上のお金（超過準備預金）を任意で日銀に預けていて、この超過準備預金には年０・１％の利息が付いている。このため、銀行は、低金利で利ざやが薄く、貸し倒れリスクのある融資を行なうよりも、超過準備預金として預けた方が確実に利息を生み出すことから、大量の資金を日銀に預けている。

今回、日銀が導入を決めたマイナス金利政策とは、日銀の当座預金に預けられる銀行の資金に３段階の

主要先進国の政策金利

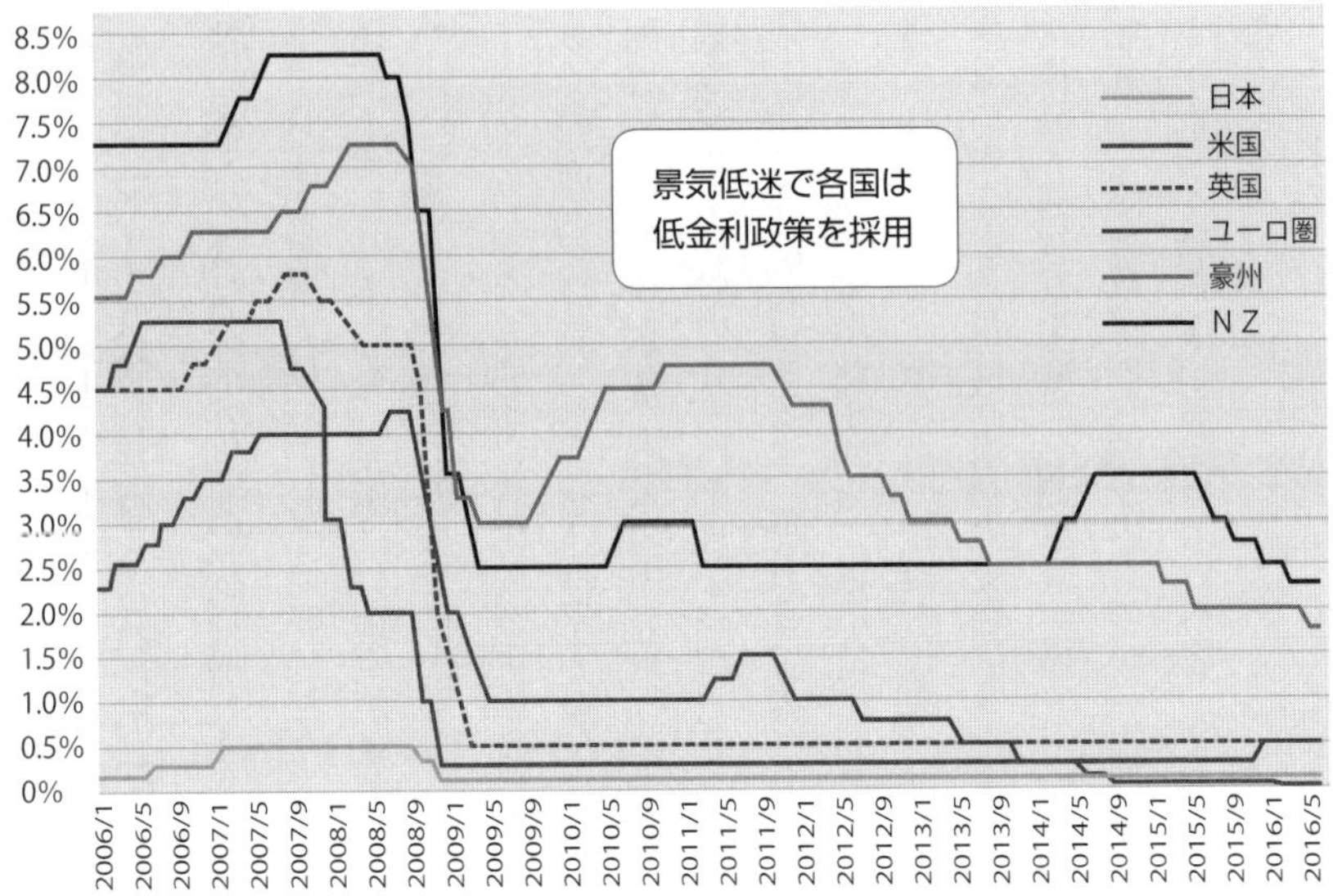

金利を設定するもの。現在、日銀の当座預金には約２４０兆円の準備預金残高があるが、既に預金している超過分の約２１０兆円には、従来通りに０・１％の金利が付くが、これから預けられる新たな超過準備預金については、金利を3段階に分け、それぞれプラス金利（これまで通りプラス０・１％）、ゼロ金利、マイナス金利（マイナス０・１％）とするというもの。従って、マイナス金利政策の対象は、あくまでも今後発生する超過準備預金で、10兆円程度だ。

では、日銀はなぜ「マイナス金利」導入に踏み切ったのか。

マイナス金利政策は、金融機関によるこの超過準備預金をなくし、その分を企業や個人の融資に回させようという狙いから導入された。そうすれば世の中により多くの資金を流すことになり、デフレを解消し、景気回復に繋がる。また、マイナス金利を導入することで預金金利などの低下を誘導し、国民に「銀行に預けるより使う方がマシだ」と思わせるためだ。

だが、現実的に日銀の思惑通りに、お金が流通するかどうかは別の話だ。例えば、銀行にとって貸出し金利が今まで以上に低下するということは、金利収入が減ることを意味する。反対に貸出しリスクは増加することになり、おカネを貸すほうが渋ってしまう。

実は、マイナス金利導入の本当の理由は別にある。

現在、日銀は年間約80兆円の長期国債を買い入れている。償還が来る分を含めれば、2016年には約120兆円の国債を買い入れることになっている。国債発行残高の約3割を日銀が保有している状態だ。

その日銀だが、国債の直接引き受けは「財政ファイナンス」と言われ、法律で禁止されている。つまり、日銀が国債を保有するには、銀行など市場参加者から買い入れるしかない。しかし、ここ数年、メガバンクなど大手金融機関は、大量に保有してきた国債の価格暴落リスクを警戒して、保有額を減らしてきた。

そこで、日銀がマイナス0・1%を下回る金利下でも国債買い入れを行なうのであれば、銀行は国債保有を高めることになる。

さらに再編圧力が強まる地域金融機関

では、この「マイナス金利」導入は、今後の銀行、証券、生・損保といった金融機関経営にどのような影響を及ぼす可能性があるのか。

間違いなく得をするのは、企業と政府だ。企業は資本市場を通じて低金利での借換債の発行を行なっているし、国債発行で借金している政府は国債の発行利回り低下で調達コストが下がった。では、一般家庭はどうかといえば、住宅ローンを借りている人は金利が更に低水準となってメリットを得ているが、多くの家庭では預金の金利収入はますます縮小し、デメリットを受ける。

また、預貸金の利ざやが減る銀行も損失を被る。国債運用で生き延びていた地方金融機関やゆうちょ銀行などは、更に追いつめられ、再々編の導火線に火が付いた。

直近の全国銀行（都市銀行、地方銀行、信用金庫、信用組合）平均の預貸率は70％弱で、年々低下している。つまり預金の伸びの大きさが、貸出しの伸びを上回っている。しかも貸出し競争の激化で金利ダンピングが横行し、スプレッド（利ざや）も年々低下しており、融資部門では収益が生まれにくくなっている。そのため、収益の多くの部分を、購入した20年物を中心とした超長期国債のクーポン（金利）収入と、売買による売買益に頼っている。

とくに、メガバンクのように海外業務で収益を上げる構造にはなっていない地方銀行は、収益の主力は国債の金利や売買益だ。一方で、規模の大きい銀行ほど、証券業務や、リース、消費者金融といったグループによる収益の多様化が進んでいるほか、国内に比べて利ざやが厚い海外での融資業務を拡大して収益を挙げている。３メガバンク（三菱ＵＦＪ、三井住友、みずほの各グループ）にとっては、マイナス金利での影響はさほどないだろう。

「地域金融機関」

地方銀行、信用金庫・信用組合といった地域金融機関はどうか。「日銀がマイナス金利政策の導入を決めたことで、地方銀行に激震が走っている」。日銀のマイナス金利導入発表後、こういったマスコミ報道が多かった。このマイナス金利が長期化すれば利ざやの縮小など収益の減少は避けられないという理由からだ。それでなくても、地方金融を担う地域金融機関は長い間、人口減少、資金需要の乏しさ、運用難の〝三重苦〟に悩まされている。そこにマイナス金利時代の到来によって、地銀はこれまで以上に難しい経営を迫られ、今まで以上に業界再編が加速することもあり得る。

現実的には、マイナス金利の対象となる部分にまで日銀の当座預金に積むことは希で、直接的な影響は少ないが、懸念されるのは運用。これまで以上に運用手段の分散化・多様化を迫られる事は確実だ。

「生命保険」

金利が低下することは生命保険会社の経営にとっても大きなマイナスになる。というのも、生命保険会社は保険商品を販売すると同時に、一方では「機関投資家」と呼ばれるように、株式を保有したり、債券運用を行なう有力な運用会社でもある。預かった保険料の多くは20～30年の日本国債で運用している。かつての高金利時代の国債をまだ多く保有しており、直ちに経営危機には直結しないものの、金利が低下すると、債券を運用することによって将来得られる収益が減少する。低金利時代が長引けば、ボディブローのように効いてくる。そうすれば、体力勝負となり再編に繋がることもある。

「逆ざや」をようやく解消したばかりだが、海外展開していない体力の弱い中堅生保を中心に、再び厳しい経営環境に逆戻りする可能性も出てきた。現にマイナス金利の影響で、富国生命保険や、第一生命保険傘下の第一フロンティア生命保険などが、貯蓄性の高い一時払い商品の販売の一部停止を決めた。

「損害保険」

一方、損保業界の場合は、生命保険のように20～30年と続く契約はほとんどなく、1年契約が基本。そのため、長期金利が低下しても、運用の逆ざやが発生する懸念はほとんどないと見られている。日本の損保会社は長年にわたり、自動車保険の赤字に苦しんできた。ところが、近年、損益改善のために料率引き上げを実施した効果で、自動車保険は改善。つまり、本業損益は改善しつつあることも背景にあるが、影響を受けるとすれば生命保険業界と同じく、運用環境の悪化だ。

相次ぐ地銀再編

2016年4月	東京ＴＹＦＧ（東京都民銀行、八千代銀行）に新銀行東京が統合
	横浜銀行と東日本銀行が統合し、コンコルディアＧが発足
	トモニＨＤ（徳島銀行、香川銀行）が大正銀行を統合
2017年4月	ふくおかＦＧ（福岡銀行、親和銀行、熊本銀行）と十八銀行が統合予定
10月	足利ＨＤと常陽銀行が統合

ＦＧ＝ファイナンシャルグループ
ＨＤ＝ホールディングス

2
CHAPTER 1

海外頼みが続く日本の金融機関

英のEU離脱が不安材料に

米国発のリーマンショック以降、欧米の金融機関は海外戦略を縮小したが、その隙をついて海外貸出しを拡大させて勢力を伸ばしたのが日本の金融界。とくに3大メガバンクのうち、一番精力的に動いたのが三菱UFJグループ。2016年3月末の連結海外貸出し額（海外支店＋米国など海外現地法人）は約43兆円（前年度比1兆3000億円増加）で、国内住宅ローン向け貸出し15兆5000億円の約2・8倍。国内法人向け貸出し43兆8000億円に次いでいる。ちなみに2013年9月末と比較すると、国内法人向けが約3兆4000億円増なのに対して、海外向けは約14兆2000億円増加している。

一方、三井住友グループも、アジア・米州・欧州の3地域を軸に海外は重要な戦略地域だ。、グループの2016年3月期の部門別業務純益を見ると、国際部門は3979億円と3年連続増益。国内ホールセール部門の4218億円には及ばないが、リテール部門983億円の4倍強、グループ全連結業務純益1兆1429億円の実に34・8％を占めている。もはや、海外部門は収益の大きな柱になった。

証券界では、海外展開の先頭を走ってきた野村グループが、海外部門の大リストラを実行している。欧州では株式のリサーチ、営業、トレーディング、引受業務からの撤退を計画している。「トップテンのグローバルの旗を」の目標を今後掲げるか、つまり、再度海外戦線を拡大するかどうかは未知数だ。

大和証券グループは、三井住友グループとの合弁解消後、組織再編を進めてきたが、その一つが海外事業の再編。営業収益の約9割を国内業務に依存しているが、今後はアジアでの業務拡大を目指して積極的なアライアンスを行なう方針だ。

保険業界も、海外依存を高める

保険業界にとっても、海外部門収益は業界の覇権を巡っての重要な要素になってきた。

業界トップの日本生命グループは、2015年度からスタートした中期経営計画で、今後10年間で国内外の戦略投資に約1兆5000億円を投じる計画を打ち上げた。海外事業を含むグループ事業利益で3年後に300億円、10年後に1000億円を予定と、数字も公表。これまで慎重姿勢だった同社の海外戦略は、積極的な買収戦略へと転換している。背景には、業界2位の第一生命とのトップ争いがあり、10年後を見据えると、現状の国内重視の収益構造では限界を迎えることに危機感をもったことが戦略転換を後押ししたといえる。

この日本生命グループを追撃している第一生命グループが、海外事業を成長戦略として積極的に取り入れたのは2000年代も半ば以降。中でも2015年2月の米国生保グループ、プロテクティブの買収（買収金額約5800億円）は、日本の保険会社による過去最大の海外M&Aだった。

海外進出に慎重なのが住友生命グループ。同グループの進出先は中国、ベトナム、インドネシアなどの3カ国。利益での貢献度合いでみると、海外事業が30%を占める第一生命保険と比べると本格的な収益貢献はまだ先になる。長期間をかけ、じっくりと事業を発展させる構えだが、2016年2月、米国の上場生命保険グループであるシメトラ社を完全子会社化し米国市場への大きな足がかりを構築した。

一方、3メガ損保の海外事業は、ここ数年一気に加熱している。もっとも積極的なのは東京海上グループ。2016年3月期決算では、グループ中核である東京海上日動火災の最終純益が3016億円なのに対して、海外保険会社の合計の最終利益は1115億円と37%を占めている。

ASEANで№1になるというのがMS&ADグループの目標。シンガポール、英国、米国に3つの地域持株会社を設立し3極体制を軸とした事業展開を行なっている。また、SONPOグループのグロー

SMFGのアジア展開

三井住友銀行	銀行業	(アジア・オセアニア) 14 カ国・地域、39 拠点※1
三井住友ファイナンスリース	リース業	▪北京 ▪上海 ▪成都 ▪広州 ▪香港 ▪バンコック ▪クアラルンプール ▪シンガポール ▪ジャカルタ
SMBC日興証券	証券業	▪香港 ▪シドニー ▪シンガポール ▪ジャカルタ
	M&Aアドバイザリー関連	▪上海 ▪香港 ▪シンガポール ▪ジャカルタ
SMBCフレンド証券	市場調査	▪香港
三井住友カード	プリペイドカード事業	▪ソウル※2
	コンサルティング	▪上海
	市場調査	▪シンガポール
Cedyna	オートローン事業	▪ホーチミン※3
SMBCコンシューマーファイナンス	消費者金融	▪香港 ▪深圳 ▪瀋陽 ▪天津 ▪重慶 ▪成都 ▪武漢 ▪上海 ▪バンコック
	債券回収	▪台北
日本総研	コンサルティング	▪上海
	システム開発・保守	▪上海 ▪シンガポール

＊1　2016年4月30日現在。SMBCの他に、銀行業務を行なうSMBCの子会社及び持分法適用会社を含む（ただし、閉鎖予定の拠点は除く）
＊2　ハナＳＫカードと提携し、日本からの韓国渡航者向けプリペイドカードを発行（2012年11月〜）
＊3　ベトナムエグジムバンクと業務提携、オートローン事業の取扱拡大（2013年5月〜）

東京海上グループ　2016年３月期実績（事業別利益）

事業ドメイン			2016年度実績
			（単位：億円）
国内損害保険事業			1,260
	東京海上日動		1,200
	日新火災		88
	その他		▲27
国内生命保険事業			▲1,881
	あんしん生命		▲1,874
海外保険事業			1,318
		北　米	956
		欧州（含む中東）	81
		中南米	53
		アジア	147
		再保険	106
	損害保険事業		1,343
	生命保険事業		6

バル展開は、欧米を軸とした先進国市場への進出と、アジア、ラテンアメリカ、中東と北アフリカを合わせたＭＥＮＡを中心とする新興国における取り組みの強化という２つの柱からなっている。

しかし、この海外戦略も英国のＥＵ離脱で先行きに不透明感が漂っている。第一に、世界経済がさらに収縮する結果、一段と金融緩和が進み、銀行収益を圧迫する懸念がある。またこれまで、日本の金融機関の欧州ビジネスは、単一の免許でＥＵ域内での営業が出来る「パスポート制度」で、英国に現地法人を設立して本拠地とし、英当局の認可（免許取得）を受ければパリ、ミラノなどに店舗を出すことができた。しかし、今後この制度を利用できなくなる可能性がある。そうなれば、英国以外のＥＵ諸国に現地法人を作る必要が生じるなどの路線の見直しが必要になる。

3
CHAPTER 1

再編・統合で変わる業界地図

生・損保の合従連衡が台風の目に

日本の金融界は、銀行、証券会社、生命保険会社、損害保険会社がそれぞれの分野で企業、個人への金融サービスを提供している。そして、その周辺に信用金庫、信用組合といった地域金融機関やリース、消費者金融といったノンバンクが存在して金融機能を補完している。

銀行業界は、2000年のみずほグループ発足に刺激され、それ以降の10年間で起きた金融大再編で合従連衡が行なわれたが、結局は①みずほグループ、②三井住友グループ、③三菱UFJグループの3大メガバンクにプラスした④りそなグループ、⑤三井住友トラストグループの5グループに集約された。

ライバル行同士が寄り添い、それに負けじと連鎖的に起こった合従連衡は仁義なき戦いの幕開けでもあった。この合従連衡は証券、保険、リースといった金融関連業種をグループ内に取り込み、金融周辺ビジネスでの収益をグループ収益としてかさ上げする〝総合金融路線〟をも確立させた。この総合金融路線だが、米国を中心に日本を除いたグローバルマーケットでは修正が行なわれようとしているが、日本のメガバンクはむしろ強化しようとしている。

ここ数年、メガバンククラスの再編・統合は鳴りを潜めている。直近の主な動きとしては、みずほグループのグループ内再編がある。

メガバンクの一つのみずほグループは、旧第一勧業銀行、旧富士銀行、旧日本興業銀行の合併によるグループ発足当時からリテール銀行（みずほ銀行）とホールセール銀行（みずほコーポレート銀行）の「ツー（2）バンク」制を採用してきた。しかし、人事面などを含めてその弊害が以前から囁かれてきたが、2011年3月に起きたシステム障害を受けて抜本的な組織改革が必要とされ、2013年7月にみずほコーポレート銀行とみずほ銀行を統合し「ワンバンク」として再出発した。

この3メガバンク体制は当分続きそうというのが、一般的な見方だ。だが、必ずしもそうではない。更なる合従連衡の芽が吹き出している。

ここに来て環境は劇的に悪化しているからだ。マイナス金利が象徴するように、国内の停滞はかなり長引きそうで、加えて、中国経済の行方にも暗雲が漂っている。これまでのように安易に海外で稼ぐことも期待できそうにない。

そうなると、数年後には大手銀行間にまた合従連衡の動きが出る可能性もある。その際、3メガバンク制が違う形になるのか、あるいは地域連合を目指すりそなグループが、他の地域連合を吸収してメガバンクに仲間入りするのか、または、今の3メガバンクのいずれかに吸収されるといった様な動きが起きる可能性は高い。

地方銀行、信用金庫、信用組合といった地域金融機関は今後ともダイナミックに再編が起きる可能性は高い。既に金融庁のシナリオに突き動かされたように、第2の再編ラッシュが起きている。

2016年4月1日には、①徳島銀行と香川銀行を傘下に置くトモニホールディングスと大正銀行が経営統合し、東部瀬戸内海圏をカバーする広域グループが発足、②東京TYフィナンシャルグループ（2014年に東京都民銀行と八千代銀行が統合して設立）が、東京都が80％超出資する新銀行東京と経営統合。さらに、③地銀最大手の横浜銀行と東京を地盤とする東日本銀行が持株会社「めぶきファイナンシャルグループ」を設立し経営統合した。また、2017年10月には足利銀行と常陽銀行が一緒になることが発表された。

金融庁が、2016年9月に公表したレポートが地方銀行に大きなショックを与えた。約10年後に、全国の地方銀行の6割は、貸し金業務や投資信託の販売などの「本業」で赤字に転落するというものだった。今後地方銀行は、人口減や日本銀行のマイナス金利政策により厳しい経営環境に置かれることは、自分たちも覚悟しているが、この金融庁レポートの背景に「経営統合を含めた経営手法を早期に見つけなさい」という再編の催促を感じ取ったからだ。

いま、地方銀行の経営は、本業の収益悪化を国債や株式の売却益などで補って利益を上げており、すぐには経営不安の心配はない。しかし、マイナス金利政策で貸出金利の低下は続いている。金融庁としては、地元の中小企業への積極的な融資や経営支援を強化して、利ざやの低下を食い止めることを要請しているが簡単ではないことは金融庁も良く知っている。「結局は、どこかと一緒になる道を考えなさい」という催促だと地銀業界では見ている。

証券界では、共同出資で法人向けにビジネスを展開するホールセール（法人向け）証券を設立して10年間資本提携を行なっていた三井住友、大和証券両グループが決別。三井住友グループは、シティグループから日興コーディアル証券を買収し「SMBC日興証券」として新しくグループ傘下にした。大和証券グループは、再び純粋な〝独立証券〟になったが、今後は内外含めての金融機関との連携も起きそうで証券再編の呼び水になりそうだ。

また、みずほグループはグループ内証券統合を行なうことで証券戦略を強化している。3メガバンクの覇権競争が、野村、大和グループといった証券業界1，2位の独立系証券を巻き込んでの統合劇に繋がることも充分にあり得る。

一気に再編ムードが高まった生・損保

銀行に比べて、再編の動きが鈍かった生命保険、損害保険の両業界もここ数年でガラリと環境が変わった。生保業界は、2004年に明治生命と安田生命の統合以来、長い間業界の顔ぶれは変わらなかったが、2016年3月に、日本生命が業界8位の三井生命保険の約8割の株式を取得して買収し、子会社化したことで、にわかに再編ムードが高まった。

日本生命は、2015年3月に発表された新中期経営計画（2015～17年度）で、消極的だったM&A（買収・合併）を視野に、海外保険会社への出資などに今後10年間で最大1兆5000億円を投じることを発表した。また国内でも、保険商品を販売する子会社の買収も検討するとした。背景には、2015年3月期決算で、売上高にあたる保険料等収入で戦後初めて第一生命保険に抜かれたことがある。長く業界の盟主であった日本生命にとって、トップの座を奪われることは許し難い事だった。その後、三井生命の買収で、2016年決算では再び業界第1位に返り咲いたが、第一生命との覇権争いは、今後、国内外の生命保険会社買収となって再三再四の再編に繋がる可能性は高い。

損害保険業界の再編は、2004年10月、持株会社のミレアホールディングスの下で経営統合した東京海上火災保険と日動火災海上保険が合併し、東京海上日動火災保険が誕生。2010年4月には、当時業界2位だった三井住友海上グループホールディングスと、あいおい損害保険（同4位）、ニッセイ同和損害保険（同6位）の経営統合で「MS&ADインシュアランスグループHD」が誕生。3社合計の保険料収入は3兆円に迫る規模となり、それまでの業界トップであった東京海上ホールディングスを追い越した。また、同時期に損害保険ジャパンと日本興亜損害保険が統合した「NKSJHD」（現SONPOグループ）も発足し、これで、損保業界は東京海上HDと合わせた「損保3メガ体制」に突入した。

この損保3メガ体制で、しばらく落ち着いていた。しかし、2016年2月にMS&ADグループが総額約6420億円で英国損害保険大手アムリンを買収し、東京海上グループを完全に視野に捉えたことで、覇権争いに再び火がついて、新たな再編の兆しになっている。

2016年3月期決算では、業界トップの東京海上グループと業界2位のMS&ADグループとの正味収入保険料（連結）の差は僅か1868億円。東京海上グループは、今後も2015年10月に買収し、既に連結利益に貢献しているアメリカのスペシャリティ保険グループ HCC Insurance Holdings が利益を押し上げると想定しているが、MS&ADが米保険アムリンを買収したことで、両グループのトップ争いをさらに激化させているのは間違いない。

3メガバンクグループから独立を守る金融機関(グループ)

りそなホールディングス
- りそな銀行
- 埼玉りそな銀行
- 近畿大阪銀行

日本郵政
- ゆうちょ銀行
- かんぽ生命保険

三井住友トラスト・ホールディングス

野村グループ
※国内最大手

大和証券グループ本社

日本生命
※国内最大手
三井生命

外資系金融グループ

銀行系

JPモルガン・チェース

バークレイズ

HSBCグループ

UBSグループ

ドイツ銀行グループ

シティグループ

証券系

ゴールドマン・サックス

モルガン・スタンレー

保険系

プルデンシャル・ファイナンシャル
- プルデンシャル生命保険
- ジブラルタ生命保険

AIG
- アメリカンホーム
- AIU

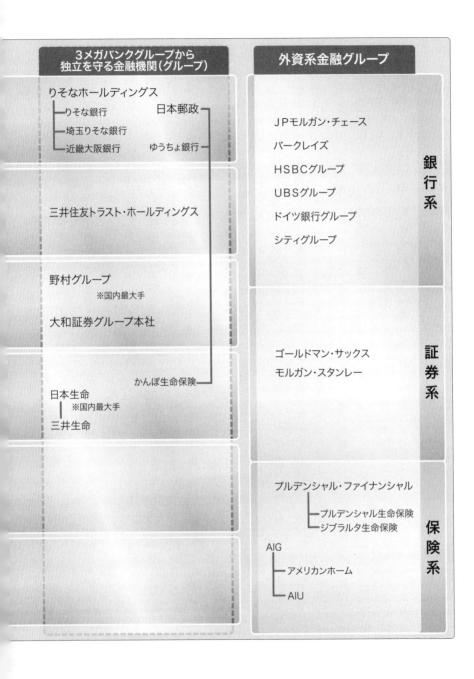

	三菱UFJフィナンシャル・グループ	みずほフィナンシャルグループ	三井住友フィナンシャルグループ
銀行	三菱東京UFJ銀行 池田泉州ホールディングス 中京銀行	みずほ銀行	三井住友銀行 みなと銀行 関西アーバン銀行
信託銀行	三菱UFJ信託銀行	みずほ信託銀行	
証券	三菱UFJモルガン・スタンレー証券 カブドットコム証券 ※ネット証券	みずほ証券	SMBCフレンド証券 2018年に合併予定 SMBC日興証券
生保	明治安田生命 T&Dホールディングス ―大同生命保険 ―太陽生命保険 ―T&Dフィナンシャル生命保険	第一生命 朝日生命 フコク生命	住友生命
損保	東京海上ホールディングス ―東京海上日動火災 ―日新火災海上 SONPOホールディングス ―そんぽ24	SONPOホールディングス ―損保ジャパン日本興亜	MS&ADインシュアランスグループホールディングス ―三井住友海上火災 ―あいおいニッセイ同和火災 ―三井ダイレクト損保
ノンバンク	三菱UFJニコス アコム	ユーシーカード オリエントコーポレーション	SMFGカード&クレジット ※持株会社体制に移行 ―三井住友カード ―セディナ SMBCコンシューマーファイナンス

3メガバンクグループ会社　3メガバンクと系列・資本・提携関係

4 CHAPTER 1 混迷深めるドル体制の変遷

①ニクソンショック以降の国際金融

日本を含む世界の銀行、証券、保険会社といった金融機関は、90年代の中頃から急速に進行してきた「グローバル化」に対し、生き残りを賭けて時間とカネを費やしてきた。そして、邦銀はバブル時代に一時期世界に君臨はしたものの、2000年以降はバブル崩壊で不良債権を大量に抱えて軒並み陥落。反対に、台頭したのが米国発の金融自由化に後押しされたゴールドマン・サックス、モルガン・スタンレーといった欧・米の投資銀行タイプの金融機関。ハイリスク・ハイリターン型のカジノ主義が市場を占有して巨額の利益を稼いだ。しかし、2008年9月の米国発の金融危機を境に、こうしたカジノ金融主義が否定され、新しい金融ルールがうまれた。

グローバル化と金融自由化では、巨大な資本を持ち、大きなリスクを取った金融機関に大きな収益が集まった。しかし、極限にまでリスクを膨らませて収益を高めようとした、行き過ぎた自由主義・強欲主義がリーマンショックという形を伴って破綻。それまで世界の金融市場に君臨していた有力金融機関は、新たなビジネスモデルの構築に迫られるという厳しい環境に追い込まれている。

日本の金融機関も例外ではない。欧米の金融機関のビジネスモデルを真似て体制をつくり「これから稼ぐぞ」と宣言した直後に金融危機が起こり、メガバンクをはじめ、大手証券、生・損保は独自のビジネスモデルを作れるかが問われている。

中国リスク高で、邦銀海外戦略の見直しも

この日本の金融機関が今、最も注意深く見つめているのが世界の金融動向。リーマンショック後、日

本のメガバンク、大手証券、生・損保は、金融市場の復活課程でプレゼンスを高め、良好な収益機会を得てきた。特にメガバンクは、融資額を飛躍的に高めて世界のトップランナーに躍り出た。

では、何が日本の金融機関飛躍のチャンスになったかといえば、リーマンショック後、米国金融界が一時的だったとはいえ、弱体化したこと。また、日・米・欧・中国などが超金融緩和策を採用した結果、これらのカネがアジアを中心とした新興国に流入してGDPを膨らませ、邦銀の海外融資額も膨らませることが出来た。とくに中国では4兆元の景気対策で経済は上向き、世界経済は中国需要で救われた。

そして、中国は世界経済の成長の半分を稼ぎ出し、2000年には日本を抜いて世界2位の名目国内総生産（GDP）に躍り出た。が、この時の景気刺激策が過剰投資と過剰債務の問題となって、現在の中国のバブル崩壊が言われだし、国際経済の攪乱要因になっている。

リーマンショックは米国発の「金融」型危機だったが、いま、懸念されているのは実物である消費・生産財需要減による中国発ショックで、もし起きた場合、世界経済にどのような影響をもたらすかだ。最近の中国成長の鈍化は世界経済の停滞を招いているが、今後どのようなリスクを世界経済・金融にもたらすかで世界の金融界は疑心暗鬼になっている。

資本主義社会はどこに行くのか

この、国際金融の移り変わりは単なる景気循環に由来するのでは無いことが徐々に解ってきた。根底には、「資本主義世界」の移り変わりがある。銀行などの国際化・グローバル化は、経済の国際化・グローバル化を背景にしている。その国際化・グローバル化は、成長を求めてビジネスを国内から遠く海外に求めたが、拡大が未来永劫続くことはあり得ない。

ニクソンション・ショックが起こった1970年代を境に、資本主義の絶頂期は終わり，いま資本主義そのものが踊り場に来ている。それを証明しているのが、70年代以降に起こった様々な金融事変だ。

簡単に、一体何が国際金融界の世界に起きていたのかを見てみよう。

1971年8月15日。全てこの日から始まった。後に「ニクソン・ショック」といわれた「金ドル交換停止」は世界経済を震撼させた。当時の米国は、財政・貿易赤字拡大、ドルの大量流出などでドル本位制による金とドルとの交換に応じるのが難しくなっていた。金融覇権国米の凋落の始まりだった。

この米国の凋落は、一方でサウジアラビアなどの産油国の資源ナショナリズムの高揚を生み、石油価格の決定権が米国石油メジャーから産油国に移った。そして、2度のオイルショック（石油価格の引き上げ）で発生した大量のオイル・マネーと銀行マネーを、積極的に取り入れたのが国内開発を積極化させた中南米諸国。しかし、結果的に返済不能に陥り1982年には債務危機が発生し、ブラジルは1987年2月にデフォルト（対外債務の利払い停止）を宣言した。

凋落した米国の威信を高めようとしたのが、レーガン政権による「レーガノミクス」。「強いアメリカ」を演出しドル高政策を採ったが、輸出減少・輸入増加で財政赤字拡大・資本収支悪化が続いた。そして、米国は1985年9月、先進5カ国（日・米・英・独・仏＝G5）の大蔵大臣（米国は財務長官）と中央銀行総裁が集まり、ドル安に向けたG5各国の協調行動への合意、いわゆる「プラザ合意」を取り付けた。「基軸通貨であるドルに対して、参加各国の通貨を一律10～12％幅で切り上げ、そのための方法として参加各国は外国為替市場で協調介入をおこなう」というもので、このドル安によって米国の輸出競争力を高め、貿易赤字を減らそうとした。

このトバッチリを受けた一つが日本。ドル安政策により円高が進んだことで、輸出が減少し国内景気は低迷。そこで、日本銀行は低金利政策に踏み切ったが、金融機関による過度の貸し出しで不動産・株式など資産価格が高騰した。いわゆるバブル景気だ。

ドル政策に翻弄された各国金融政策

ドル安政策にもかかわらず、以後も米国の貿易収支は悪化を続けたが、一方で、インフレ懸念が出てきたことからFRB（米連邦準備理事会）が金利を引き上げるのではとの観測がマーケットに流れた。

中国の外貨準備高の推移

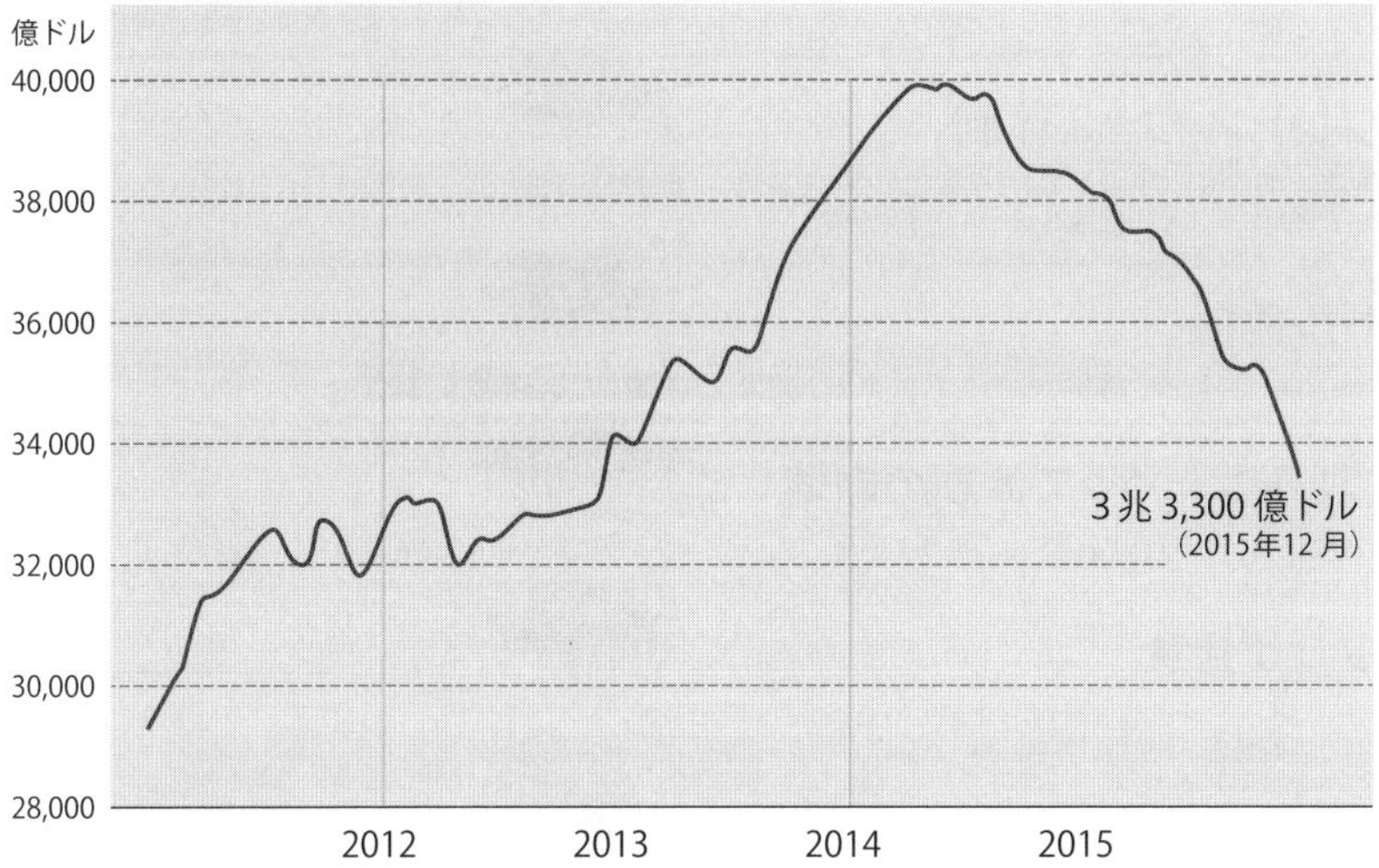

資料：中国人民銀行

そのため、１９８７年10月19日の月曜日、ニューヨーク株式市場は５０８ドル、22・６％という過去最大の暴落になった。翌日、日本などアジアの各市場にこれが連鎖、更にイギリスなどヨーロッパの各市場にも連鎖、世界同時株安となった。

　世界が振り回された基軸通貨ドルの弱体化は、新たな世界経済・金融の不安定要因となり欧州経済にも影をもたらした。１９９２年にポンド危機が露呈し、欧州通貨危機が起きた。１９９０年代に入りイギリスの経済状況は他の欧州各国に比較して低迷し、政府は金利を切り下げるべき選択を迫られていた。この事態に対してヘッジ・ファンドとして有名なジョージ・ソロスが１９９２年９月15日にポンド売りを仕掛け、これに対してイングランド銀行は金利引き上げ、ポンド買い介入で応戦したものの敗退しポンドは暴落した。

　ころころ変わる米国のドル政策にはアジアの新興国も翻弄された。１９９５年頃の米国はプラザ合意でのドル安政策がインフレ懸念を招いたことで、一転してドル高政策に転換。このドル高のトバッチリ

戦後ドル体制の変遷

戦後、アメリカは世界中の金の4分の3を保有。ドルは、この圧倒的な金保有を背景に戦後の基軸通貨に。

ブレトン・ウッズ体制

1945年、45カ国でドルを基軸とする固定相場制を採用し、自由貿易を進める。IMFとIBRD設立。
関税と貿易に関する一般協定（GATT）締結。

ドル危機

アメリカは、①ヨーロッパ復興のためのドル流出、②ベトナム戦争などで国際収支悪化。

ブレトン＝ウッズ体制の崩壊

1971年8月。アメリカは金とドルの交換を停止。ブレトン＝ウッズ体制＝IMF体制（金・ドル本位制）崩壊。

プラザ合意

1985年10月。アメリカが財政赤字と経常収支の赤字に苦しむ。
先進5カ国蔵相・中央銀行総裁会議（日・米・英・仏・西独）で、ドル高是正で合意。

アジア通貨危機

1997年。経済不振で海外資金が逃避した。IMFがタイ、インドネシア、韓国などに緊急融資。

2008年 **リーマンショック**

2009年 **ギリシャ通貨危機**

を受けたのが、ドルと連動させていたアジアの国々。貧弱な経済基盤でありながら、通貨価値急上昇・輸出急減というアンバランスになった。

そこにまた、目をつけたのがヘッジファンド。「アジアの通貨の価値は不当に高すぎる」と1997年に一気にアジア通貨を売り浴びせた。まず、バーツ売りに屈したタイが固定相場制を放棄。これを契機にインドネシアや韓国などアジア諸国へ危機が飛び火し、アジア域内から資本が大規模に流出した。とくに、タイ、インドネシア、韓国は、経済に大きな打撃を受け、IMFの管理下に入った。

本来なら基軸通貨としての地位を失うはずだったドル（米国）。だが、1990年代後半からその地位を延命させるためのトリックが（一時的だったが）米国の復権を思わせた。時代は急速にグローバル化していた。先進国は、低成長の閉塞感の突破口を海外に求めた。米国は、このグローバル化とNASAの軍事技術で開花したIT産業とを結び付け、ウォール街の金融商品開発に結びつけての「金融立国政策」をブチ挙げて、世界の投資マネー（ドル）を米国に環流させることを目論んだ。

これが効を奏して米国は繁栄を維持し、世界経済を牽引したが、2000年に入ると過熱化したIT株バブルが崩壊。そこで、次に米国政府は住宅バブルを演出しながら経済成長を実現させることで、同じように世界にばらまかれていたドルの環流を図った。

しかし、行き過ぎが米住宅市場を暴落させ、サブプライムローン（低所得者、低信用者向けの住宅ローン）を原資とした証券化商品が値崩れをおこしカジノ主義、市場主義下で奔走した金融界の矛盾を露呈させた。ほとんどの米投資銀行も損失を抱え、2008年9月15日に、米投資銀行であるリーマン・ブラザーズが破綻し米国発の世界的金融危機が発生した。この時、ジョージ・W・ブッシュ米国大統領（当時）は金融システムに7000億ドルを金融支援し大手金融機関を救ったが、このことが世間の批判を浴び金融規制へとつながった。そして、世界経済は2009年に、第二次大戦後初めてマイナス成長（−0・6％）を記録した。

この世界的金融・経済危機脱出のために、各国政府は財政赤字を覚悟して景気刺激策へと走った。さらに、グローバルマネーが国債のような安全な資産へ逃避を始め、こうした動きは結果的に国債のリスクを高める結果となった。

自国の経済規模に対して債務残高が大きい国では、返済能力に対するリスクが高まった。そして、2009年10月に起こったギリシャの財政危機問題は、アイルランド、ポルトガル、スペイン、イタリアなどに飛び火し、さらには欧州全体の金融システムまで揺るがす「ユーロ危機」となった。

中国経済停滞がリスクファクターに

こうして見ると、世界経済が一時の輝きを失い、成長が鈍化してきた中で、日本、ヨーロッパ、新興国といった多くの国々が米国の復権シナリオに翻弄されてきたことがわかる。いま、その世界経済にとって一番のリスクファクターになっているのが中国経済の行方。

米国の住宅バブル局面では、米国の消費拡大で輸入が増えたことから中国の輸出が飛躍的に伸びた。中国は「世界の工場」として認知され、リーマンショック後の4兆元の景気対策で中国経済は上向き、世界経済は中国需要で救われた。そして、世界2位の名目国内総生産（GDP）になったが、この時の景気刺激策が過剰投資と過剰債務の問題となって成長力が鈍化。「中国バブル破綻は近い」とまで言われている。

何の前触れもなく人民元を切り下げたのだ。中国頼みだった新興国の通貨は下落し、日本など先進国の株式も下落した。

高度成長の階段を駆け上がってきた中国の、成長鈍化が鮮明になったのに加えて、今度は中国の外貨準備高の急減が懸念されてきた。中国の外貨準備はなお世界最大だが、資本流出に伴い急スピードで減少しており、中国政府は遠くない将来に人民元の切り下げ、あるいは資本統制への逆戻りを強いられるとの見方がされている。中国の外貨準備高は2014年6月末に3兆9900億ドルとピークに達したが、その後、減少に転じ、2016年1月末には3兆2309億ドル（約378兆円）と、ピークから2割も減少した。

中国の外貨準備高の減少は、人民銀行が海外の投機売りや国内の資本逃避に対処し、人民元買い介入を行なったためだ。中国ほどの規模の経済だと、輸入や対外債務の返済に多額のドルが必要になる。このままドル保有の減少が続けば、世界経済の攪乱要因になるのは間違いないだけに、その行方に関心が持たれている。

②残る国際金融規制の後遺症

日本の3大メガバンクグループは、収益に占める国際部門の比率を、急速に高めている。欧米勢が、資産規模を縮めるのを尻目に、海外の融資先を引き継いだり、日本企業の海外展開に伴って業務を拡大したのだ。グローバルにみて資産規模の拡大が目立つのは、中国の銀行と並んで邦銀である。しかし、この海外展開にも今後は見直しが必要かも知れない。

金融危機の反省から、金融規制がいよいよ本格化し、マネーの動きが変わりつつあるからだ。

金融の世界は「政治」の世界でもある。人、物だけではなく金融（カネ・資本）もグローバル化している（金融）資本主義の時代、カネを支配することで政治・経済の世界の覇者になりうる。

その国際金融界で、いま、関心を持たれているのが金融規制動向だ。主要国の銀行が加盟するバーゼル銀行監督委員会が2015年6月、銀行が持っている国債などの金利関連商品に導入する新規制案を発表した。中身は2通り。金利上昇リスクに応じ、資本を積み増す共通ルールを導入する案と、金融当局に行政処分などを含む監督権限を与える案だ。2016年に結論をだし、2019年以降に適用する。

新規制は市場金利が急上昇（価格が急落）した際に、銀行が保有する国債や住宅ローン商品などの価格が下がり、保有リスクが高まることを監視する狙いがある。外国債も含め、あらゆる金利商品を対象にする。この案では、金利が1％上がると日本の銀行が持つ債券価値は約5兆5000億円値下がりする。

金融規制がどんどん強化されている結果、金融機関は自己資本との見合いで、総資産が膨らむのを極力避けたビジネスモデル作りを行なってきており、その結果、市場を駆けめぐるマネーの収縮が起こっている。

先進国はどこも金融緩和策に走り、カネをジャブジャブ放出している。年金といった投資マネーも減るどころか増えている。それなのに、どうしてマネーの収縮が起きるのか。

原因の一つに、原油価格の下落に伴うオイルマ

金融危機後の国際金融規制の枠組み

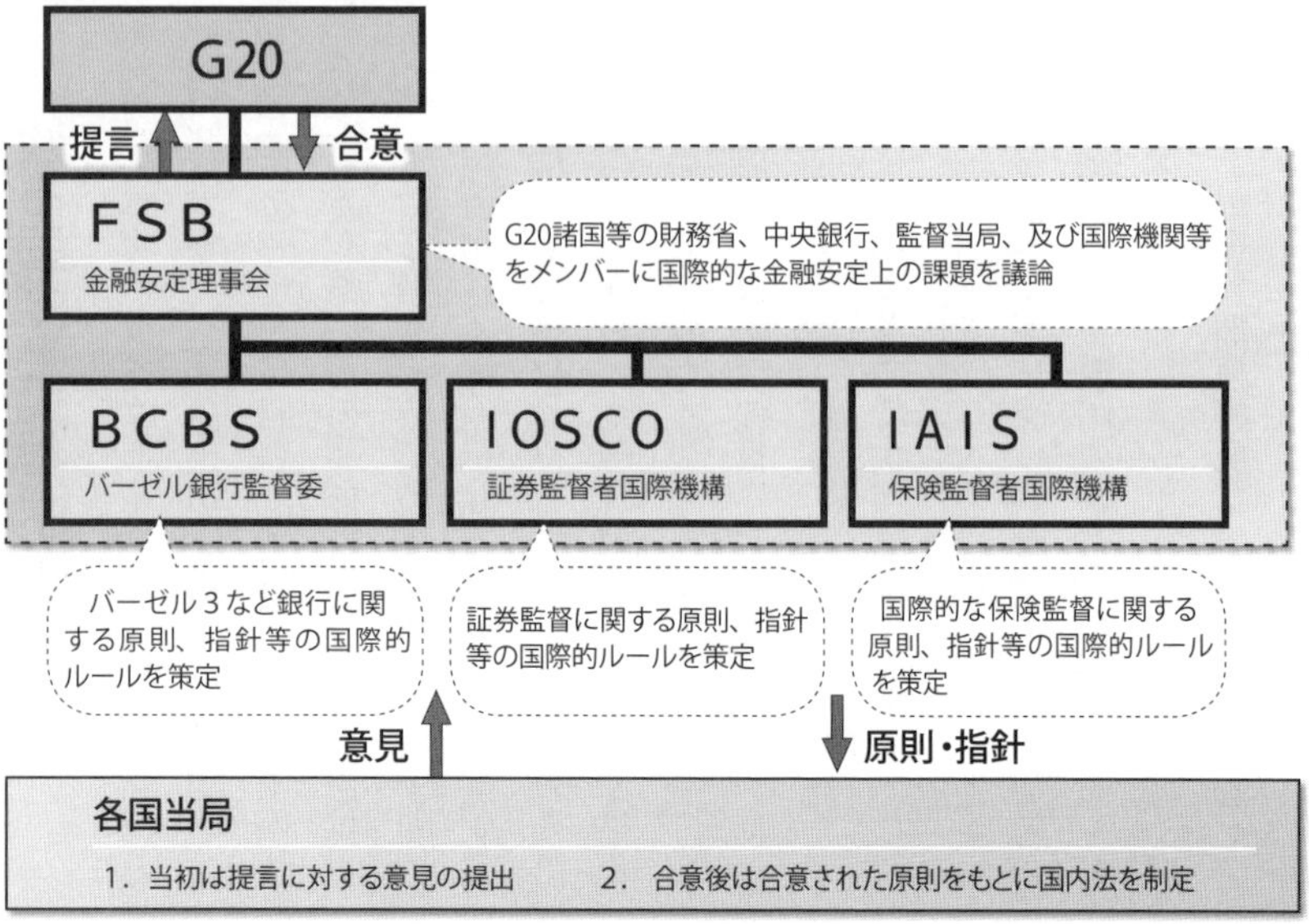

出所：金融庁、国際金融規制の資料

ネーの縮小がある。というのも、産油国の優等生であったサウジアラビアは、世界の投資資金を引き揚げる動きに出ている。また、ワールドダラー（米国のマネタリーベースと米国以外の国が外貨準備として保有するドルを足し合わせたもの）は２０１４年から伸びが止まっている。つまり、世界に流通するドルの量が収縮しており、今は「カネ余り」ではない。

米銀などがドルの放出を制限している結果、大きな影響を与えているのが邦銀の国際展開。例えば、邦銀は海外ではほとんどドル建ての融資を行なっているが、マーケットのドルの量が収縮すれば、当然調達コストが上昇し、企業向けの貸出金利も押し上げられる。

その結果、海外展開を進めた日本企業などは、金利負担が重くなる。また、国際金融の世界でも、大量にドルを借りている新興国などでは、今後、返済のためのドル資金の手当てそのものが難しくなれば、リーマンショックの時と同じく金融危機が再現される可能性も出てくる。

③資本（カネ）は、どこに向かうのか

1970年代以降、基軸通貨「ドル」が不安定化し、アジアの新興国が台頭してきた中で、実体価値以上に評価されたタイのバーツといった通貨はヘッジファンドに代表される投資・投機マネーの餌食になり、翻弄されてきた。

2008年におこった金融危機をもたらした元凶の一つもこうしたマネーだった。以後、金融システムの安定化にとってこの膨張したマネーをいかにコントロールできるかがが大きなテーマになってきた。投資・投機マネーは、次の2つのファンドが代表的だ。

1 ヘッジファンド

株や債券だけではなく、穀物や石油、金融派生商品などの様々な市場で、短期でかつ、リスクをヘッジしながら投資し、リターンをだす。価格攪乱要因と批判もされてきた。ジョージソロスが有名。

また、グリーンメーラーといって、ある程度の株を握って、会社に配当の増配や身売りの打診など株主利益の増大を目論んだり、高値で企業に買い取らせる場合もある。

2 プライベート・エクイティ・ファンド

非上場企業に投資する。上場していても非上場化することが多く、比較的長期投資。①ベンチャー・キャピタル（ベンチャー企業に投資するファンド）、②企業再生（経営不振、破綻した企業などを買収して再生を行なう。俗にハゲタカファンドともいわれる）ファンドも含まれる。

投資・買収ファンドは収益に関しては獰猛で、その動きは機敏だ。新しい収益の臭いをかぎ取るとその運用スタイルを融通無碍に変える。企業買収ではサーベラスやKKRのような独立したファンドが優勢を誇った。ファンドはいくつもの顔を持っている。企業買収ファンドでも、買収後にリストラを行なった後にすぐ売却して短期的な利ざやを稼ぐ短期回収型ファンドや、買収後に一旦は非公開にし、数年かけて企業が立ち直ったと見るや再上場させて回収を図るスタイルもある。かと思えば、世界の証券・商品市場を駆けめぐって株式・債券やコモデティ（商品）などにカラ売りなどを仕掛ける一般的にヘッジ

ファンドの種類

名　称	内容・特徴
ヘッジファンド	上場株式、債権、デリバティブなどを対象に空売りを得意とする。大半が私募型で、一般の人からはその実態や運用方法が見えにくい。
アクティビスト ファンド	いわゆる「モノ言う株主」。企業に改善策を要求し、企業価値・株価を高め売り抜ける。
グリーンメーラー	買い集めた株を、その企業や関係者に高値で買い取らせる。
プライベート・エクイティ・ファンド	未公開株に投資するファンドのこと。ベンチャーファンドや企業ファンドなどが含まれる。
ベンチャーファンド	未公開株のベンチャー企業に投資して企業価値を高め、株式公開や事業売却時に株式を売る。私募型が多い。
バイアウトファンド	企業やその事業部門を買収し、企業価値を高めた上で株を売却する。TOB（公開買付）や買収した企業に外部から経営陣を送り込むMBIを行なったりする。
企業再生ファンド	経営破綻した企業や、業績が不振な企業の株を買い、企業を再生して株価を高めて売却する。
ファンド・オブ・ファンド	名前の通り投資ファンドを対象にして投資する。
商品ファンド	原油から大豆まで、さまざまな商品を対象に、先物市場などで運用する。主に個人投資家向け。
現物ファンド	ラーメンや競走馬などに投資する。
コンテンツファンド	映画や音楽などのコンテンツに投資する。知的財産権も対象になる。
不動産投資信託（J-REIT）	日本ではJ-REIT（日本版不動産投資信託）と呼ばれる。不動産を証券化し、その家賃収入や売却益が配当となる。
不動産投資ファンド	不動産投資信託は公募型だが、不動産投資ファンドは私募型で主に機関投資家が対象となる。
証券投資信託	上場株式、債券、デリバティブなどを運用。投資信託と呼ばれ最も身近なファンド。

ファンドといわれるものもある。

日本でも世界中の投資マネーがファンドを通じて流れ込み、資産価値を押し上げてきた。投資マネーの原資となる資金の出し手になってきたのが日本の生・損保、年金といった機関投資家。個人にとって関係がないように見えて、実は知らぬ間に巨額の個人金融資産がファンドに投資されており、銀行の預金も証券化商品やヘッジファンドなどに投資されている。

ヘッジファンドなどで大量の資金を動かす会社は「影の銀行」と呼ばれている。主要20カ国・地域（G20）の監督当局者と中央銀行で構成する金融安定理事会（FSB）は世界の巨大金融機関への新たな規制作りで、この「影の銀行」も規制の対象に含めている。

「影の銀行」は銀行業務には直接携わらないものの、金融システムへの影響は大きい。

個人や企業から預金を集めて個人や企業に融資し、監督官庁の監督を受けるのが伝統的な銀行システムとすると、それ以外が影の銀行システムともいえる。この影のシステムは、オープンなマーケットではなく、取引相手と相対で取り引きしている。つまり、透明な市場を使わない。また、ヘッジファンドのように非公開で資本規制もないうえに、金融当局の監視もない。つまり野放し状態になっている。しかも、高いレバレッジで運用されてきた。

世界のプライベート・エクイティ・ファンドとして有名なのは、

1　TPG Capital（TPGキャピタル）。日本では知名度は低いが、過去に化粧品で有名なエイボンの日本法人を買収。

2　カーライル・グループ。（推定）ファンド総額1700億ドル（2012年）。日本では2000年頃から活動を開始。日本流の投資スタイルで、大型MBO（日本向けに約2000億円を運用）やビル、商業施設、ホテルなどの不動産事業を展開。

3　ブラックストーン。（推定）ファンド総額約3100億ドル。変動幅が大きく、マイナスのファンドも多かった2015年のヘッジファンド運用成績ランキングではトップクラス。2015年にLBO（レバレッジド・バイアウト）ファンド向けに約2兆円調達したとの観測が話題になった。

4　KKR（コールバーグ・クラビス・ロバーツ）。プライベート・エクイティ・ファンドの元祖。2015年8月、このKKRが投資したエネルギー企業が破綻し、約50億ドル（約6220億円）の損失が出る可能性もあると報道された。エネルギー投資で徹底的にレバレッジをかけたが、結果的に失敗したようだ。

資源・エネルギー価格暴落で苦戦

こうした投資・投機マネーも、資源・エネルギー価格の暴落や、金融規制により金融機関からの資金調達が厳しくなってきたことでビジネスの見直しを行なっている。

2015年春。「日本での新しい投資先が見つからない」と、日本からの撤退が囁かれたのが米投資ファンドのサーベラス。西武ホールディングス株の発行済み株式総数の約10％を売却したことが原因だが、その後、東京の陣容を大幅に縮小させた。

かといって、他国でのビジネスは持続している。2016年4月、日本の農林中央金庫がサーベラス・キャピタル・マネジメントが発行した英モーゲージ担保証券（MBS）のうち、20億ポンド（約3150億円）を購入したと報道された。このMBSは、同社が2015年に買収した英金融機関ノーザン・ロックのモーゲージを裏付けとしている。日本国債がマイナス利回りで投資妙味が薄れているため、国内投資家は債券から海外のリスク資産へと投資先をシフトせざるを得ず、ファンドサイドにしてみれば資金調達の新ルートになったわけだ。

また、KKRは日本での上場企業投資を始めたようだ。投資先の経営陣と連携して経営改革を支援し、中長期の株価上昇で収益を得る。複数の上場株に投資し、取得額は合計で1000億円規模と見られている。非上場企業への投資で経営権を取得するこれまでの買収戦略と合わせ、日本での収益源を多様化する計画だ。

金融規制の影響もあり、世界のグローバルな投資資金は「リスク回避」に走り、中東の優等生だったSAMA（サウジアラビア通貨庁）が資金を回収している結果、対外純資産はピーク比1割以上も減少している。

こうした中、三菱UFJ信託銀行がファンドビジネスを強化している。同行は、海外ファンドの管理残高を2017年度末までに現在の約36兆円から50兆円規模にする計画を打ち出している。同社はヘッジファンド向け資産管理で世界シェア7位。買収戦略を加速し、フルラインでの提供でトップ5を目指す考えだ。国内で培ったノウハウを生かしながら、重要戦略分野の資産管理業務を三菱UFJフィナンシャル・グループの収益の柱に育てる。ファンド資産管理業務は運用資産の価格を算出したり、投資家向け報告書を作成したりする。残高に比例した安定した手数料収入が見込める。

5
CHAPTER 1

米と中国の金融覇権戦争

年々進む「人民元」の国際化

ここ数年、国際世界での中国の台頭が注目されてきた。政治・軍事力の拡大に加えて、GDP世界第2位の経済力を背景に、銀行業界でも「チャイナマネー」が存在感を増しているからだ。

例えば、米調査会社SNLフィナンシャルが世界の銀行の総資産を比較した2015年のランキングでは、上位5行のうち4行を中国勢が占めている。総資産のトップは中国工商銀行の3兆5000億ドル（約435兆円）。2位が中国建設銀行、3位が中国農業銀行と続き、5位が中国銀行だった。

中国以外から5位以内に入ったのは、4位の英HSBCのみだった。米国最大のJPモルガン・チェースは2兆6000億ドルで6位。日本の三菱UFJフィナンシャル・グループは8位だ。

ただ、質的な面では日本の銀行の評価が国際金融界では高い。日本の銀行は、日系企業の海外進出に合わせた融資のほか、現地企業の貸出しや為替決済など様々なサービスによる手数料収入を得ている。これに対して、中国系銀行は中国企業の海外部門への融資による金利収入に頼っており、経営の安定性に欠けると国際金融界では見られている。

2015年の中国は、世界にその存在をアピールした年になった。中国が主導する「アジアインフラ投資銀行（AIIB）」に、予想を超える21ヵ国が合意したが、そのAIIBに米国の反対を押し切って英国が参加を表明したのだ。一方で、経済面では停滞払拭のために行なった元の切り下げで株価が急落し世界を揺るがした「中国ショック」もあった。そして、この年の11月にはIMF（国際通貨基金）のSDR（特別引出権）構成通貨へ人民元が採用された。

米国と中国の覇権を巡っての駆け引きが年々激しくなっている。中国は、アメリカが推進するTPPを経済的な対中国包囲網と見て警戒する一方で、アメリカは、AIIBを日米が主導する「アジア開発銀行（ADB）」に挑戦する存在と判断し、先進7ヵ国（G7）メンバー国には参加しないよう求めたが、イギリスが参加を表明した。

中国主導によるアジアインフラ投資銀行（AIIB）の創設に関しては早くから、戦後の国際金融システムが破壊され、延いては世界支配の領主が米国から中国に変わる第一歩になるのでは、との懸念が生まれていた。いわば、米国支配構造に対する中国の反乱というわけだ。

米中はいま、経済力だけでなく軍事力まで動員してその覇権の争奪戦をしている。中国が仕掛けるAIIBと、米国主導のTPPがその最前線だ。前者はアジアの新興国がインフラを建設する際の資金を融資するための金融機関で、後者は日米を中心に太平洋を取り巻く12カ国が参加した自由貿易協定。米国主導のTPPは、アジア太平洋において自由化度の高い貿易圏を作ろうという試みだ。参加国は当然自国の市場を開放することを求められる。TPPによる包囲圧力を警戒した中国が、対抗策として打ち出したのが「一帯一路」構想だ。

米が警戒する中国のAIIB構想

事の起こりは、米議会が国際通貨基金（IMF）での中国と他の新興国の議決権拡大に関する2010年の合意を承認しないことを不服として、中国が独自の道を進むことにしたこと。

AIIBの創設時の資本金は500億ドルと小さい。が、問題は中国がAIIBの創設で何を得ようとしているかだ。AIIB構想で、中国は「一帯一路（陸と海のシルクロード経済圏）」構想の下、アジアから欧州にかけてインフラ整備に資金を供給する計画だ。

一帯一路の沿線には中国を含めて65ヵ国があり、その総人口は世界の約6割に当たる44億人。一人当たりのGDOはまだ低いが、このルートを通じて国

中国のインフラ投資戦略

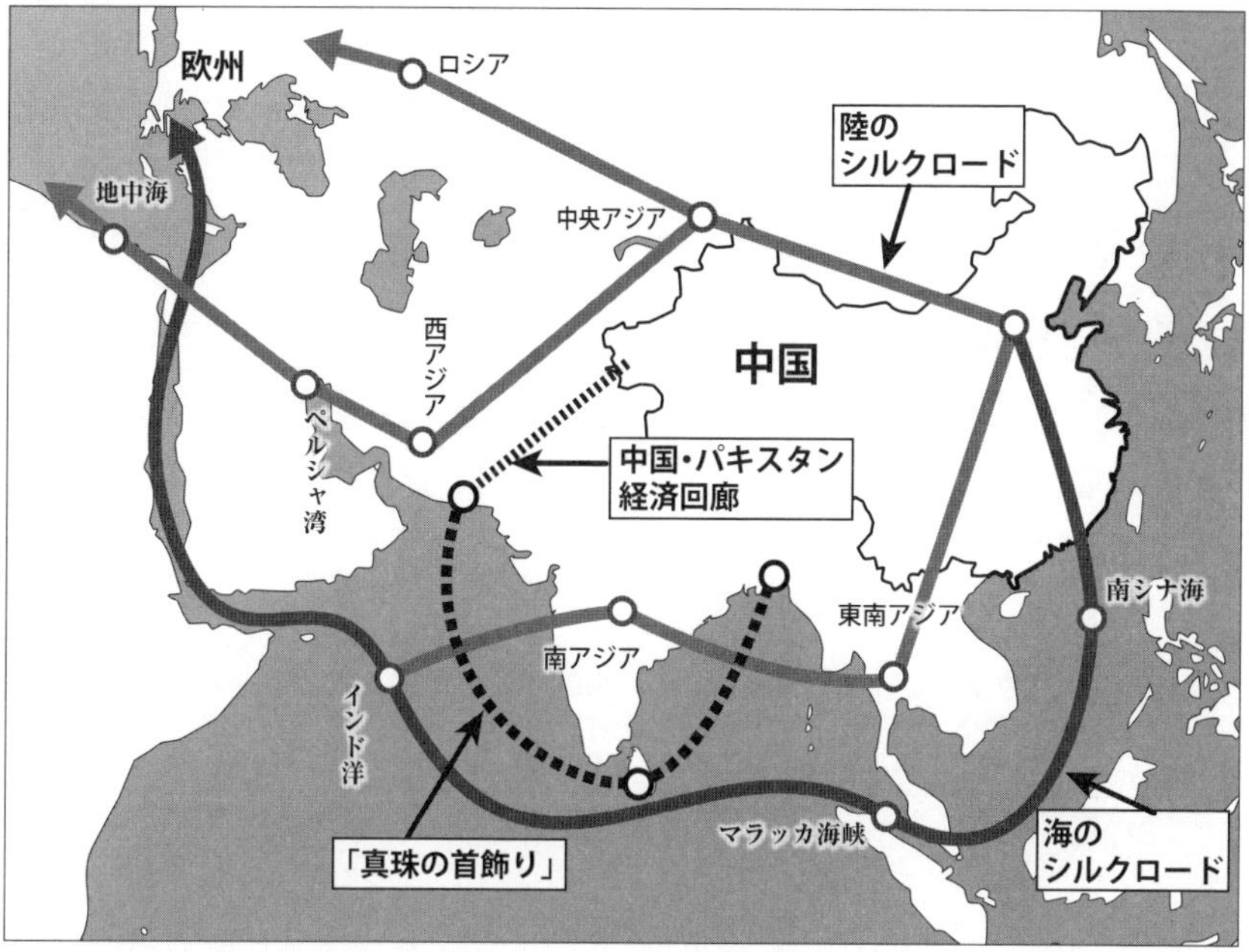

世界ベストバンク　総資産トップ10

1位	中国工商銀行	中国	3兆3209億ドル
2位	中国建設銀行	中国	2兆6980億ドル
3位	中国農業銀行	中国	2兆5739億ドル
4位	BNPパリバ	フランス	2兆5136億ドル
5位	中国銀行	中国	2兆4574億ドル
6位	バークレイズ銀行	英国	2兆1154億ドル
7位	JPモルガン・アンド・チュース	米国	2兆 750億ドル
8位	ドイツ銀行	独	2兆 671億ドル
9位	クレディ・アグリコル	フランス	1兆9224億ドル
10位	日本郵政ゆうちょ銀行	日本	1兆7349億ドル
⋮			
13位	三菱東京UFJ銀行	日本	1兆6222億ドル
19位	三井住友銀行	日本	1兆4798億ドル

国際データサービス・Accuity による。（2014年12月31日現在）

内の過剰生産・設備の解消を行ない、経済発展後にはこれらの市場をも取り込み人民元経済圏を作るのが狙いだ。

更に、中国にとって最大の貿易パートナーであるヨーロッパ連合（ＥＵ）とのパイプを太くすることも視野にある。ＡＩＩＢはその資金源となる。

ＡＩＩＢが抱えている最大の問題は、融資資金の調達コスト。中国が日本や欧米の金融機関並みのコストで資金調達できるようになるには、民主主義の導入や資本の自由化などを行ない、先進諸国に認められる必要がある。

そこで例えば、ドル建てではなく、中国の銀行から人民元で資金を調達して、人民元で融資をするという手はある。

ただ、人民元での決済が一部地域でしか行なわれていない現状では使い勝手が悪い。世界での通貨決済の60～70％はドルで行なわれている。

例えば、円は先進国ならどこでも世界通貨のドルと転換できる。しかし、人民元をドルと自由に転換できるマーケットはごくわずか。資本の自由化ができない限り、人民元での融資には限界がある。

それでも、人民元が少しずつ国際取引で認められつつあるのも事実だ。オフショア市場（規制や課税方式などを国内市場とは切り離し、比較的自由な取引を認めた国際金融市場）での取引高はこの1年間で大きく膨らんでいる。アジアを中心に支払いや決済で人民元の利用が拡大しており、最近では人民元は通貨の出来高規模でトップ5に入っている。

また、中国以外の50カ国以上の中央銀行が人民元を利用したり、外貨準備の一部として人民元を保有し始めたりしている。

国際通貨基金（ＩＭＦ）で人民元を特別引出権（ＳＤＲ）通貨に採用されたこともあり、人民元の利用が一層進み、人民元の国際化も大きく前進する可能性は高い。

2

CHAPTER

銀　行

業界のしくみ・展望・主要企業

1

CHAPTER2

銀行のしくみと役割

損益計算書から見る銀行の業務

銀行は、預金という形で集めたお金を、融資という形で企業や個人に貸し出したり、円を外貨に転換して送金するなどの為替業務を行なったりして、通貨を社会に流通させている。この活動こそが銀行の社会的な役割であり、銀行が経済の動脈といわれる所以である。

お金という血液を社会に流通させる銀行の収益構造を知るための一つの方法として、「損益計算書」がある。損益計算書はおおむね次の項目からなっている。

1 経常収益
2 経常費用
3 経常利益
4 特別利益
5 純利益

それらの中でも、銀行が何をして稼いでいるのかを知るためには、一般企業の売上高にあたる経常収益の中身を見るといい。ホールディングカンパニーで傘下に証券、信託銀行を抱えるメガバンクを例にとると、経常収益には次の項目がある。

資金運用収益＝まず、この収益の中には、銀行の本来的な業務である貸出金利息がある。企業や個人などに融資を行なって、そこから得た利息である。このとき原資となるのが、銀行が利息を負担して、一般から広く集めた預金。預金に付く利息は、銀行が支払うものになるので、銀行にとっては費用になる。損益計算書では、経常費用の項目の中にある資金調達費用の預金利息にあたる。簡単にいえば銀行は、預金金利よりも高い貸出金利で融資し、その金利の差＝利ざやで利益を出しているわけだ。例に挙げた

最新動向 1
銀行 2
証券 3
生保 4
損保 5
金融マン 6
企業データ 7

銀行の損益計算書の例

三井住友フィナンシャルグループ 2016 年 3 月決算

（単位：百万円）

	前連結会計年度 （自　平成26年４月１日 至　平成27年３月31日）	当連結会計年度 （自　平成27年４月１日 至　平成28年３月31日）
経常収益	4, 851, 202	4, 772, 100
資金運用収益	1, 891, 932	1, 868, 313
貸出金利息	1, 312, 629	1, 326, 402
有価証券利息配当金	336, 345	303, 132
コールローン利息及び買入手形利息	19, 599	20, 457
買現先利息	9, 640	10, 100
債券貸借取引受入利息	7, 826	10, 747
預け金利息	43, 147	37, 537
リース受入利息	62, 097	59, 366
その他の受入利息	100, 645	100, 567
信託報酬	2, 890	3, 681
役務取引等収益	1, 126, 285	1, 134, 463
特定取引収益	252, 976	225, 481
その他業務収益	1, 359, 109	1, 342, 665
賃貸料収入	189, 261	197, 699
割賦売上高	692, 151	743, 815
その他の業務収益	477, 695	401, 150
その他経常収益	218, 008	197, 494
貸倒引当金戻入益	61, 158	—
償却債権取立益	15, 979	19, 735
その他の経常収益	140, 870	177, 759
経常費用	3, 530, 046	3, 786, 815
資金調達費用	386, 753	445, 385
預金利息	126, 371	140, 633
譲渡性預金利息	43, 904	49, 319
コールマネー利息及び売渡手形利息	4, 201	5, 360
売現先利息	4, 921	8, 077
債券貸借取引支払利息	5, 036	6, 726
コマーシャル・ペーパー利息	8, 047	10, 415
借用金利息	34, 814	39, 825
短期社債利息	1, 393	1, 400
社債利息	110, 461	129, 295
その他の支払利息	47, 602	54, 331
役務取引等費用	129, 609	130, 625
特定取引費用	57, 856	—
その他業務費用	1, 078, 570	1, 094, 630
賃貸原価	89, 310	91, 017
割賦原価	650, 913	698, 904
その他の業務費用	338, 346	304, 708
営業経費	1, 659, 341	1, 724, 836
その他経常費用	217, 914	391, 338
貸倒引当金繰入額	—	34, 842
その他の経常費用	217, 914	356, 495
経常利益	1, 321, 156	985, 284

経常収益
銀行が当該期間に稼いだお金。いわゆる売上高

対応する項目を引くと、それぞれの収支が出て、その銀行が何で利益を出しているのかがわかる。
例）
資金運用収益
－
資金調達費用
＝
資金運用収支

経常費用
銀行がお金を稼ぐためにかかった費用

経常利益
経常収益から経常費用を引いた、通常の利益

損益計算書の数字を見てもわかる通り、貸出金利息が現在でも銀行の収益の最も大きな柱となっている。

その他の項目としては、有価証券から得られる有価証券利息配当金や、金融機関同士の短期の貸し借りであるコールローンなどの利息からなるコールローン利息及び買入手形利息明細等がある。

信託報酬＝メガバンクは、信託銀行をグループ傘下にしているが、そこから入ってくる収入だ。信託業務は、金銭や土地など財産を受託し、それを管理・運用する業務。遺言や年金なども対象となる。

役務取引等収益＝役務とはサービスのことで、銀行がサービスをしたときの手数料になる。最も大きなものが外国為替手数料で、役務取引全体の半分近くを占めている。加えて、シンジケートローン組成手数料、ＡＴＭ使用料など、個人、法人の資金移動に絡む手数料が含まれる。その他、グループ傘下の証券子会社による、Ｍ＆Ａなど投資銀行ビジネスで得られる手数料や、銀行店舗での投資信託、保険販売手数料なども入る。

特定取引収益＝特定取引勘定による売買益、評価益。特定取引勘定とは、証券市場の相場や通貨の価格などにおける短期的な変動や市場間の格差を利用して利益を得ることを目的とした勘定。具体的には、デリバティブ取引や先物為替等の外国為替関連取引などがある。

その他業務収益＝銀行本来の業務のうち、見てきた資金運用収益や役務取引等収益以外の業務の収益。外国為替売買益、国債等債券売買益などが入る。

その他経常収益＝銀行本来の業務以外の活動などによって生じた収益。

以上のような業務を行ない、銀行は収益を上げているわけだが、収益を上げるためには経常費用がかかる。経常費用を簡単に見ていくと、預金利息や借用金利息など資金調達業務から生じる利息にあたる

業務純益の算出方法

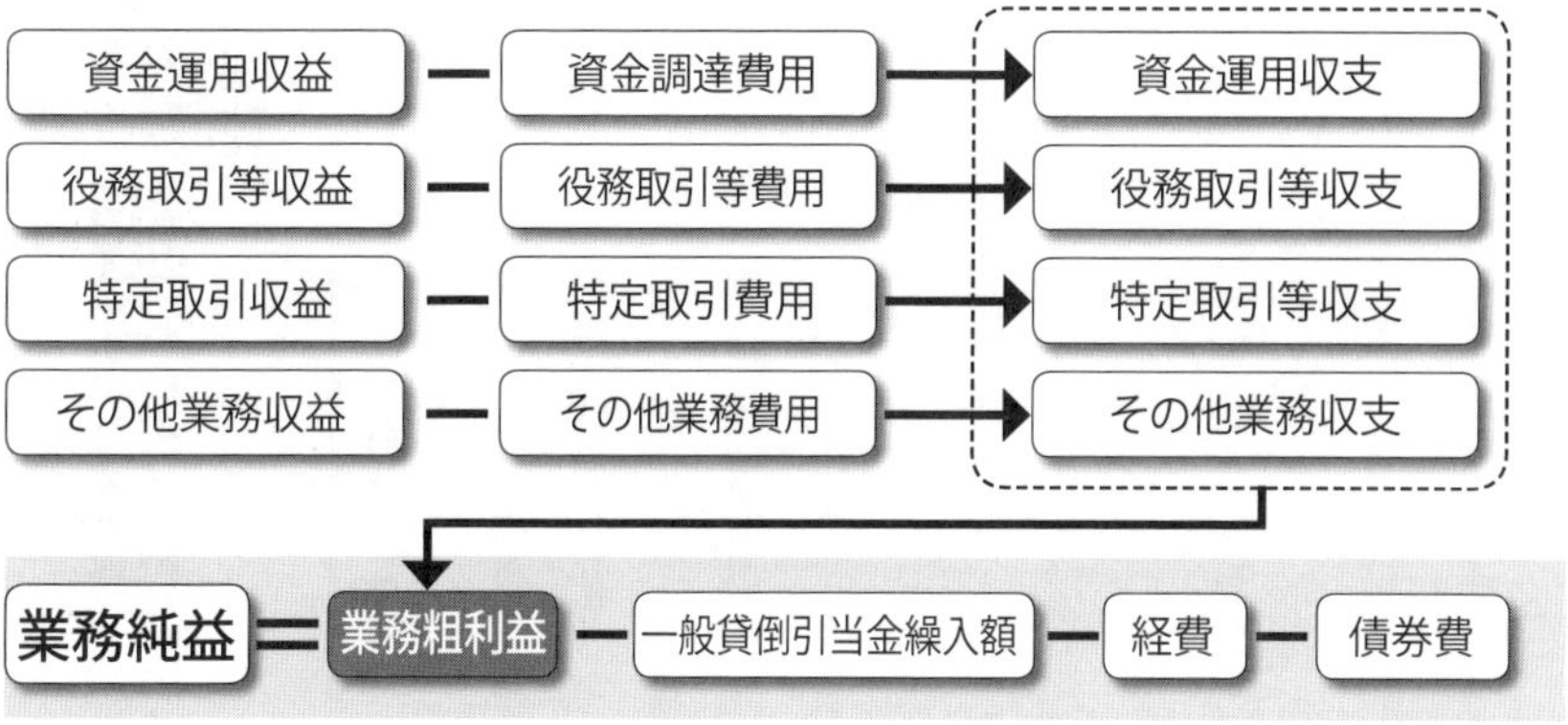

資金調達費用、銀行が役務取引を受けた対価として支払う**役務取引等費用**、特定取引勘定で行なった取引により発生した売買損、評価損などにあたる**特定取引費用**、外国為替売買損などにあたる**その他業務費用**、そして資金運用調達業務や役務業務など、各種業務にかかった経費（人件費・宣伝費など）である**営業経費**がある。さらにこれらの費用・経費以外の費用としてその他経常費用が加わる。

この経常費用を経常収益から引いたものが、銀行の経常利益となる。

銀行本来の業務から生じた業務純益

さて、損益計算書には記載されていないが、経常利益以外に、銀行の利益を見る指標として、**業務純益**がある。

業務純益とは、業務粗利益から一般貸倒引当金繰入額や、臨時的な色彩のない経費、そして債券発行銀行の場合は債券費を引いたものになるわけだが、ここでいう**業務粗利益**とは、先に見てきた「資金運用収益」「役務取引等収益」「特定取引収益」「その他業務収益」の四つの収益から、それぞれ「資金調達費用」「役務取引等費用」「特定取引費用」「その他業務費用」を差し引いたものになる。

この業務純益は、銀行の利益の中でも、銀行本来の業務から生じた利益として最も重要視されるものの一つとされる。

2

CHAPTER2

銀行の種類

3メガバンク

70年代から80年代には、大都市に営業基盤を持ち、全国展開している都市銀行13行が大手銀行と呼ばれていた。それがバブル崩壊後、不良債権処理で体力が必要となり、また国際競争力をつけるため規模の拡大を目指し、再編時代に入った。そして、2005年に三菱UFJフィナンシャル・グループが設立され、みずほフィナンシャルグループ、三井住友フィナンシャルグループの3メガバンク体制に落ち着いた。

3メガバンクは商業銀行のほかに、信託銀行、証券会社、運用会社、リース、シンクタンクなどからなるグループを形成し、ユニバーサル・バンク（総合金融サービス会社）を目指している。

他大手銀行

3メガバンク以外の大手銀行としては、あさひ銀行と大和銀行という旧都市銀行を母体として、再編・統合を繰り返して誕生したりそなホールディングス（りそな銀行と埼玉りそな銀行が中核）、そして、財閥グループとしてメガバンクと近い関係にありながらも、ユニバーサル・バンクを目指さずに専業信託銀行として独立集団を形成し、2011年4月に住友信託銀行と中央三井トラスト・ホールディングスが統合して発足した「三井住友トラスト・ホールディングス」がある。

2002年に三和銀行と東海銀行が合併してUFJホールディングスが誕生し、同グループが総資産第4位として、3位の三菱東京と5位のりそなホールディングスの中間に位置した頃は、りそなホールディングスも含め「5大メガバンク」と言われていたこともあった。

しかし、UFJホールディングスが三菱東京フィナンシャル・グループと統合し、りそなホールディングスと3位の三井住友フィナンシャルグループとの開きが大きくなってしまった。それからはりそなホールディングスは、一般的にメガバンクとして扱われなくなっている。

そのほか、かつて日本興業銀行とともに長期信用分野を担ってきた、日本長期信用銀行と日本債券信用銀行があった。現在、日本長期信用銀行は破綻後再建されて、新生銀行に、日本債券信用銀行は破綻後再建し、あおぞら銀行へとそれぞれ普通銀行に転換した。

地方銀行

全国展開しているメガバンクとは異なり、各都道府県に本店をおいて、主にその地方を中心に営業活動をし、地域経済を支えている普通銀行が地方銀行。その中でも、1989年以降に旧相互銀行から普通銀行に転換した銀行を第二地方銀行と呼んでいる。

地方銀行が64行、第二地方銀行が41行存在し（2016年3月）、中には一つの県に2行、3行本店がある激戦区もある。

資金量では、ふくおかフィナンシャルグループ（福岡市）が最も大きく、横浜銀行（横浜市）、ほくほくフィナンシャルグループ（富山市）がそれに次ぐ（単独では横浜銀行がトップ）。地域経済不振のあおりを食い、貸し出し難を投資信託の販売などで凌いでいたが、本格的な再編の渦中にある。

信託銀行

普通銀行と同じように預金も預かるが、不動産や有価証券などの財産も預かり、それらを管理・運用したりする信託業務を行なう。近年では、年金信託や遺言信託、また排出権なども信託の対象となっている。信託銀行は、高齢化社会、資産成熟社会に最も役つ信託銀行は、預金業務と財産管理・運用業務の両機能を持つ信託銀行は、高齢化社会、資産成熟社会に最もそのサービスが発揮されるといわれる。

信託銀行では、三菱UFJ信託、みずほ信託、三井住友信託銀行が大手信託3行といわれる。いずれも旧財閥と関連を持っている。旧都市銀行が3メガ

信託銀行の業務

銀行業務 ＋ 信託業務 ＋ 併営業務

銀行業務	信託業務（狭義）	併営業務
預金業務 貸出業務 為替業務 付随業務 （有価証券の売買、デリバティブ取引等）	金銭の信託 有価証券の信託 金銭債権の信託 動産の信託 不動産の信託 など	不動産関連業務 （売買仲介、鑑定等） 証券代行業務 （株主名簿管理等） 相続関連業務 （遺言信託、遺産整理等） など
通常の「銀行」業務	「信託の引受」に係る業務	財産の管理・処分等に関連する各種サービスの提供

出所：信託協会の資料をもとに作成

バンクに集約されていくなかで、三菱ＵＦＪ信託は三菱ＵＦＪフィナンシャル・グループの、みずほ信託はみずほフィナンシャルグループの信託機能サービスを担う金融機関として参画している。

信用金庫、信用組合

信用金庫は、地域の繁栄を目指す扶助組織として誕生した会員制度による協同組織の金融機関。株式会社であるメガバンクや地方銀行と異なり、預金や貸し出しについて規定がある。信用金庫は、一定地域内の中小企業者や地域住民を会員にしている。原則的に融資対象は会員としているが、会員以外の融資も一定の条件で認められている。預金については制限がなく、会員以外の人もできる。

会員になるには資格がいる。信用金庫の営業地域に住んでおり、経営者は会員になることができるが、個人事業者で常時使用する従業員数が３００人を超える場合、また、法人事業者で常時使用する従業員数が３００人を超え、かつ資本金が９億円を超える場合には、会員となることができない。

信用金庫・信用組合・銀行の相違点

	信用金庫	信用組合	銀　行
根拠法	信用金庫法	中小企業等協同組合法／協同組合による金融事業に関する法律（協会法）	銀行法
設立目的	国民大衆のために金融の円滑を図り、その貯蓄の増強に資する	組合員の相互扶助を目的とし、組合員の経済的地位の向上を図る	国民大衆のために金融の円滑を図る
組織	会員の出資による協同組織の非営利法人	組合員の出資による協同組織の非営利法人	株式会社組織の営利法人
会員（組合員）資格	地区内に住所または居所を有する者、事業所を有するもの、勤労に従事するもの、事業所を有する者の役員およびその信用金庫の役員 < 事業者の場合 > 従業員300人以下または資本金9億円以下の事業者	地区内に住所または居所を有する者、事業を行なう小規模の事業者、勤労に従事する者、事業を行なう小規模の事業者の役員、事業を行なう小規模事業者の役員およびその信用組合の役員 < 事業者の場合 > 従業員300人以下または資本金3億円以下の事業者（卸売業は100人または1億円、小売業は50人または5000万円、サービス業は100人または5000万円）	なし
業務範囲（預金・貸出金）	預金は制限なし 融資は原則として会員を対象とするが、制限つきで会員外貸出もできる（卒業生融資あり）	預金は原則として組合員を対象とするが、総預金額の20%まで員外預金が認められる 融資は原則として組合員を対象とするが、制限つきで組合員でないものに貸出ができる（卒業生金融なし）	制限なし

※信金「従業員300人以下または資本金9億円以下の事業者」、信組「従業員300人以下または資本金3億円以下の事業者」の撤廃および一部大企業の会員可などの基準の緩和、営業地域の緩和を金融庁が検討
出所：（社）全国信用金庫協会の資料をもとに作成

信用組合は、信用金庫と同じ協同組織の金融機関で、組合員資格は異なる。預金の受け入れにも制限があり原則として組合員だけ。業務内容は、銀行や信用金庫と同様だが、法人取引は常時雇用の従業員数が300人（卸売業は100人、小売業は50人、サービス業は100人）以下、または資本金3億円（卸売業は1億円、小売業・サービス業は5000万円）以下の場合に限られる。信用組合には、一定地域内の小規模零細事業者や住民を組合員とする地域信用組合や、同業種の人たちを組合員とする業域信用組合がある。業域信用組合には、歯科医師、青果市場、浴場業、建設業などの業種がある。

日本銀行

1882年10月に設立されて以来、「銀行の銀行」と呼ばれる日本の中央銀行。日本銀行法に基づく認可法人であるが、ジャスダックに上場している。

中央銀行として金融政策を担当している日本銀行の主な役割は、通貨価値の維持に取り組むことで物価の安定を図ること。また特定の金融機関が経営危

機に陥ったときなどに、その影響がほかの金融機関に広がらないように金融システムを安定させること。

これらの任務を行なうため次の権利を持っている。

①発券銀行として、日銀券（一万円札や千円札など）の発行と回収。

②銀行の銀行として、民間金融機関での預金を預り、逆に資金の貸し出しをする。民間金融機関は日銀に開いている口座を通じて資金決済を行なう。

③金融政策により経済の安定を図る。例えば②の金融機関とのお金のやりとりの際の利率である公定歩合を上げ下げすることにより市場金利を誘導する。また国債や手形を民間の金融機関から買ったり（買いオペ）、売ったりして（売りオペ）、市場に流通する通貨量を調整したりする公開市場操作を行なう。

④政府の銀行として、政府の依頼を受け、税金などの政府の収入の受け取りや、年金などの支払いを行なう。加えて国債の発行や外国為替の決済処理も行なう。

⑤金融機関が経営危機や破綻したときに、日本銀行法に基づく緊急融資（日銀特融）を行ない、預金者が引き出し時に混乱を起こさないようにする。

ゆうちょ銀行

ゆうちょ銀行は2007年10月、日本郵政公社が「持株会社（日本郵政）」と「4事業会社（郵便局、郵便事業、ゆうちょ銀行、かんぽ生命保険）」に民営化・分社化し誕生した。全国に広がる郵便局ネットワークを通じて、幅広い顧客に総合的な金融サービスを提供している。通常預金の預入限度額（1人当たり1300万円）の更なる拡大や、自己資金による住宅ローンや企業向け融資の解禁が焦点となっている。2015年11月に、グループの日本郵政・ゆうちょ銀行・かんぽ生命の3社が同時上場した。

ネット銀行

ネット銀行は、パソコン端末などからインターネットを経由して取引できるサービス。振り込み、残高照会、取引明細照会、定期預金取引などができる。店舗を持たずに、通常の銀行に比べて低コストで、しかも24時間365日、いつでも入出金可能な点を特色にしている。

3 CHAPTER2 ビジネス最前線

① リテール（個人、中小企業ビジネス）

メガバンクにとって、融資金額は小さいが大企業に比べて利ざやが取れる中堅・中小企業分野は重要だ。ターゲットにしている業種は国が成長戦略分野に上げている環境・エネルギー、医療・介護、観光、保育・育児事業などの18分野。

融資業務だけではない。グループの証券機能を使っての財務アドバイザーといった付加価値のつくサービスや成長事業グループ・事業承継グループを配置し、株式公開を志向する成長企業に対する各種支援業務や、最近関心やニーズが高まっている事業承継等の経営課題解決ニーズにも積極的に応えている。また、最近では、中堅・中小企業でも事業活動のグローバル化が急速に進んでいる。大手メーカーによる海外生産の進展に追随し、中堅・中小企業も海外進出を図り、海外マーケットを相手に事業の拡大を目指している。

さらに、大企業に比べて資金調達手段が少ない中堅・中小企業にとっては、どう調達ルートを確保するかは経営を左右する。このニーズに応えるため、戦略貸出ファンドを作ったり、環境良化につながる設備投資資金には金利優遇を行なう融資制度などが生まれている。

中堅・中小企業ビジネス以上に、最近では個人分野での貸し出し、運用分野でのシェアを高めることが収益力アップには大事になっている。この点では、メガバンクから地域金融機関まで戦略は似通っており、それだけにどこで差別化できるかが勝負の分かれ目になっている。「貯蓄から投資へ」という国を挙げての政策には変更はない。貸し出しの主力は住宅ローンであり、預金の一部を外貨預金だけではなく、投資信託、保険商品といった販売手数料の入る金融商品を買ってもらう戦略を重視している。「銀・証融合ビジネス」として、グループ証券が提供する投資一任勘定契約に基づく資産運用サービスもその一環だ。

銀行が住宅ローンに力を入れているのは「家計のメインバンクとなる」ためだ。例えば、住宅ローンは長期の取引が見込める。そのうえに給与振込口座の指定や投資信託販売や個人年金など他の金融商品の取引にもつながる。この分野はどこの銀行も最も力を入れている業務で、収益への寄与度も大きい。ある大手地銀では、貸出金利から資金調達コストや経費を差し引いた利益を融資の種類別で見ると、住宅ローンが全体の6割強を稼ぎ出している。

企業向け融資に比べて貸し倒れリスクが小さい点も銀行には魅力に映る。支店内に系列証券会社の店舗を配置したり、保険との商品提携をするのもそのためだ。

個人取引での収益化はATMの有料化や金融商品の品揃え、提供サービスでのライバルとの差別化での取引の重層化をいかに図れるかにある。ATM有料化では、「優良顧客には最高の恩典を」が基本になっており、使用すれば手数料などを割引するポイント制を各行が取り始めている。

支店は個人の資産運用のコンサルティング室だ。大手銀行を含めて銀行業界は資産運用を中心とする多様なニーズに応えることで、顧客との長期的な信頼関係を構築しながら、富裕層に対するコンサルティングに取り組んでいる。多様化している顧客ニーズに対応したビジネスモデルは①貯める・増やす＝資産運用業務による預金＋リスク商品の提供、401kプラン、資産運用のポートフォリオ提案、資産の総合管理。②借りる＝住宅ローンなど多様なローン商品での対応、金利リスクの軽減。③利用する＝電子マネー、クレジット、ネットワーク決済などでの決済サービスの提供。④備える＝保険商品の提供、などが基本だ。

銀行顧客にもいろんな層があるが、一番銀行に収益をもたらしてくれるのが金融資産を多く持っている層。銀行によって異なるが、個人取引のうちの

銀行の顧客セグメント別マーケティングの例（みずほ銀行）

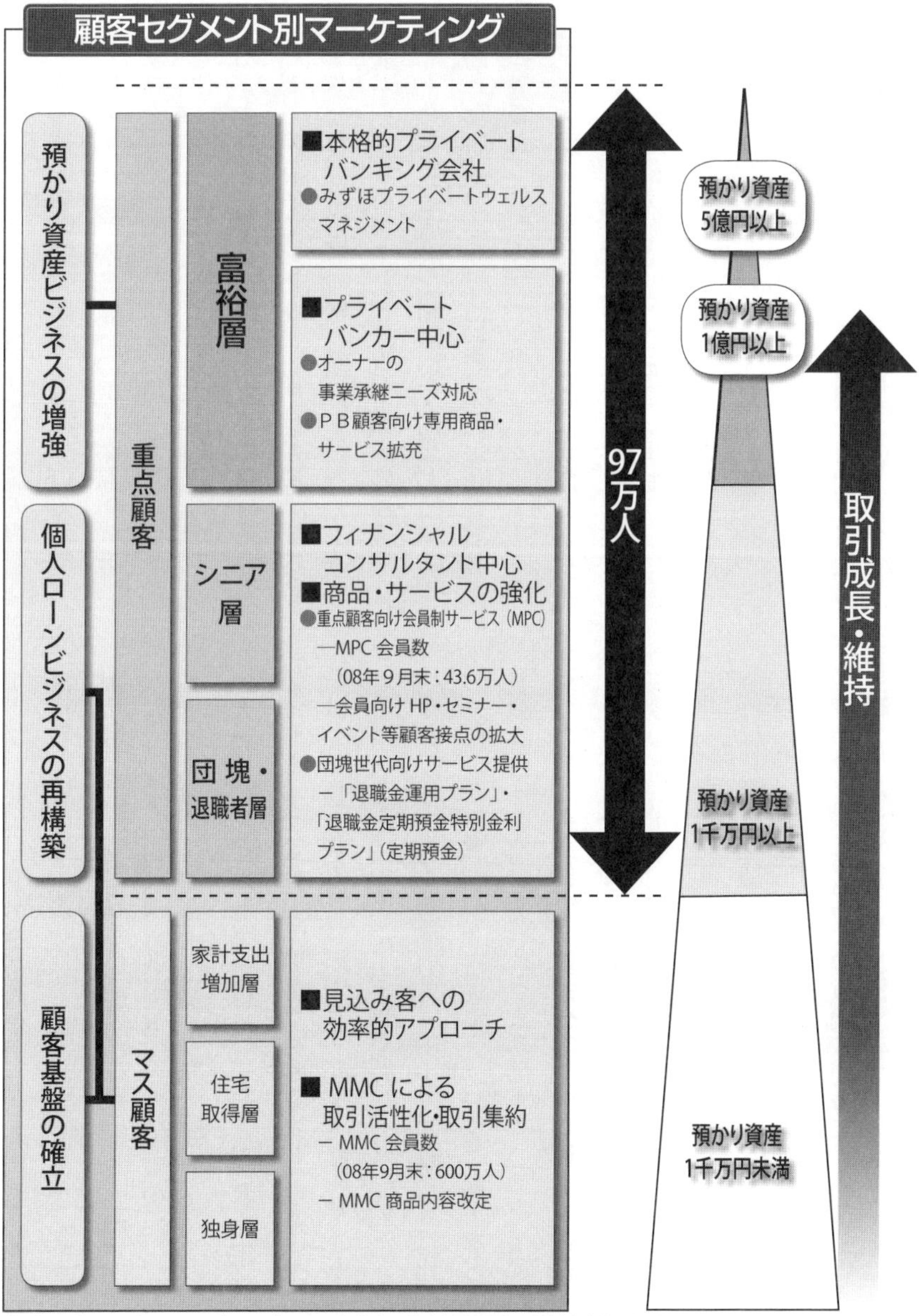

出所：みずほフィナンシャルグループの2008年度中間期会社説明会の資料をもとに作成

10％前後しか占めないこうした富裕層が、個人取引全収入（全業務純益）の90％前後を占めている。「富裕層をいかに増やすか」が各銀行の個人業務担当者の大きな課題だ。

富裕層をターゲットにしたビジネスがＰＢ（プライベートバンキング）業務。ゆったりくつろげるラウンジで、海外の有名インテリア専門店の協力で内装を設計するなど、富裕層の個人顧客を獲得しようと、数年前からメガバンクなどは東京都内の高級住宅地にユニークな新型店舗を相次いで開設している。高級感を高めた店舗づくりで富裕層を囲い込むＰＢは今後の有望個人ビジネスだ。

店内に、コンランの家具や文具などの新作を展示。インテリアコーディネーターのセミナーを定期的に開催するなど、ライバル行とひと味違う店舗作りで周辺に住むセレブな女性が、気軽に立ち寄れる店舗づくりを狙っている。

１億円以上の金融資産を持つ富裕層が約１５０万人前後いるという。この市場規模を巡ってのＰＢ業務は大手銀行間の競争も激しい。日米大手金融グループが共同でＰＢ事業の専門会社を開業したり、富裕層の資産運用を一括して受託する事業で証券会社と銀行との連携も活発化している。

②ホールセール（大企業・投資銀行ビジネス）

三菱ＵＦＪグループ２行（三菱東京ＵＦＪ銀行、三菱ＵＦＪ信託銀行）合算の大企業向け貸出し利ざやは、２０１６年３月末が０・46％で年々低下している（ちなみに中堅・中小企業向けは０・70％）。

それでも、大企業取引は、中小・零細企業に比べて一件ごとの融資額が大きく、プロジェクトなど大型融資案件を獲得すればうまみは大きい。その反面、銀行にリスクが集中する。そこで、参加融資銀行にリスクが配分されるシンジケートローン業務を強化するなど、市場金融の考え方（直接金融）を加えた市場型間接金融が基本になっている。市場型間接金融とは、産業金融モデルの「間接金融」と市場金融モデルの「直接金融」が併存する金融システム。欧米流の投資銀行と商業銀行の中間のビジネスモデルがイメージだ。

1985年以降のマーケット別M＆A件数の推移

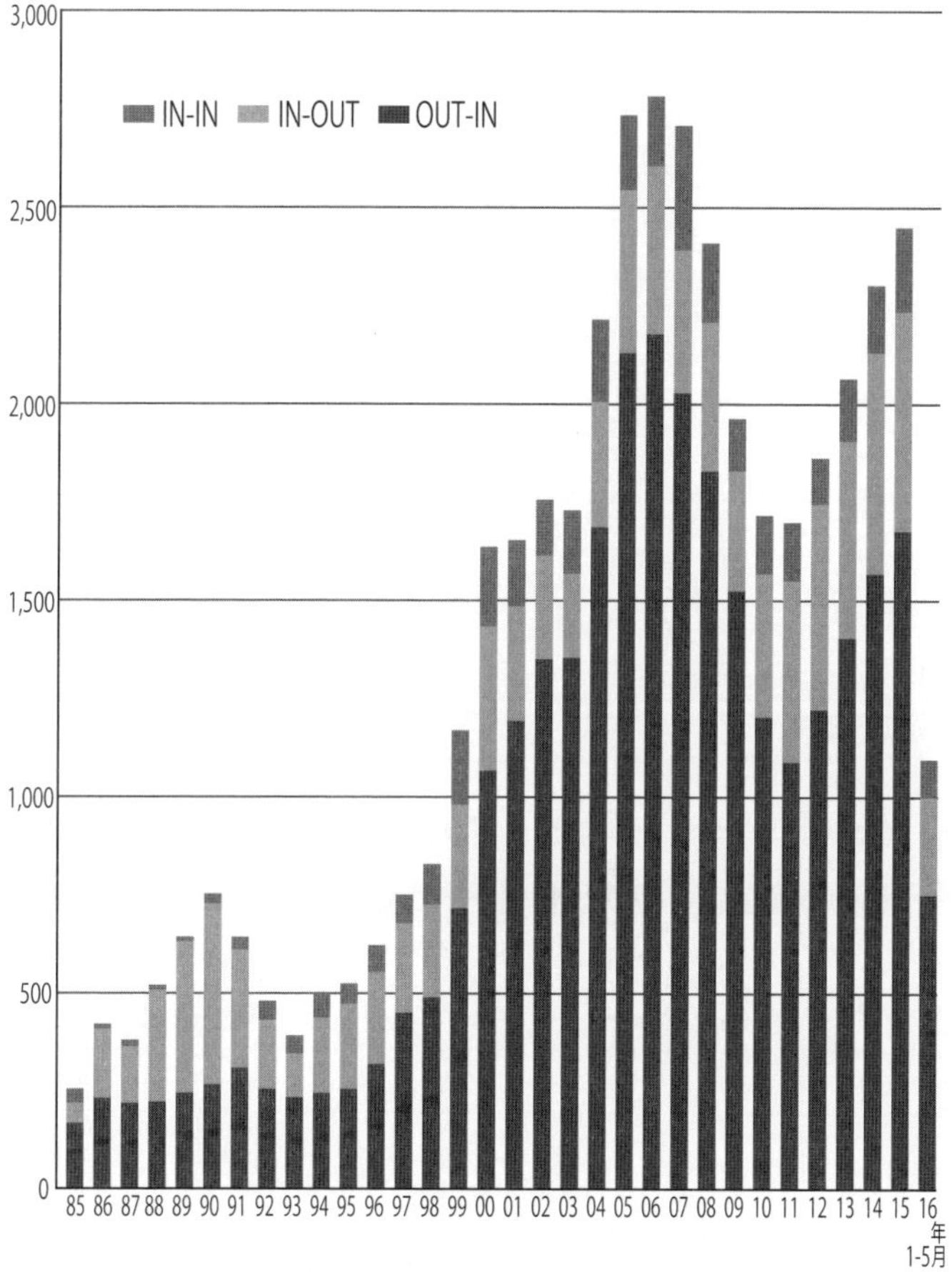

IN-IN　：日本企業同士のM＆A
IN-OUT　：日本企業による外国企業のM＆A
OUT-IN　：外国企業による日本企業へのM＆A

提供：レコフ

また、日本市場で資金調達する海外企業・ソブリン向けクロスボーダーシンジケートローン（ニンジャローン）、M&Aファイナンス等に利用される

大型LBO、企業価値向上に向けて抜本的な負債整理を行なう財務ソリューションなど、単に資金を融資するというビジネスから、企業価値を向上させる

ためのビジネスが主流になっている。

米国型投資銀行ビジネスの見直しが起きているが、メガバンクの銀・証融合ビジネスモデルには変化はない。銀行、証券会社とも大手にとって、収益多様化で強化してきたのが投資銀行ビジネス。

メガバンクにとっては、銀行・証券の垣根が低くなっていることを機に、関連証券会社などを通して株式に絡むビジネスが出来るようになった。

２００８年の金融危機による信用機能の収縮で、Ｍ＆Ａビジネスもしばらくは件数、規模も縮小したが、東日本大震災で経済環境がガラリと変わり、Ｍ＆Ａを検討する企業が増えている。海外進出を強化しようとする企業と、Ｍ＆Ａを利用してグループの再編や子会社を売却して守りを固めようとする動きが活発化しているためだ。

日本企業による海外企業のＭ＆Ａ（合併・買収）が急増し、２０１５年は金額ベースで10兆円を上回り過去最高になった。

米国型投資銀行モデルの修正は、日本の銀行、証券にとっては、これまで周回遅れと言われていた劣勢を挽回できるチャンスになっている。国内経済の低迷は避けられなく、海外ビジネスに活路が求められる現状を考えると、単に企業貸し出しだけではなく、グローバル企業の資本市場での資金調達、国際的なＭ＆Ａ、海外企業の海外マーケットでのＩＰＯ（新規上場）といった投資銀行ビジネスは有力な収益源だ。

投資資金の収縮が起きる中で、メガバンクの中には新しく企業再生ファンドを作る動きも出ている。今後も成長が望める分野に企業再生ビジネスがある。経営不振企業に出資して株主となった上で、場合によっては経営陣も送り込んで財務内容を改善し、企業価値が高まったところで株を転売したり、上場させたりして利益を稼ぐ。

ここ数年、日本の再生ファンドの活躍が目立ってきたが、再生のためには、法的整理、私的整理にかかわらず、投資銀行ビジネスが債務圧縮や再生投資の局面で果たすべき役割は極めて大きい。

4
CHAPTER2

伸び悩む3メガのグループ戦略

総合金融戦略の〝器〟はそろえたが

旧都市銀行と旧長期信用銀行が、相次いでメガバンクを作ったのが2000年前後。バブル崩壊で多額の不良債権を抱え、巨大資本を形成しての復活というシナリオを描いた統合だった。当時、統合を牽引したあるメガバンク首脳は「統合を機に、リスクに見合った利ざやをもらうことで貸し金利ざやを改善したい」と宣言した。それから15年以上経った今日、とても利ざやを改善できる環境にはない。それどころか、デフレ経済が続き、2016年には「マイナス金利」時代という、想像さえしなかった異常な金融環境下にある。

低成長で融資の拡大が望めないどころか、利ざやが毎年低下する環境下でメガバンクは地銀、信金・信組といった地域金融機関の顧客をターゲットに、金利ダンピングを行ないながら一本釣りし何とか本来の貸し金ビジネスを確保してきた。その一方で、本来ビジネスの衰退をカバーすべく、重要な戦略として位置づけてきたのが「証券」「信託」「カード」といった周辺ビジネスを構築しての多角化。ユニバーサル・バンク（総合金融）路線で、個人、法人顧客を対象に、提供できるサービスを多様化させ「ワンバンク」で一挙に取り込もうという戦略だった。

信託ビジネスでは三菱ＵＦＪ銀行グループは三菱信託と、みずほ銀行グループは、みずほ信託銀行とそれぞれ統合して新グループを結成、資産運用時代を迎えて信託部門はいまやグループの要になっている。三井住友グループは、三井、住友両元銀行とは血縁関係にある三井、住友信託が銀行系とは長い間組まずにそれぞれ独立を標榜していたが、現在は統合してメガ信託グループを形成した。

そこで、三井住友グループは仏ソシエテ・ジェネラル銀行傘下のソシエテジェネラル信託銀行の全株式を取得し、2013年10月1日にSMBC信託銀行を設立。そして、2015年11月1日に米シティバンク銀行から、約72万人の顧客、34拠点、約1540人の社員を含むリテールバンク事業のすべてを買収し、SMBC信託銀行に統合した。統合によりシティバンク銀行のリテールバンク事業の持つ外資系金融機関としてのグローバルな商品、専門のスキルを引き継ぎ、富裕層向けのビジネスモデルが拡大出来るようになった。

3メガバンクに代表されるユニバーサルバンクに対するのが専門銀行。総合金融型は、「一カ所で銀行・信託・証券全ての金融サービスが出来ます」というのが強み。弱いビジネス部門を収益性の高い部門が補うことが可能で、資本力の大きさと市場支配力が経営に安定性を与えてくれる。だが、収益力の弱い部門は常に非効率銀行の代名詞になり、銀行全体の投資効率を下げるリスクと組織は肥大化し、扱いにくく複雑で、管理、意志決定が難しい。また、何かあった場合の責任分担の問題、資金と人材の効率的配分に多くの時間を使う。つまり、マネジメントが大変で、総合金融路線は効率銀行に変身するのが極めて難しい。

これに対して、専門銀行は専門化された特定の分野では強い力を発揮する一方で、巨額資金が必要な市場の対応に弱いという欠点がある。

この専門性に活路を見いだしているのが2011年4月1日に中央三井トラスト・ホールディングスと住友信託銀行の統合で発足した「三井住友トラスト・ホールディングス」。

同グループは、2012年4月に統合持株会社傘下の3信託銀行（住友信託銀行・中央三井信託銀行・中央三井アセット信託銀行）を合併させ三井住友信託銀行を発足させた。資産規模では3メガバンクには及ばないが、業務面ではメガバンクと正面から競合することがないことから、今後も独立した経営形態を保つことを表明している。

ライバルである三菱UFJ信託銀行とみずほ信託銀行は、ともにグループのメガバンクと金融サービス面でシナジー効果を生かす戦略をとっている。これら勢力に対して、専業信託銀行として年金信託を含む財産管理業務等の差別化で勝ち残り、信託分野を守りきれるかが注目される。

三井住友グループのセグメント情報
（2016年３月期）

（単位：億円）

	連結業務純益
合計	11,429
銀行業	8,129
うち SMBC	7,288
リース業	955
うち三井住友ファイナンス&リース	807
証券業	499
うち SMBC 日興證券	605
コンシューマーファイナンス業	2,143
うち三井住友カード	514
うちセディナ	410
うち SMBC コンシューマーファイナンス	1,286
その他事業等	▲297

グループの器（機能）は整ったが

証券では、三菱ＵＦＪグループは三菱ＵＦＪ証券、みずほグループはみずほ証券を傘下にして強化。三井住友グループは、大和証券グループと提携してホールセール証券を共同で設立したが解消し、現在の中核証券はＳＭＢＣ日興証券。

３大メガバンクのユニバーサル・バンク化では、「器」はほぼ整った。器＝機能でいえば、三菱ＵＦＪグループは三菱信託銀行という信託業界の雄をグループ内に取り込んでいるものの、証券ビジネスが弱かったが、米投資銀行のモルガン・スタンレーと資本提携し、国内に共同出資の証券会社三菱ＵＦＪ・モルガンスタンレー証券を作った。

みずほグループにとって、傘下のみずほ証券の強化は長年の悲願。２０１３年1月に、ホールセール主力のみずほ証券とリテールビジネスを主力にしていたみずほインベスターズ証券を吸収合併し、みずほグループの証券部門を統一させた。一方、三井住友グループは２０１１年までの10年間は証券業界２

位の大和証券グループとホールセール証券・大和ＳＭＢＣを共同設立。提携解消後、シティグループから日興コーディアル証券を買収し、ＳＭＢＣ日興証券と名を変えて、グループ傘下の証券会社として、自前で証券ビジネスを再構築している。

いまや、グループ力強化による収益の多角化と海外部門強化は、国内低迷をカバーする重要なファクターになっている。規模のメリットを追い、統合による資本規模を拡大して収益アップにつなげようとしてきたメガバンクも同様だ。だから、80年代に証券業界の反対を押し切って「証券取引法65条」の形骸化を図ってきたし、リスク覚悟の海外進出にも時間と資本を投入してきた。このメガバンクの戦略を、国の政策といえる「貯蓄から投資」へのスローガンと、グローバル化が後押ししている。

少しずつ、戦略が効を奏してこの数年は収益貢献度も増してきた。しかし、証券業は市況産業で、貸し金業のようにスケールメリットよりも、株価が上昇するか下落するかによって収益が大きく左右する。海外業務もそうだ。これまでは、アジア新興国企業向けへの貸し金業務の攻勢をテコに、欧米の金融機関と対等に戦ってきた。しかし、ここに来て風向きが変わってきた。

メガバンク３グループ傘下証券会社の２０１６年３月期最終純利益、グループ連結純利益寄与度は以下の通り。

いずれの証券子会社も、グループの戦略部門として時間と資本を投入してきた割には、まだグループ連結利益寄与度は10％に満たない。グループ主力の銀行部門が、長期化する低金利下で悩んでいる今、今後親孝行出来るのかといえばそれも怪しい。円安から円高による株価低迷で、「アベノミクス」の恩恵を受けてきた株式市場も一転して不透明感が漂ってきたからだ。

３メガ傘下証券の収益とグループ寄与度	純利益 億円	寄与度 %
①みずほ証券（みずほグループ）	611	9.1
②三菱ＵＦＪモルガン・スタンレー証券（三菱ＵＦＪグループ）	432	4.5
③ＳＭＢＣ日興証券（三井住友グループ）	421	6.5

5
CHAPTER2

再編避けられない地域金融機関

年々高まる金融庁による再編圧力

デフレ経済の長期化によって、地方経済を守る地方銀行、信用金庫、信用組合といった地域金融機関の経営がますます厳しくなっている。

企業貸し出しの利ざや改善は望めなく、取引先の業況はさらに悪化している。かといって地域金融機関が取引先企業に対して融資を絞り込めば「貸渋り」「貸しはがし」と批判されるだけではなく、「融資縮小→企業倒産急増→金融機関経営の悪化→融資さらに縮小」という負の連鎖に陥る恐れもある。いま、全国各地で地域金融機関は同業クラスとの生き残り戦だけでなく、大手銀行からの集中砲火も浴びている。

全国の主な地方銀行・第二地方銀行20行の2016年3月期決算（単体）では、18行が増益を確保し、20行の純利益の合計額は前期比15・1％増の5954億円となった。横浜銀行や千葉銀行など有力地銀は過去最高益を更新した。本業のもうけを示す実質業務純益の合計額は2・8％増の8409億円。日銀の大規模な金融緩和で値上がりした国債の売却益などが寄与した。ただし、低金利で貸出収益の苦戦が続く中、保有株式の売却益の増加や、貸し倒れに備える費用の減少などが利益が押し上げたという特殊要因もあった。

この地方銀行に、日銀がマイナス金利政策の導入を決めたことで、激震が走っている。長期化すれば利ざやの縮小など収益の減少は避けられない。人口減少、資金需要の乏しさ、運用難の〝三重苦〟に、マイナス金利の衝撃は、地銀にこれまで以上に難しい舵取りを迫る。

人口減、高齢化が進んでいる地方では、企業融資はもちろん、住宅取得適齢期の世代が減って、地銀が本来得意とする住宅ローンの貸付も縮小。その上、有力取引先企業はメガバンクなど体力のある大銀行の金利ダンピングで、一本釣りが常態化している。

こうした環境が続けば、各地で始まっている業界再編が更に加速する。

地域金融機関は、以前からオーバーバンキング（銀行過剰）と言われ、金融庁主導の強引ともいえる再編が起きてきた。キーワードは「広域連合」。２００６年に、福岡銀行と熊本ファミリー銀行の統合による「ふくおかフィナンシャルグループ」（２００７年に親和銀行を統合）と、傘下に山口、北九州、もみじ銀行を持つ「山口フィナンシャルグループ」が誕生した。次いで２０１２年には山形県を地盤とする「きらやか銀行」と「仙台銀行」の経営統合で「じもとホールディングス」が発足した。

一気に塗り替わった地銀戦国マップ

そして、一昨年からは金融庁のシナリオに突き動かされたように第2の再編ラッシュが起こり、地域金融機関の戦国マップが一気に塗り替わった。まず、２０１４年10月に東京都民銀行と八千代銀行が共同持株会社である東京ＴＹフィナンシャルグループを設立。次いで２０１５年10月に鹿児島銀行と肥後銀行が統合したが、２０１６年4月1日に次の３つの経営統合がおこった。

①徳島銀行と香川銀行を傘下に置くトモニホールディングスと大正銀行が経営統合し、東部瀬戸内海圏をカバーする広域グループが誕生。

②次いで、２０１４年に東京都民銀行と八千代銀行が統合して設立された東京ＴＹフィナンシャルグループが、東京都が80％超出資する新銀行東京と経営統合。新銀行東京にとっては拡大路線に着手でき、東京ＴＹは都とのパイプが作れるといったメリットがある。

③さらに、地銀最大手の横浜銀行と、東京を地盤とする東日本銀行が持株会社「めぶきファイナンシャルグループ」を設立し経営統合。総資産15兆円超の地銀最大グループが誕生した。

④千葉銀行と武蔵野銀行が包括提携を結び、提携

地方銀行64行の業務純益、コア業務純益、経常利益、当期純利益

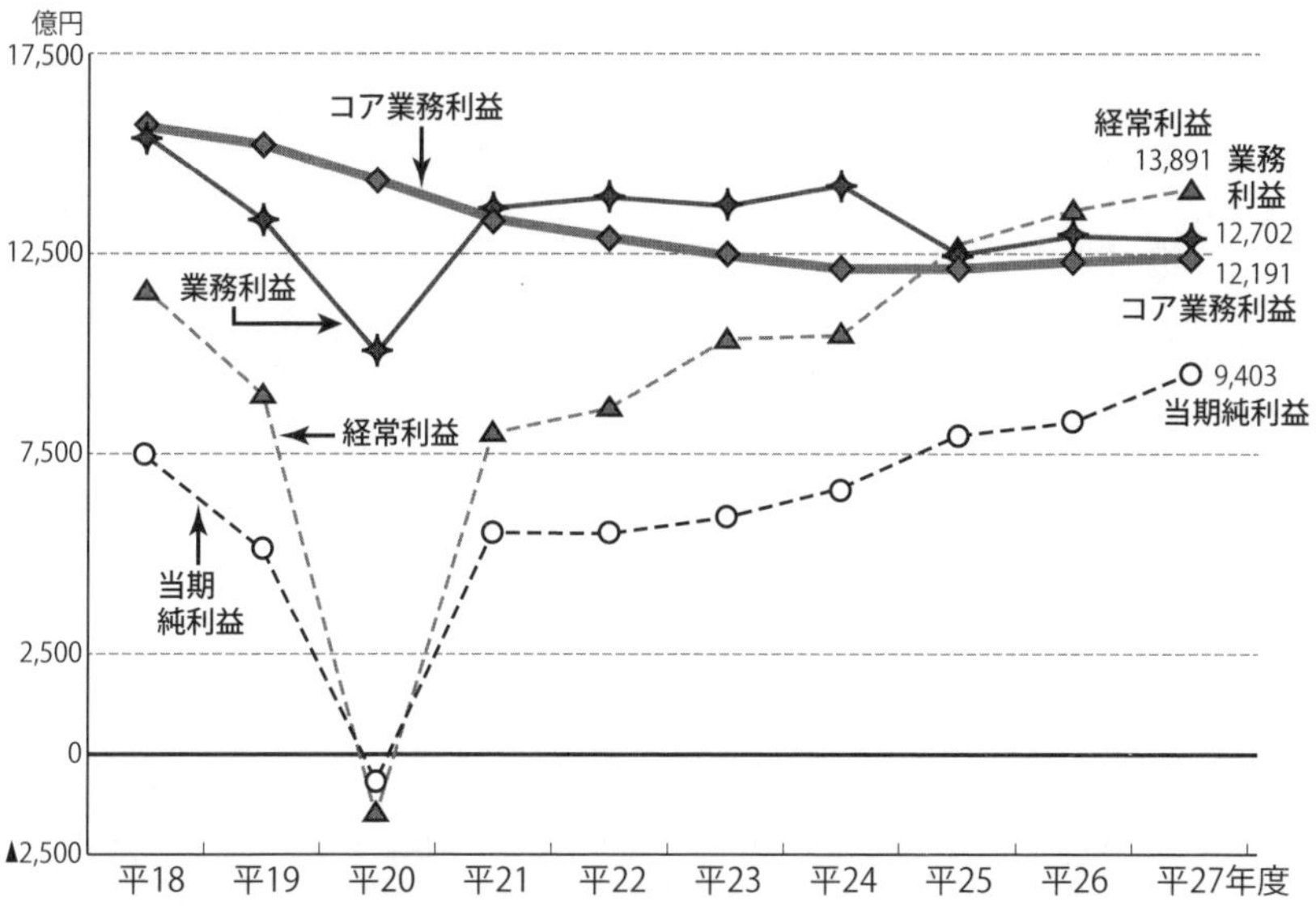

（注1）経常利益、当期純利益とも過去最高。昭和60年以降の既往のピークは、経常利益が13,380億円（平成26年度）、当期純利益が8,414億円（平成17年度）。
（注2）平成20年度の当期純利益は、預金保険機構から足利銀行に実施された金銭贈与（2,566億円）を除く。
提供：地銀協

内容に関する協議を進めており、「千葉・武蔵野アライアンス」の旗の下、経営の独立性は維持していく方針。業務共同化によるコスト削減も図り、5年後に両行で累積100億円の提携効果を目指す。

更に、2017年10月には足利銀行と常陽銀行が一緒になる。

千葉銀行と武蔵野銀行との提携は「新しい地銀連携モデル」になる可能性がある。金融商品の仲介、投資信託販売、信託業務の事務部門共同化などさまざまな提携を想定し、ITシステムについては統合ではなく、基幹系システム周辺の「サブシステム」を共同で開発していく。

ただし、今回の包括提携は統合して新グループを作ったり、合併といったシナリオは描いていない。自主独立を堅持しながら、地域で勝ち残るための〝同盟関係〟を作ろうというもので、経営統合によらない新しい地銀連携モデルが双方の意志だ。

依然強い金融庁からの「再編圧力」

これまで金融庁は、いろんな手段を講じて地銀、第2地銀に再編圧力をかけてきた。

2014年3月期から実施している最低基準自体は同じだが、普通株や内部留保、一般貸倒引当金など質の高い資本を新たに「コア資本」とし、この比率のみで4％以上確保することを求めている〝自己資本規制の実質強化〟もその一つ。中小企業金融円滑化法が2013年3月に終了したことで、地域金融機関の不良債権処理コストが膨らむ事を想定し、自己資本規制を守れない金融機関には、公的資金の投入を餌に再編をちらつかせる。

地方銀行は「王国」を形成し、地元からは「殿様」扱いをされてきた。経営の健全性指標である自己資本比率に問題がない経営者であったら、誰しも望むのが独立独歩路線。大半の地銀がそう思ってきた。大手銀行が地域侵攻を強め拡大路線を強めているが、地域密着をうたい文句にしてきた地銀は「フェース・ツー・フェース」での人海戦術を基本にしてきた。

この戦術は、もともと高コスト経営だ。かといって、この看板を下ろすことは、規模において小さい金融機関にとって、なんの特徴もなくなる。地域密着の密度をこれまで以上に高めた商品提供に、新しい金融サービスをセットした経営ができるかが問われてきた。

しかもこうした戦略展開は、コスト以上の成果が出てはじめて、経営強化になる。監督官庁である金融庁は、リレーションバンキングでのアクションプログラムにもとづいて地域金融機関が生まれ変わることを指導している。しかし、こうした指導が新しいコスト負担を招いている。21世紀の金融制度は決して、地域金融機関に明るい展望を与えるものではない。

統合・合併効果によるメリットは規模の追求だけではない。

まず、事業の再構築が行ないやすいことが挙げられる。リストラはできるが、地域金融機関は地元に密着しているため、支店や人員の合理化には大きな制約がある。その一方で、合併を契機に地域の重複

企業から評価される地域銀行の取組み

本部を含めた組織全体として、企業との課題の共有を図る仕組みを構築。

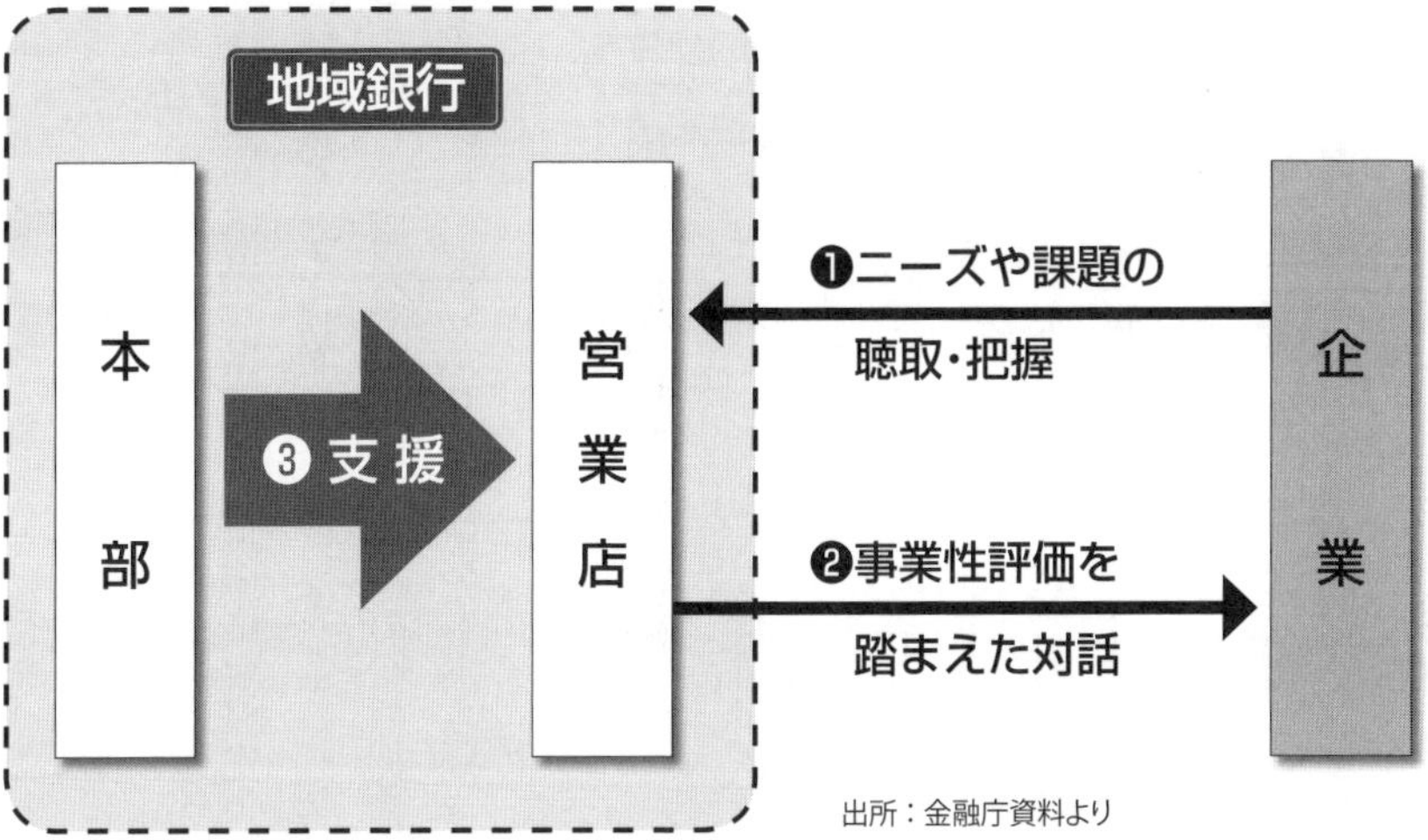

出所：金融庁資料より

店舗を統合する際に、併せて非効率店舗を近隣店舗に集約すれば、理解を得られやすい。それも単に統合するだけではなく、店舗をリニューアルしてサービスを向上させたり、提携ＡＴＭの拡充、各種キャンペーンの強化といった施策が有効である。

専門的な人材の確保に一定の規模も必要だ。営業店を再構築することで証券や保険、リスク管理などで、専門分野に新しい人材を投入できる。

それ以上に、金融に対するニーズが高度化、多様化する中で〝地域に役立つ〟ためには、大同団結してノウハウの蓄積を進めていく必要性もある。シンジケートローンへの参加や異業種提携でメガバンクに対抗できる体制づくりが急がれている。

こうした地銀の苦悩に対して金融庁が打ち出してきた仕掛けが、統合して金融持株会社を作った地銀連合には、傘下の事業会社の範囲を広げ、収益の多角化をし易くさせるといった策。一国一城の主である地銀の統合は難しいが、持株会社なら旧行は残るため、統合への抵抗は少ないことを利用しての策だ。

そして、引導を渡したのが金融モニタリング検査の導入。簡単に言えば、これまで別々に行なってきた監督と検査を一体化させ、検査結果を行政指導に反映させる手法にしたのだ。

大義名分は立派。担保や保証に頼らずに取引先企業の悩みの解決策などを提案し、有望な企業にリスクマネーを供給して成長を促して、自行の収益拡大に繋げる事を重視し、自分たちが10年先も生き残っていけるかどうかの客観的根拠を要請している。

10年で信金、信組は半分に激減

何のことはない。「10年先も生き残れる絵図面が描けなければ、どこかと一緒になりなさい」というわけだ。この方針に基づいて、2015年7月に地域銀行106行の「金融モニタリングレポート」結果が公表された。それによると2018年3月期の経常利益（試算値）が、現状（2014年3月期）の半分以下の水準となる地域銀行が2割程度の22行で、そのうち5行は赤字になるという。

信用金庫、信用組合も金融庁からの再編圧力をもろに受けている。地方経済の回復見込みは薄く、増える預金を有価証券といった資金運用でまかなっている構図は、地銀、第2地銀と同じだ。

この10年間をみるだけでも信金は半分強に、信組は半分以下に減っている。たとえば「信金王国」と言われた京都府内に本店を置く信金は9つから3つに、東京も51から23に半減した。

金融庁は、更に統合・再編を進める考えで、信用金庫と信用組合の業務形態を抜本的に見直し、営業地域や貸出先について規制をかけない「地方銀行型の信金・信組」と、従来通り地元の中小・零細企業を主な取引先とする「地元密着型」に再編する方向で検討している。

6 CHAPTER2

主要企業のプロフィール

①三菱ＵＦＪフィナンシャル・グループ

世界トップクラスの資産強みに、巨大総合金融グループを目指す

持株会社の三菱ＵＦＪフィナンシャル・グループ（三菱ＵＦＪグループ）傘下に、普通銀行、信託銀行、証券会社に加えて、トップクラスのカード会社、消費者金融、資産運用会社、リース会社と、米国銀行（ユニオン・バンク）などを擁する総合金融グループ。

同グループは、２００１年に三菱東京フィナンシャル・グループと、ＵＦＪグループが経営統合して発足。前者は、２００１年４月に東京三菱銀行、三菱信託銀行、日本信託銀行３行により設立された銀行持株会社。母体となる旧三菱銀行は、官僚的な行風を持ち、効率性に欠けるが堅実な財務体質で知られていた。これに２００２年に国際証券を軸に東京三菱証券、東京三菱パーソナル証券、一成証券が合併した三菱証券が参加した。

これに対しＵＦＪグループは、２００１年に三和銀行と三和系列の東洋信託銀行、そして東海銀行が株式移転により発足したＵＦＪホールディングスを中核としたグループ。三和銀行はバブル期に負った不良債権で苦しみ、そこで三菱東京フィナンシャル・グループとの統合で生き残りを図った。

２００８年には、ＵＦＪニコスとＤＣカードが統合した三菱ＵＦＪニコスがグループの完全子会社になった。また、２０１０年５月に旧三菱ＵＦＪ証券（野村証券系だった旧国際証券や旧ＵＦＪつばさ証券などの準大手証券を吸収して設立）の国内部門と、資本提携を行なった米投資銀行モルガン・スタンレーの日本法人・モルガン・スタンレー証券（現モルガン・スタンレーＭＵＦＧ証券）の投資銀行部門が統合。現在の、三菱ＵＦＪグループの証券戦略の

中核である、三菱UFJモルガン・スタンレー証券（MUSHD）が誕生。

インベストメント・バンキング（投資銀行）業務においては「三菱UFJモルガン・スタンレー証券」に集約する一方、キャピタル・マーケッツ（資本市場）業務、セールス&トレーディング業務、リサーチ業務は各々が持つ強みと特色を活かし、相互に協力しながら併存するという二社体制を構築。三菱の顧客層と、モルガンの世界的なネットワークを結びつけて内外一体化した戦略の下、一気に野村、大和証券に肉薄するのが目標だ。

UFJグループと統合する前の三菱東京フィナンシャル・グループは、中核をなす東京三菱銀行が三菱商事、三菱重工業とともに三菱金曜会の中心的役割を担当していた。また、三菱東京フィナンシャル・グループは三和、東海、東洋信託というリテール・信託専業銀行を特徴としていたUFJグループとの統合で課題だった個人取引（リテール）業務が強化され、ホールセールビジネスとの両翼体制をつくることができた。個人向けには銀行・信託・証券などの各種金融サービスをワンフロアで提供する「MUFGプラザ」を全国に展開。また、中堅・中小企業の資金ニーズでは中小企業向け無担保ローンなどに力を入れ、収益力強化を目指している。事業承継、株式公開、M&Aなどの経営相談といったニーズに対しては、全国の支店が対応、都心で企業が密集する地域では法人営業推進部ほかが対応し、店舗のない地域をもカバーする、ネットワークをつくっている。

今後有力ビジネスとなるプライベートバンキング（富裕層取引）では、銀行本体が行なう業務に加えて、米証券大手メリルリンチの日本証券を分割継承し、世界トップクラスのサービスを開始している。

3大メガのうち海外戦略で一歩前を行なっているのが三菱UFJグループだ。

グループの海外戦略は、加州での商業銀行業務をステップに拡大。2008年10月には、ユニオンバンカル・コーポレーション（UNBC、カリフォルニア州の有力地方銀行であるユニオン・バンクを傘下に持つ米国戦略の要で、三菱東京UFJ銀行が約

65％出資する連結子会社だったが2008年11月に完全子会社化）に、米国における金融持株会社の資格を連邦準備制度理事会に申請し、取得させた。

　金融持株会社になったことで、銀行免許だけの制約から解放され、米国展開の足かせがなくなり、証券引き受け・ディーリング業務、自己投資業務といった投資銀行ビジネスを包括的に展開できるとともに、米銀を買収して米国拠点と統合するなど、米国戦略の選択肢を広げることができた。それを、後押ししているのが資本提携しているモルガン・スタンレー。とくにここ数年、米国市場とアジア地域を強化してきた。

　2014年には米国事業を再編し、傘下の米国銀行ユニオンバンクと三菱東京UFJ銀行米州本部に分かれていた米国業務を統合。加えて、米国に設けた金融持株会社「米州MUFG　ホールディングスコーポレーション」を新たな米州本部と位置付け、事業を一元的に管理・運営することにした。

　2016年1月14日、三菱東京UFJ銀行はフィリピン地場主要商業銀行のセキュリティバンクと資本・業務提携した。三菱UFJグループは、アジアを「第2のマザー・マーケット」として位置づけ、近年では、ベトナムの国営大手銀行ヴィエティンバンクへの出資、タイの大手商業銀行であるアユタヤ

三菱UFJグループ

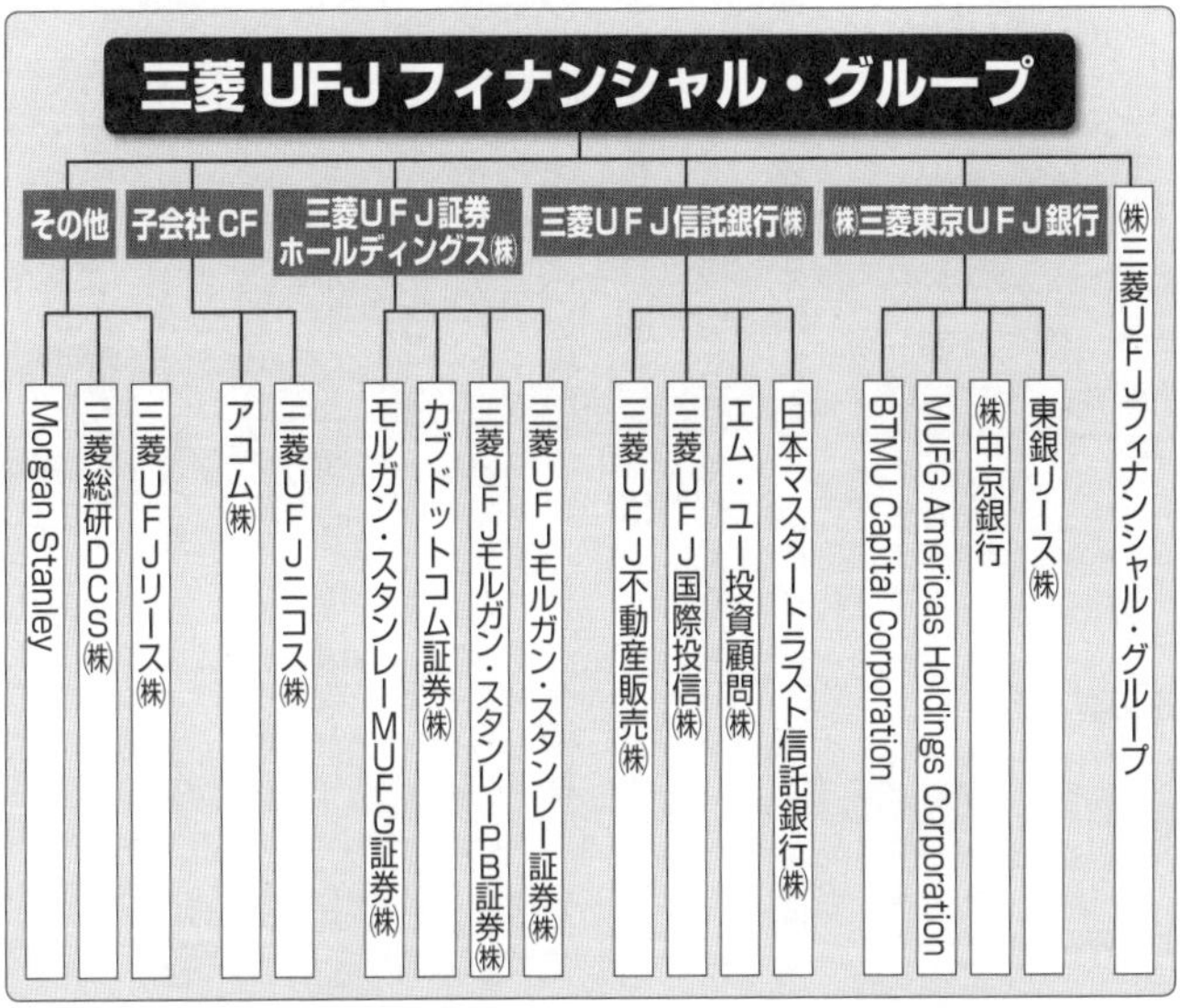

銀行の買収やミャンマーの民政化後では外銀初となる支店の開業などを行なってきた。

今回の提携では、日系企業が関与する大型プロジェクト等への支援やリース・証券・資産運用等の分野におけるグループ企業との協働などアジア戦略の一環として、ベトナム、タイ等に続いて、フィリピンにおいてもリテール分野を含むより幅広い分野での金融サービスを提供できる体制を構築できる。

２０１６年3月期決算では、三菱ＵＦＪ証券ホールディングスが投資銀行業務での高いプレゼンスを確保。リーグテーブルで、国内債券、日本企業関連のＭ＆Ａ全体、同クロスボーダーＭ＆Ａともに1位を確保。また、日本郵政グループ3社同時上場のグローバル・コーディネーター兼国内外主幹事にも就任。鉄道・運輸機構からＪＲ九州の株式売り出しに係るグローバル・コーディネーター兼国内外主幹事に選定されるなど、三菱ＵＦＪグループとモルガン・スタンレーによる日本における証券合弁事業（三菱ＵＦＪモルガン・スタンレー証券、モルガン・スタンレーＭＵＦＧ証券）により構成）として「FinanceAsia」誌より、「BEST FOREIGN INVESTMENT BANK」、「BEST M&A HOUSE」を受賞した。

歴史

三菱UFJフィナンシャル・グループ

2000年	東京三菱銀行、三菱信託銀行、日本信託銀行（以下、3行）により三菱東京フィナンシャル・グループ設立に関する「共同株式移転契約書」を締結
	三和銀行、東海銀行、東洋信託銀行（以下、3行）は、持株会社UFJホールディングスの設立を通じた経営統合で基本合意
2001年	3行共同して株式移転による三菱東京フィナンシャル・グループ設立
	3行が共同して株式移転によりUFJホールディングスを設立
	三菱信託銀行、日本信託銀行なおよび東京信託銀行が合併、新しい「三菱信託銀行」誕生
	東洋信託銀行が東海信託銀行を合併
2002年	三和銀行と東海銀行が合併、UFJ銀行誕生
	東洋信託銀行がUFJ信託銀行に商号変更
	国際証券、東京三菱証券、東京三菱パーソナル証券および一成証券が合併、「三菱証券」誕生
2004年	三菱東京フィナンシャル・グループとUFJグループの経営統合に関する基本合意を締結
2005年	三菱UFJフィナンシャル・グループ誕生
	三菱UFJ信託銀行、三菱UFJ証券誕生（三菱UFJ投信等グループ会社が統合）
	UFJニコス誕生、連結子会社化
2006年	三菱東京UFJ銀行誕生
2007年	三菱UFJ証券を完全子会社化
2008年	ユニオンバンカル・コーポレーション（UnionBancal Corporation、略称UNBC）を完全子会社化 アコムを連結子会社化
	モルガン・スタンレーと資本提携

7
CHAPTER2

主要企業のプロフィール

②みずほフィナンシャル・グループ

三銀行を統合し「ワンバンク」として再出発

みずほグループは、1999年に都市銀行の第一勧業銀行、富士銀行と長期信用銀行であった日本興業銀行の旧3行が統合して発足。

第一勧業は第一銀行と日本勧業銀行の合併で誕生し、一時は日本最大の総資産を誇った富士銀行を抜き規模では都銀首位となった。富士銀行は長く都銀の名門であったが、1970年代以降から地盤沈下。バブル崩壊後には不良債権に悩まされ、親密だった山一證券の破綻、系列の安田信託銀行の経営不安などが重なった。

1999年、この2行に長く長期金融を支えるリーダーとして存在した日本興業銀行が加わり、みずほフィナンシャルグループを設立。注入された公的資金は3兆円近かったが、取引企業を引受先とする1兆円増資が成功し回復を遂げる。

2000年に持株会社・みずほホールディングス（みずほHD）を設立。2002年に旧3行を、大企業取引をみずほコーポレート銀行、個人、中堅・中小企業取引をみずほ銀行に分ける「ツーバンク」にし、みずほHD傘下に新たにみずほ証券、みずほ信託銀行を加えグループ中核4社を結成したが、2013年7月に銀行を統合し「ワンバンク」として再出発。

2016年4月から新中期経営計画「進化する"OneMIZUHO"総合金融コンサルティンググループを目指して」を策定。社内カンパニー制の導入など5つの基本方針のもと、事業戦略、財務戦略、経営基盤の戦略軸として①グローバルベースでの非金利ビジネスモデルの強化、②バランスシートコントロール戦略とコスト構造改革、③強い組織を支えるカルチャーに向けた継続的取組みなど、10項目を決めた。

社内カンパニー制では顧客別に「リテール・事業法人」「大企業・金融公共法人」など5つのカンパニーを設けて、銀行、信託、証券のサービスを一体で提供する体制を整える。カンパニーに戦略立案や人材配置などの権限を与える代わりに収益目標を課す。持株会社が司令塔となり、顧客の潜在ニーズを掘り起こすのが狙いだ。

また、資産運用部門も強化している。グループと第一生命は、資産運用ビジネスの強化を目的にDIAMアセットマネジメント、みずほ信託銀行の資産運用部門、みずほ投信投資顧問、新光投信の機能を統合し、新会社「アセットマネジメントOne」を2016年10月1日に発足させた。新会社の運用残高は50兆円規模とアジア最大になる。投資信託・投資顧問・信託銀行・生命保険における資産運用のノウハウを一元化した、本邦初の合弁運用会社モデルが特徴だ。

2016年3月期の連結決算では、2期ぶりの増益を確保。グループ連結当期純益6709億円の主な構成比では、みずほ証券が611億円で9・1%、BK主要子会社が247億円で3・7%と証券子会社の貢献が大きい。ちなみに同決算では、みずほグループは日本企業関連M&Aアドバイザー件数リーグテーブルで第1位、国内公募・内外エクイティ引き受けで同第3位となった。

証券分野を担うみずほ証券は、日本を代表する長期信用銀行の旧興銀系の証券会社の集合体だけに、とくに力を入れているのが投資銀行ビジネス。社債、株式発行、M&Aなどの顧客ニーズに対しては、銀行・信託・証券が連携。大企業取引では数、実績とも日本トップクラスのみずほ銀行との連携が、みずほ証券の投資銀行ビジネスを後押ししている。

2006年12月にみずほコーポレート銀行（現みずほ銀行）が米国における金融持株会社の資格を取得。同社は米国において広範囲の投資銀行ビジネスを展開することが可能となり、大きく業容を拡大している。

みずほフィナンシャル・グループ

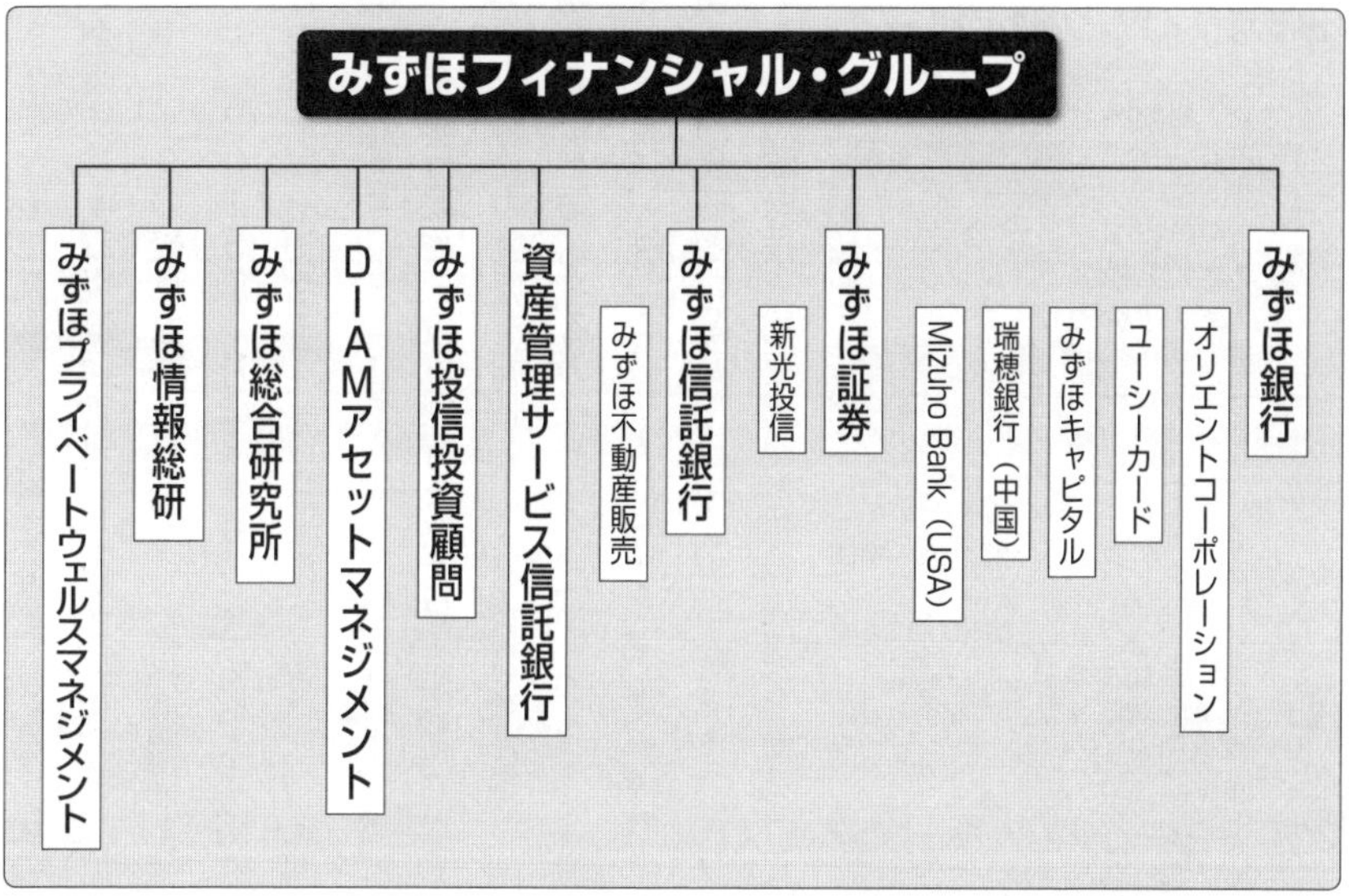

さらにアジアにおいては、香港のみずほセキュリティーアジアを中心として、中国本土の北京・上海駐在員事務所と瑞穂投資諮詢（上海）有限公司等とも連携し、グレーターチャイナ地域での株式引受・販売などの投資銀行業務や、情報提供等を行なっている。

また、東南アジア・南アジア地域においては、みずほセキュリティーズシンガポールやみずほセキュリティーズインディアを通じてサポートする体制を整備している。加えて、タイでは２０１４年11月、タイ最大の営業拠点網を持つサイアム商業銀行と提携した。

みずほ銀行の海外収益のうち、非日系の割合が70％を占めている。長年強化してきた海外の大手優良企業との深い取引関係構築が成果をあげてきたためだが、買収案件のブリッジローンへの参加を獲得するなど、資産増を求めるのではなく商業銀行に立ち返った事業が収益に貢献し始めた。

昨年から今年にかけては海外ネットワーク拡充を急ピッチに進めている。

アジアを中心に地場大手金融機関との、進出後の日系企業に対する現地通貨建て金融サービス・現地ネットワークの提供などを目的とした提携関係もその一つ。２０１５年７月にスリランカの最大手国営銀行Bank of Ceylonと、11月にはタイ最大の民間銀行The Siam Commercial Bank（以下「ＳＣＢ」）と、商業銀行業務・投資銀行業務に係る広範囲な分野での業務協力覚書を締結した。ＳＣＢが邦銀と業務協力覚書を締結するのは初めてだった。

インドでは、２０１５年１月にインド、グジャラート州工業開発局と、７月にはインド、アンドラ・プラデシュ州政府投資誘致機関と業務協約を締結。双方とも産業発展と投資促進を担い、外国企業の投資許認可の申請受付やアドバイスを担っている州政府の主要機関。グループは、グジャラート州最大都市であるアーメダバード市内に２０１５年度にも拠点を開設する予定だ。

また、中国では、２０１４年７月に中国大手国有複合企業の中国中信集団と戦略業務提携を結んだ。この提携によって、日本・中国を中心としたクロスボーダーでの貿易決済・人民元建て決済・資金管理等のトランザクションバンキング取引・市場関連取引といった銀行業務や、日中間におけるM&A案件といった証券業務などでの連携を強めている。

歴史

みずほフィナンシャル・グループ

1999年	第一勧業銀行、富士銀行、日本興業銀行の3行による、全面的統合に関する契約の締結
2000年	みずほホールディングス設立
	みずほ証券発足
	みずほ信託銀行発足
2002年	会社分割および合併により、3行をみずほ銀行、みずほコーポレート銀行に統合・再編
2003年	みずほフィナンシャルグループ設立
	グループ経営体制の再編（みずほホールディングス、銀行・証券持株会社として、中間持株会社に／みずほインベスターズ証券、みずほ銀行の子会社になる 等）
2004年	みずほ証券、マネックス・ビーンズ・ホールディングス・グループと業務提携契約を締結
	みずほフィナンシャルグループとみずほ銀行、ユーシーカード、クレディセゾンと包括的業務提携基本契約書を締結
2005年	みずほコーポレート銀行とみずほ証券、日興コーディアルグループおよび日興コーディアル証券と業務提携契約を締結
	ユーシーカードとみずほキャピタル、みずほ銀行の子会社に
2006年	みずほ銀行とユーシーカード、ＮＴＴドコモとおサイフケータイ®を活用したクレジットサービス「iD」の推進に関する業務提携の実施等、包括的業務提携契約を締結
	みずほフィナンシャルグループ、当初公的資金残高2兆9490億円を完済
	みずほフィナンシャルグループ、ニューヨーク証券取引所に米国預託証券（ADR）を上場
2007年	みずほ銀行、ユーシーカード、クレディセゾンと共同で総合プロセシングサービス会社「キュービタス」を設立
2008年	新光証券とみずほ証券が合併し新みずほ証券発足
2013年	みずほ銀行、みずほコーポレート銀行を統合し、「ワンバンク」として再出発

8
CHAPTER2

主要企業のプロフィール

③三井住友フィナンシャルグループ

グループの証券、信託部門を強化

三井住友フィナンシャルグループ（三井住友グループ）は、三井住友銀行を中心に、SMBC日興証券、三井住友ファイナンス&リース、三井住友カードなどを傘下に持つ金融集団。

三井住友銀行は、2001年4月にさくら銀行と住友銀行が合併して誕生。さくら銀行は1990年、三井銀行と太陽神戸銀行が合併して発足した太陽神戸三井銀行が改称した銀行で三井財閥に属していた。一方の住友銀行は、住友財閥の金融機関として長い歴史を持ち（1895年創業）、1986年には平和相互銀行を吸収合併した。三井、住友両行の合併は、ともに4大財閥の一角である三井財閥と住友財閥の金融機関同士の合併ということで注目された。

三井住友グループの課題だったのが証券、信託分野の有力金融機関がグループになかったことで、長年この2分野の構築を図ってきた。

証券分野では、大和証券グループと資本提携を行ない、共同でホールセール証券を設立したが、提携を解消。現在、証券ビジネスの中核になっているのは米シティグループから買収したSMBC日興証券（旧日興コーディアル証券）。買収後、銀・証融合を進める一方で、海外拠点の人員の大幅増加、日本企業による海外企業のM&A（合併・買収）を支援するグローバルオファリングやクロスボーダーM&Aなどの体制整備を急いできた。

2018年には、SMBC日興証券とSMBCフレンド証券（旧三井、住友銀行系証券が合併）を合併させる。同時に、資産運用会社の三井住友アセットマネジメントが2016年7月に住友生命などから株式を一部買い取り、三井住友銀行の出資比率を

40％から60％に高めて子会社化。一連の再編で銀行、証券会社、運用会社が三井住友フィナンシャルグループ傘下にぶら下がる形にして、持株会社が主導する経営体制を明確にする。

信託部門では、２０１３年に仏ソシエテ・ジェネラル銀行傘下のソシエテジェネラル信託銀行の全株式を取得し、ＳＭＢＣ信託銀行を設立。そして、２０１５年に米シティバンク銀行から、約72万人の顧客、34拠点、約１５４０人の社員を含むリテールバンク事業のすべてを買収し、ＳＭＢＣ信託銀行に統合した。その結果、シティバンク銀行のリテールバンク事業の持つ外資系金融機関としてのグローバルな商品、専門のスキルを引き継ぎ、富裕層向けのビジネスモデルが拡大出来るようになった。

銀・証連携では、三井住友銀行の投資銀行部門およびＳＭＢＣ日興証券を含むグループ会社が連携して強化を図り、企業の資金調達・運用、Ｍ＆Ａ、リスクヘッジなど、さまざまなニーズに対してソリューションを提供している。

とくに、プロジェクトファイナンス分野では、三井住友銀行がＧｌｏｂａｌ誌より、２０１５年度上半期における「Global Bank of the Year」を受賞。また、ＳＭＢＣ日興証券はグループの中核証券として、三井住友銀行と連携し、ホールセール業務の拡充およびグローバル案件への対応力強化に取り組んでおり、２０１５年度リーグテーブルではＭ＆Ａ、ＩＰＯ（新規公開業務）の主幹事案件数で共に2位になっている。

海外部門は重要戦略地域で、アジア・米州・欧州の3地域を軸に、世界各地において、グループ会社や海外現地法人とも連携。商業銀行業務（トランザクション・バンキング、コーポレートファイナンスなど）はもちろん、資源開発などのプロジェクトファイナンス、海外進出を支援するアドバイザリー業務、トレードファイナンス業務の一層の強化を図っている。

２０１６年3月期における部門別業務純益では、ホールセール部門４２１８億円、リテール部門９８3億円なのに対して、国際部門は３９７９億円。グループ全連結業務純益1兆１４２９億円の実に34・

三井住友フィナンシャルグループの国内主要企業集団の構成

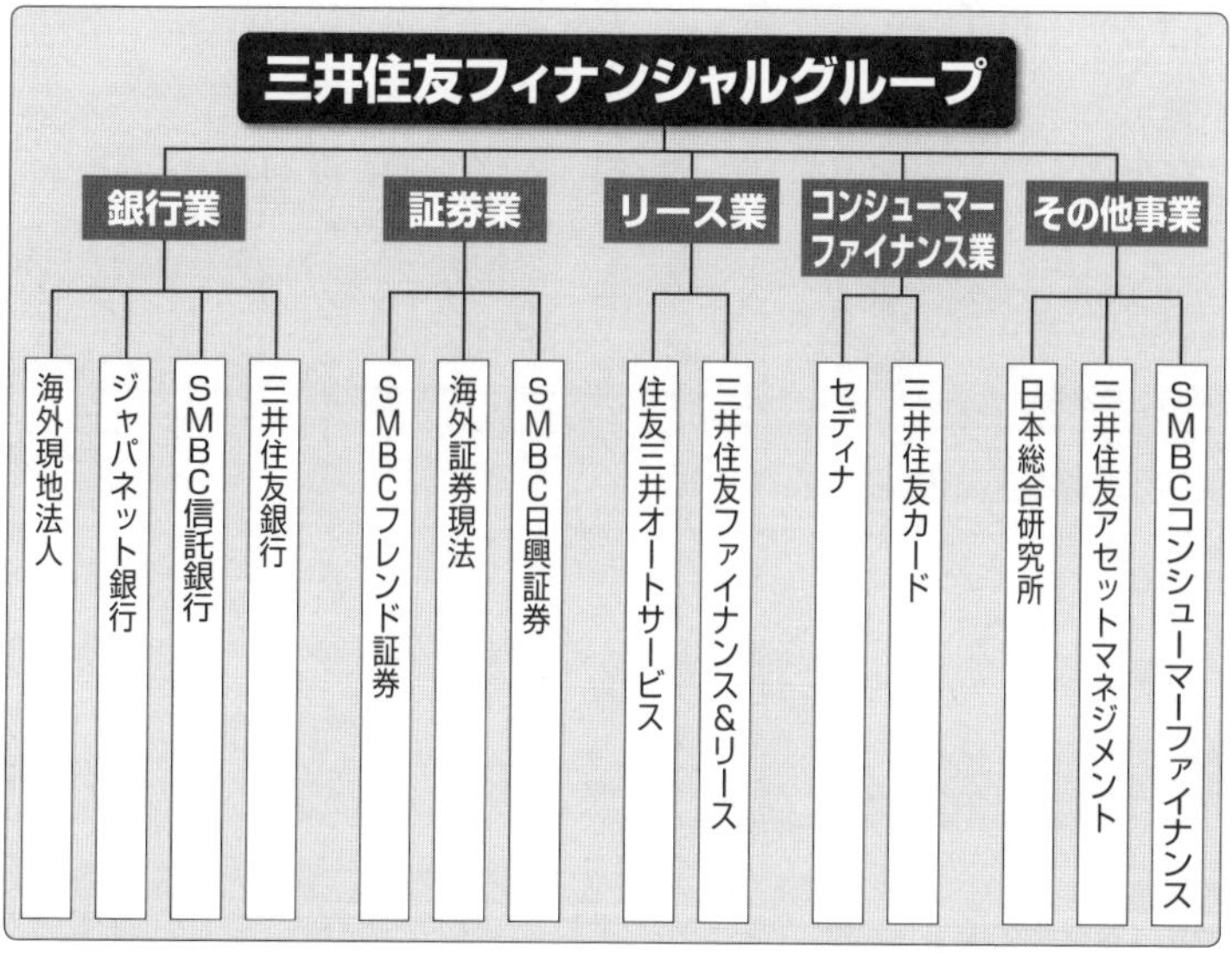

８％を占めた。3年連続で増益となっている。

２００８年4月には、アジア・大洋州本部を設置し、決定権限を大幅に委譲。２０１２年4月にはアジア投資銀行営業部を設置し、投資銀行ニーズに対するワンストップ化を図り、同年10月にはＳＭＢＣ日興証券のシンガポール現地法人が現地での営業を開始。また、２０１３年4月には、アジアをマザーマーケットとして商業銀行業務を力強く展開していくための戦略企画・業務企画組織として新興国戦略本部を東京およびシンガポールに設置した。

さらに２０１４年には、新中期経営計画で掲げるビジョン「アジア・セントリック」の実現のため、アジア地域における中長期戦略の企画立案、戦略・施策の推進を統括する組織として、「アジア戦略企画室」（国際統括部の部内室）を東京に設置した。

同時にグローバルに事業展開する顧客の現地でのサービス向上や、新興国・成長市場へのアプローチを強化するため、海外ネットワークの拡充を図っている。２０１３年には資源・エネルギー関連の大手企業・商社が多く所在するオーストラリアのパース市に出張所を開設した。同5月には中南米地域におけるネットワーク拡充の一環として、チリにサンチャゴ出張所を開設し、タイにおいても同国最大の貿易港レムチャバン港を擁し、日系顧客も多く進出するチョンブリ県に邦銀唯一となる出張所を開設した。また、同10月には、豊富な資源を背景に近年２桁台の経済成長率を記録しているモンゴルに、邦銀初となるウランバートル出張所を開設した。

２０１４年9月、成長が著しいカンボジアで、グレーター・メコン地域での事業基盤強化を目的に、同国最大の銀行であるアクレダ・バンクの株式12・25％を取得。また、同月には日系企業の進出が多いグレーターチャイナ地域において、香港の民間大手銀行である東亜銀行に追加出資。加えて、同10月には今後の経済発展が期待されるミャンマーの中央銀行より、同国における外資銀行免許の仮認可を取得した。

とくに重視しているのが今後の成長余力が高いインドネシア。フルバンキングサービスの基盤拡充に力を入れている。同国には40％を出資している年金貯蓄銀行ＢＴＰＮがあり、ここを通じて個人のマス層の取引を拡充させる考えだ。２０１６年４月には、現地携帯キャリア最大手のTelkomsel社（契約者数１億５２００万人）と提携した。

歴史

三井住友フィナンシャルグループ

1990年	三井銀行と太陽神戸銀行が合併し、太陽神戸三井銀行となる
1992年	太陽神戸三井銀行、さくら銀行に商号変更
1996年	わかしお銀行設立、同年9月に営業開始
2001年	さくら銀行と住友銀行が合併し三井住友銀行となる
2002年	株式移転により完全親会社である三井住友フィナンシャルグループを設立、三井住友銀行は完全子会社となる
	東京証券取引所、大阪証券取引所、名古屋証券取引所（いずれも市場第一部）に上場
2003年	三井住友カード、三井住友銀リース、日本総合研究所を100％子会社化
	三井住友銀行とわかしお銀行が合併（新銀行名：三井住友銀行）
2005年	NTT ドコモとのクレジットカード分野における戦略的提携に合意（同年7月に三井住友カード株式の一部をNTT ドコモに譲渡するとともに、三井住友カードは同社を割当先とする第三者割当増資を実施。同年12月に提携事業を開始）
2006年	SMBC フレンド証券を100％子会社化
	三井住友銀行とヤフーおよびジャパンネット銀行が、業務提携に関する基本契約および出資契約の締結を発表
	三井住友銀行が、大和証券と個人向け住宅ローンに関する提携を発表。内容はSMBC 住宅ローンの紹介サービス
2007年	三井住友銀リースと住商リース株式会社が合併し、三井住友ファイナンス＆リースが発足
2008年	中間持株会社・SMFG カード＆クレジット設立によるカード事業の組織再編を発表
2009年	三井住友銀行が日興コーディアル証券を完全子会社化
2010年	ニューヨーク証券取引所に上場

9 CHAPTER2

主要企業のプロフィール

④三井住友トラスト・ホールディングス

日本で最大、唯一の専業信託銀行グループ

三井住友トラスト・ホールディングス（三井住友トラストグループ）は、2011年4月に、住友信託銀行と中央三井トラスト・ホールディングスが経営統合して発足した、日本での最大規模、かつ唯一の専業信託銀行グループ。

信託銀行は、メガバンクと同じ、商業銀行業務に加え、年金信託や投資信託の受託などの信託業務、不動産仲介や証券代行などの併営業務といった、資産の運用・管理、処分などに係るサービスを幅広く提供する。個人、事業法人、機関投資家を問わず、これら財産の管理・運営の領域で、専門性を武器に事業を展開するのが、信託銀行の特徴。

財閥グループとしては住友信託銀行、中央三井トラスト・ホールディングスは共に、三井住友グループに近い。しかし、統合するには「ビジネスモデルに大きな違いがある」と、双方とも独立系を標榜して一線を画してきた。

しかし、2008年の世界金融危機以降、金融界全体に資本力が問われるなど、経営環境が厳しくなった時、中央三井トラスト・ホールディングスは公的資金の返済ができずにいた。加えて、同ホールディングスは2009年8月に優先株式の転換が行なわれ、整理回収機構が筆頭株主になったこともあり、住友信託銀行との経営統合を決断。

2012年4月に、現在の統合持株会社傘下の3信託銀行（住友信託銀行・中央三井信託銀行・中央三井アセット信託銀行）を合併させ、三井住友信託銀行として新発足。

新銀行グループは、資産規模、収益力などでは3メガバンクには及ばないが、業務面ではメガバンク

と正面から競合しないこともあり、独立した経営形態を保つことを表明している。

ライバルである三菱UFJ信託とみずほ信託は、ともにメガバンクとグループを結成し、金融サービス面でシナジー効果を生かす戦略をとっている。

2016年3月期の、連結実質業務純益は3183億円。単体での資金関連利益は減少したが、グループ会社は健闘した。といっても、グループ会社の寄与額は日興アセットマネジメント22億円、三井住友トラスト・アセットマネジメント17億円、三井住友トラスト不動産14億円で、まだ貢献度は小さい。マイナス金利導入など、金融環境の激変を踏まえて遂行中の中期計画を練り直し、新たに2018年度に向けた見通しを策定。2019年3月末実質業務純益目標を3300億円とした。

また、業務純益を増やすために、ラップセレクション（保険・投信・投資一）残高を2016年3月期比1兆3000億円増と、倍増に近い2兆8000億円に、住宅ローン残高を同1兆2000億円増の8兆6000億円に、不動産仲介手数料を同85億円増の465億円に、投信受託残高を同8兆円増の70兆円にする事などを目標にしている。

戦略的事業強化が課題

商業銀行ビジネスの視界が不良だけに、今後はコンシューマーマーケット（個人マーケット）を対象に投信・保険販売、資産運用、不動産仲介といった手数料収入の飛躍的増を目指しての戦略的事業を、どれだけ伸ばせるかが課題になっている。

手数料収入増の布石はこれまでも国内外で打ってきた。例えば、2014年8月末には、グループ傘下の三井住友信託銀行が、横浜銀行と新しい資産運用会社の共同設立を含む、資産運用および個人向け投資商品の販売業務提携を行なった。

横浜銀行グループは、神奈川県・東京西南部中心に店舗ネットワークを展開している地銀トップ銀行。この提携では、三井住友トラストグループが横浜銀行の顧客に長期・分散・安定的な資産運用を提供するのが狙いだ。

また、グループ傘下の三井住友信託銀行が、米シ

三井住友トラスト・ホールディングスの主要企業

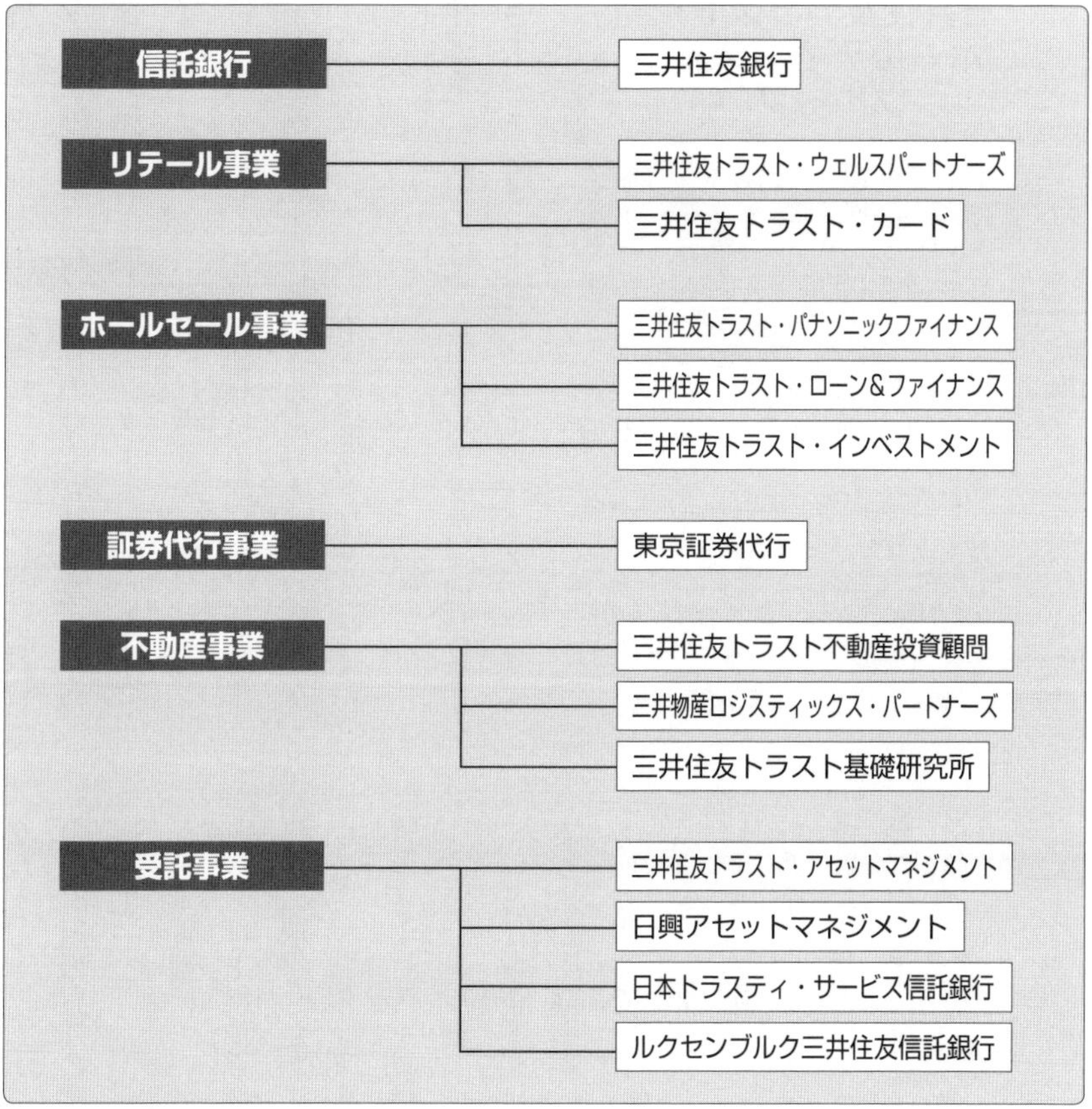

ティグループの日本でのクレジットカード事業を展開しているシティカードジャパンを買収。クレジットカード事業の強化とリテール事業の商品・サービス強化が狙いだ。三井住友信託銀行発行の三井住友トラストカード会員数は約20万人。今回の買収により、「ダイナースクラブカード」と「シティカード」の会員約70万人が加わる。

更に、２０１５年７月には、三井住友信託銀行が野村グループ、ゆうちょ銀行と業務提携。新たな資産運用会社・ＪＰ投信を共同で設立して投資信託商品の開発を進めてきたが、２０１６年２月に販売・設定を開始した。日米の国債に投資するタイプと主要国の株式・債券に分散投資するタイプの２本。約２３０のゆうちょ銀支店と約１３００の郵便局に加え、インターネットや電話で販売する。

グローバル戦略も、経営基盤拡大の大事な要素。アジア、欧州、北米に展開する海外ネットワークを活用し、グローバルビジネスの展開を加速させている。

受託事業においては、日興ＡＭアジア（旧ＤＢＳアセットマネジメント）やニュー・スミス・キャピタル・パートナーズなど、アジア・欧州・オセアニアの資産運用会社の買収や出資、提携を通じて運用力を強化。

資産管理については安定的なサービス提供実績があるグローバルカストディ業務に加え、２０１２年11月に取得したアイルランド現地法人を強化することでファンド管理業務を展開し、総合的な海外資産管理サービスを提供している。

またホールセール事業においては、海外展開をしている日本企業向け融資への取り組みを重点戦略事業として注力するとともに、非日系企業への融資にも取り組んでいる。

２０１３年には、アジアの金融市場の中心地の一つである香港に支店を開設。２０１５年9月には、日系企業にとって東南アジア最大規模の製造業拠点であると共に、メコン広域経済圏の中心としての重要性が高まっているタイにおいて現地法人（銀行）を設立した。

歴史

三井住友トラスト・ホールディングスグループ

2001年	中央三井信託銀行、三井アセット信託銀行を傘下に銀行持株会社・三井トラストフィナンシャルグループを設立
2002年	中央三井信託銀行の年金・証券部門を分割、三井アセット信託銀行へ移管
2007年	三井トラスト・ホールディングスを中央三井トラスト・ホールディングスに、三井アセット信託銀行を中央三井アセット信託銀行に商号変更
2011年	住友信託銀行と経営統合し、新たな持株会社・三井住友トラスト・ホールディングス発足
2012年	傘下信託銀行3行が合併し、新たな三井住友信託銀行が発足

10 CHAPTER2

主要企業のプロフィール

⑤りそなホールディングス

日本最大の信託併営リテールバンキング

りそなホールディングス（りそなグループ）は、大和銀行とあさひ銀行を源流に、傘下に3つの銀行（りそな、埼玉りそな、近畿大阪銀行）を持つ金融グループ。いくつかの合併・統合を経て現在の体制になった。まず、2001年に大和銀行と近畿大阪銀行、奈良銀行が大和銀ホールディングスを設立。そこにあさひ銀行が2002年に合流。2003年にあさひ銀行の会社分割により、同行の埼玉の地盤は埼玉りそな銀行に継承され、片方のあさひ銀行と大和銀行が合併してりそな銀行が発足した。

大和銀行はもともと特殊な都市銀行として商業銀行と信託業務を併営していたこともあり、グループは日本最大の信託併営リテールバンキングになった。東京、埼玉、大阪の3地域に営業店を集中したドミナント戦略の強みと、中小企業・個人に特化したフットワークの軽さにより、リテールでは3メガバンクと対等に戦える体制になりつつある。3メガバンクとは一線を画す巨大な地方銀行として、サービス重視を打ち出し、着実に利益を生む体質を作り上げてきた。

しかし、グループ発足後の2003年7月に自己資本比率の低下から金融庁が発令した金融危機対応措置に従い、3兆円超の公的資金を注入し実質国有化。デフレが続く中、収益アップと共に財務改善、リストラを図り公的資金注入から12年目に完済した。

2015年2月には公的資金完済後の次なる10年に向け、再生・反転から持続的成長への新たな一歩を踏み出すべく、グループの新たな経営戦略を策定。第一に、グループが強みとする地域・リテールを中核とし、信託・不動産機能等を活かした差別化戦略のさらなる高度化をめざす。加えて、マーケティングを機軸とした顧客接点の改革としての「オムニチャネル構想の実現」や、戦略投資やアライアンス等を含めた「オープンプラットフォームの拡充」を通じ、地域リテール戦略のさらなる進化を図るというもの。

信託機能が差別化戦略の柱

そして、個人部門と法人部門が相互に連携し、重点商品・サービスに横軸を通すことで「りそな」の持つ総合的な金融機能を結合してクロスセールを徹底。メガバンクなどのライバルとは信託機能の発揮を差別化戦略の柱と捉え、顧客の経営課題にリテール基盤と信託機能を融合したソリューションを提供している。

2016年3月期決算では、連結実質業務純益は2456億円、税引き後当期純益が1633億円。営業部門のコンシューマー事業の金利収入・投信販売手数料などが不振だった。コーポレート事業も貸出しは伸びたものの金利低下の影響を受けて預貸金利益と市場部門が共に減収となった。いま、2019年度に業務純益を2015年度比290億円増を目指して各部門の強化を図っている。

まず、コンシューマー部門強化の取り組みでは、2015年4月からインターネットバンキングを利用する個人客を対象に、グループ内の銀行であれば24時間、365日いつ振り込みをしても即時に送金が完了できるようにしたのもその一環で、振り込みの24時間化は大手行では初めてだ。

住宅ローンビジネスではローンプラザの68拠点(2016年4月末)で休日営業を実施し、2015年6月からは大手行では初の休日営業・審査を実施。2016年3月から、日本初の休日決済・物件引渡しが可能になった。また、アセットマネジメント事業では、2015年8月にりそなアセットマネジメント(RAM)を設立。2016年1月にりそなラップ型ファンドの取り扱いを開始し、2016年度中にRAMの投信を組み入れたファンドラップ提供開始を予定している。

一方で、ホールセールビジネスでは「地方創生」

りそなホールディングスの国内主要企業集団の構成

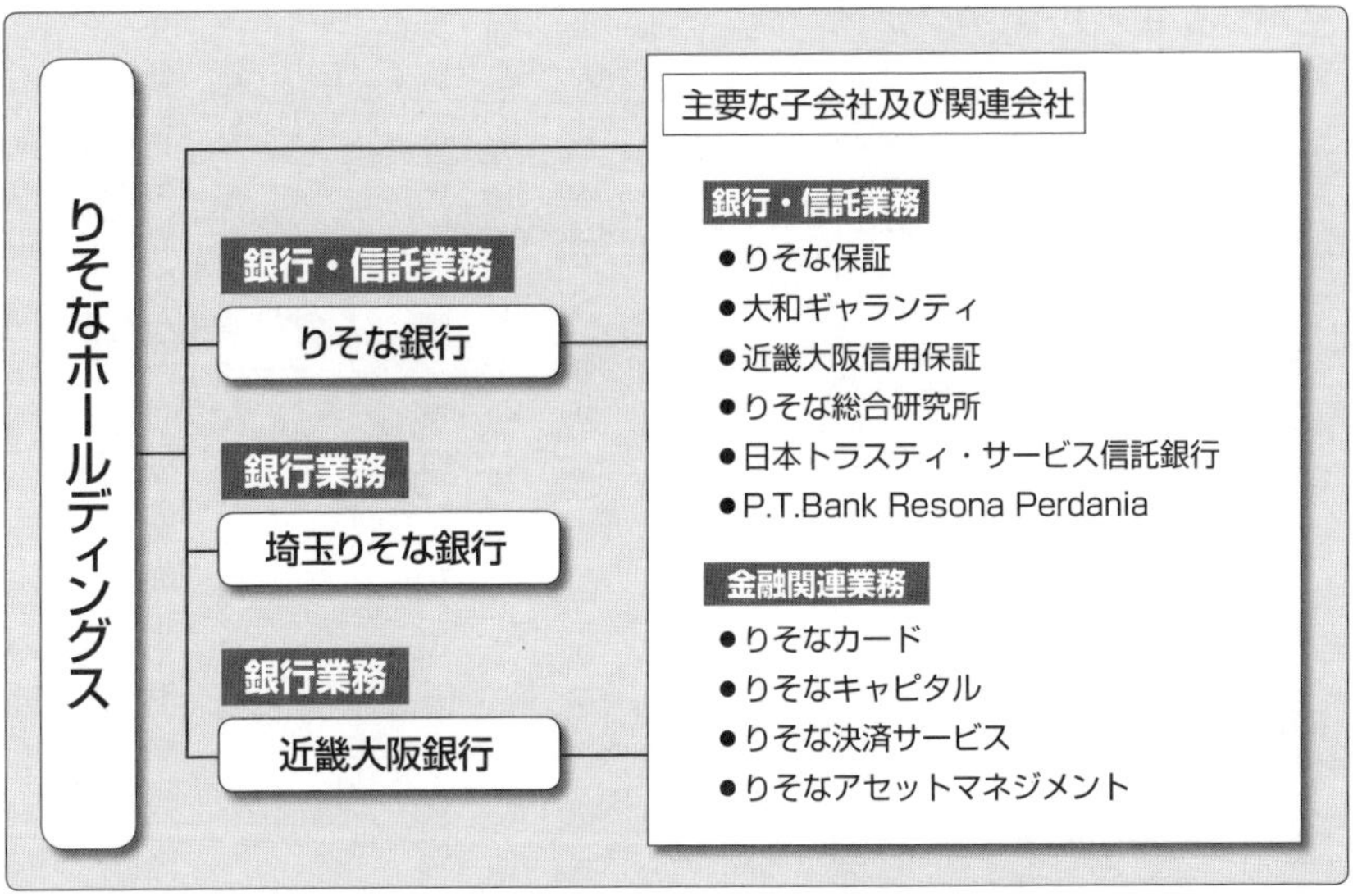

への取り組みに向けて部門・グループ横断的な連合体として「地域創生協議会」をグループ3行に設置。グループのソリューション・ネットワークを活用し地方創生をバックアップ。

また、信託・不動産機能を活かした「成長・再生・承継ソリューション」と「トータルライフソリューション」を軸として、資金提供機能の強化、課題解決型ビジネスの確立、資産形成サポート力の向上など、実効性ある施策を積極的に展開している。

中小企業のアジア進出支援体制の整備を重点に、これまで自粛していた海外展開、アライアンスにも積極的だ。

「スーパー・リージョナルバンク」路線を取っている同グループにとっては、都市圏におけるメガバンクとの競合の他に、地方銀行との競合において優位性をもてるかどうかが今後のポイントだ。埼玉県内でシェアの高い埼玉りそな銀行は3メガバンクだけではなく、首都圏の地銀も関心をもっている。再生の過程でりそなグループが、金融再編の火種になることもあり得る。

傘下のりそな銀行、埼玉りそな銀行、近畿大阪銀行の統合が話題になるが「地域、顧客の属性がそれぞれ3つの銀行で異なる。営業スタイルも違うのに、勝手に銀行の都合で一緒にするわけには行かない」というのがいまのスタンスだ。

今後M&A（企業の合併・買収）や海外展開など戦略投資を進める計画。地銀再編が相次ぐ中、積極的な動きをみせようとするりそなグループだが、地銀再編の目玉であると同時に、ライバルでもある地域金融機関を連携の相手と捉え、信託の代理店や、M&A（合併・買収）に関わる取引先の紹介などで提携している。

海外展開では、2016年5月に米国の地銀、バンク・オブ・ザ・ウエスト（サンフランシスコ）と業務提携を結び、現地に進出する日系企業向けサービスを始めた。

りそなグループは2004年にニューヨークの駐在員事務所を閉鎖しており、米国でのネットワークを12年ぶりに再構築する。進出する日系企業の支援が狙いだ。

また、2015年にベトナムのホーチミンに駐在員事務所を開設。地域提携で現地サービスを行なっている提携ネットワークは①ベトナム-バンコック銀行ホーチミン支店、②タイ-バンコック銀行本店、③フィリピン-リサール商業銀行ほか2行など13カ国・地域で15行。

歴史

りそなホールディングス

2001年	大和銀行、近畿大阪銀行、奈良銀行3行が持株会社「大和銀ホールディングス」を設立。大阪・東京両証券取引所の第一部に上場。
2002年	大和銀信託銀行とあさひ銀行を完全子会社に。新しいグループ名を「りそなグループ」に。あさひ信託銀行の営業の一部（投資信託受託業務等）を大和銀信託銀行へ譲渡。大和銀行が、あさひ信託銀行を吸収合併。商号をりそなホールディングスに変更
2003年	大和銀行とあさひ銀行が分割・合併により、りそな銀行と埼玉りそな銀行に再編。りそな銀行が、預金保険機構に対して総額1兆9,600億円の普通株式及び議決権付優先株式を発行。りそな銀行と株式交換により預金保険機構が当社普通株式及び議決権付優先株式を取得
2005年	りそな信託銀行を完全子会社に
2006年	りそな銀行と奈良銀行が合併
2009年	りそな銀行とりそな信託銀行が合併
2014年	預金保険機構に対して発行した普通株式及び議決権付優先株式（総額1兆9,600億円）を完済

3

CHAPTER

証　券

業界のしくみ・展望・主要企業

1

CHAPTER3

証券会社のしくみと役割

証券市場は資本主義を映し出す鏡

証券市場は資本主義社会を映し出す鏡のようなものであり、それ抜きには現在の日本経済を語ることはできない。08年夏以降の証券市場は、国際経済の混乱を反映して、株価の下落や、上場を目指す企業の減少など、強いアゲインストの風が吹いている。

しかし、現在は大きく低迷しているとはいえ、証券市場の重要性はいささかも衰えてはいない。また「貯蓄から投資へ」という政府の方針も変わってはいない。

景気の上昇や、その時代を反映して生活に変化が生まれると、そこにはさまざまな新しいビジネスチャンスが発生し、新興企業が誕生する。新興企業にはアイディア、技術力はあるが資金が乏しい。そこに登場するのが証券市場と証券会社だ。証券市場と証券会社は、新興企業などが成長していくために必要となる「資金」という血液を供給する重要な役割を担っている。

企業への資金供給は大きく二つに分けられる。

一つは銀行などの金融機関が預金として受け入れた資金を貸し付けという形で供給する「間接金融」。銀行を仲介役にした資金供給システムだ。

もう一つが資金を欲しがっている企業が発行した有価証券（債務証書）を、資金の提供者が購入することで資金を供給する、「直接金融」。間接金融では基本的に値段（金利）は借り手（企業）と、貸し手（銀行）との間で決まる。しかし、直接金融の取引の場となる市場は、資金供給者である株主や債権者と資金需要者である企業、そして、それを仲介する金融機関（証券会社）で構成され、これら需給者の間で値段が決められる。ここでは一物一価の法則が働く。

また、市場は新規に有価証券を発行して、資金を調達する発行市場（プライマリー・マーケット）と、すでに発行された有価証券を売買する流通市場（セカンダリー・マーケット）に分けられる。発行市場は資金調達をしようという企業と投資家を証券会社が結ぶ市場であり、もう一方の流通市場は有価証券を保有する投資家と有価証券を購入しようとしている投資家を証券会社が結ぶ市場である。

証券市場にはこのような資金の供給機能と循環機能とともに、資金、人材といった資源の効率的配分を行なうという働きもある。業績もよく、将来性も有望な企業の価値（株価など）は上昇し、投資家も集まり、資金供給も増える。反対に経営が悪化したような企業は、資金が引き揚げられ、市場から排斥される。人材も将来性の高い企業に集まる。

資本主義社会はこうした証券市場というメカニズムを通じて、栄える企業とそうでない企業を選別していく。

証券会社の4つの基本業務

教科書的には証券業とは株、債券といった有価証券の売買、売買の仲介、取次・代理を行なうことをいう。つまり、有価証券の発行・流通（売買）が行なわれる証券市場の機能を円滑にするために、中心的な役割を果たしているのが証券会社だ。

かつて証券業は大蔵省（現在の金融庁）の認可を得なければ行なえない認可業務だったが、規制緩和で登録制になり、さまざまな経営形態が生まれた。代表的なものが、従来からある野村グループ、大和証券グループといった総合証券会社で、①有価証券の発行の引き受けと売り出し業務（アンダーライティング業務）、②有価証券の募集・売り出し（セリング業務）、③他人の売買などの仲介業務（ブローカー業務）、④自己勘定で行なう売買業務（ディーリング業務）を行なう。

もう少し詳しく説明すると、①のアンダーライティング業務は、企業が株式などを発行し資金を調達する際に、証券会社が有価証券を引き受け、それを投資家に販売する仕事。売れ残りは証券会社が買い取ることになるので、リスク管理と販売ネットワークを持っているかが重要になってくる。

②のセリング業務も企業や投資家から有価証券の販売を請け負うが、売れ残りを買い取る責任はない。

そして長い間、日本の証券会社が主要な仕事としてきたのが③の仲介業務である。投資家の注文を受け、有価証券の売買を請け負う仕事だ。中小・中堅の証券会社にとっては、この仲介業務の手数料が収益の大きな柱となっている。

④のディーリング業務は、証券会社の自己資金を使い、有価証券を売買する業務だ。

以上の四つの業務を行なうのが、これまでの証券会社の主要な形態だった。しかし、最近では引き受け業務の中でも、非公開であった株式を新たに市場に供給するＩＰＯ業務（新規公開業務）だけを行なう証券会社や、インターネットを活用して安い売買手数料を武器に、株式の売買仲介業に特化しているネット証券など、新しい経営形態の証券会社が次々と誕生している。

一方、大手証券会社は80年代以降、株式売買手数料に依存する経営からの脱却を目標に掲げ、収益の多様化を目指してきた。そのためほとんどがグループを結成し、傘下に投資信託を組成する投信会社や、自己資金を使って企業を買収し、再生した後に売却して収益を稼ぐ投資会社など、いくつかの子会社を持っている。

収益の多様化の中でもとくにＭ＆Ａのアドバイザリーやプリンシパル・インベストメント（自己資金による投資）などを行なう投資銀行業務（インベストメントバンキング）の強化がこれまで進められてきた。リーマンショック後、投資銀行のビジネスモデルが崩壊したといわれるが、企業の市場からの資金調達や、Ｍ＆Ａがなくなることはなく、投資銀行業務が今後も収益多様化の中の重要な業務の一つであることに変わりはない。

また、最近では商社が行なっている石油のトレーディングなど、有価証券に加えてコモディティを取り扱うビジネスにも参入している。

発行市場と流通市場

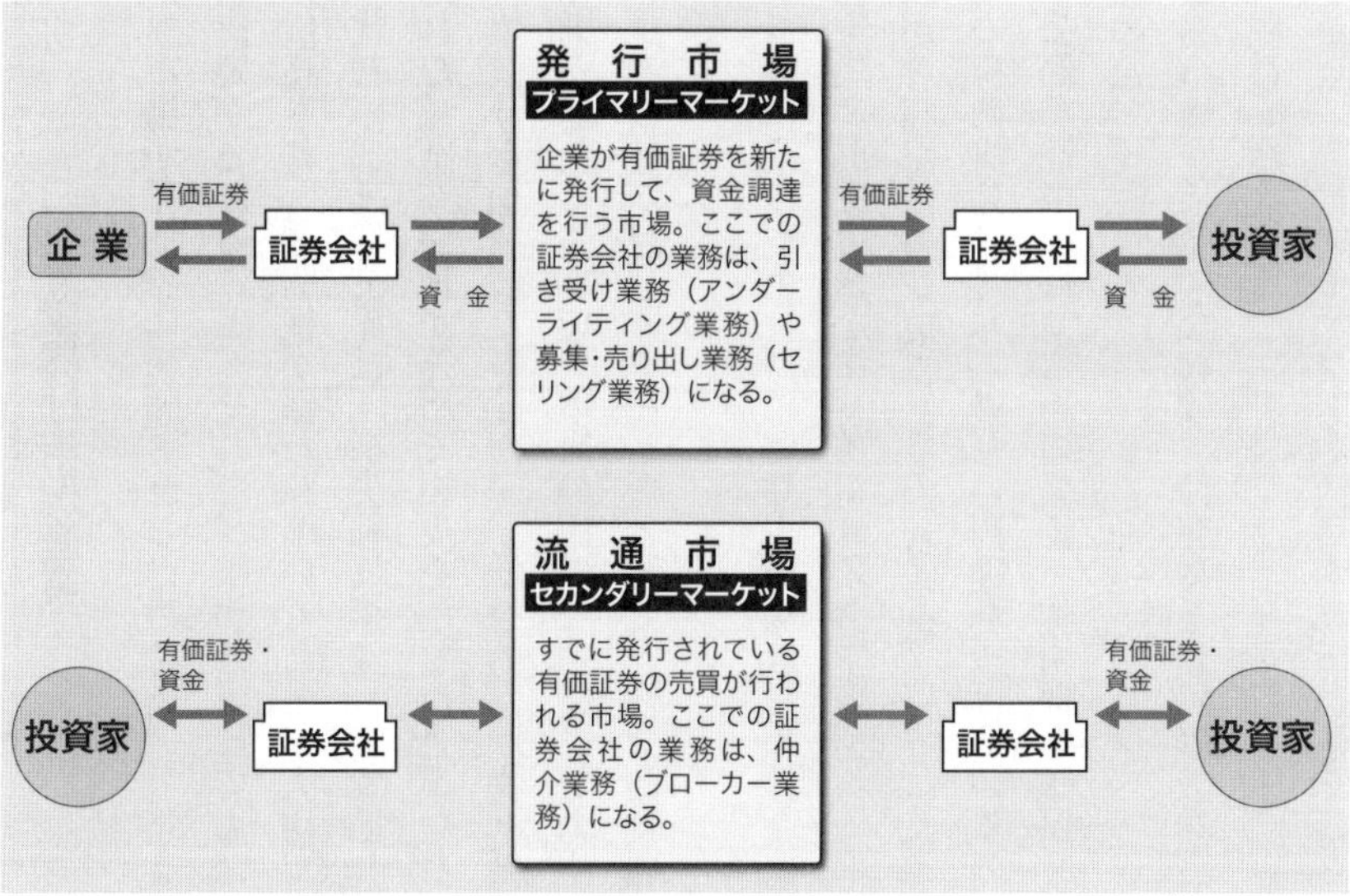

証券会社の主な4つの業務

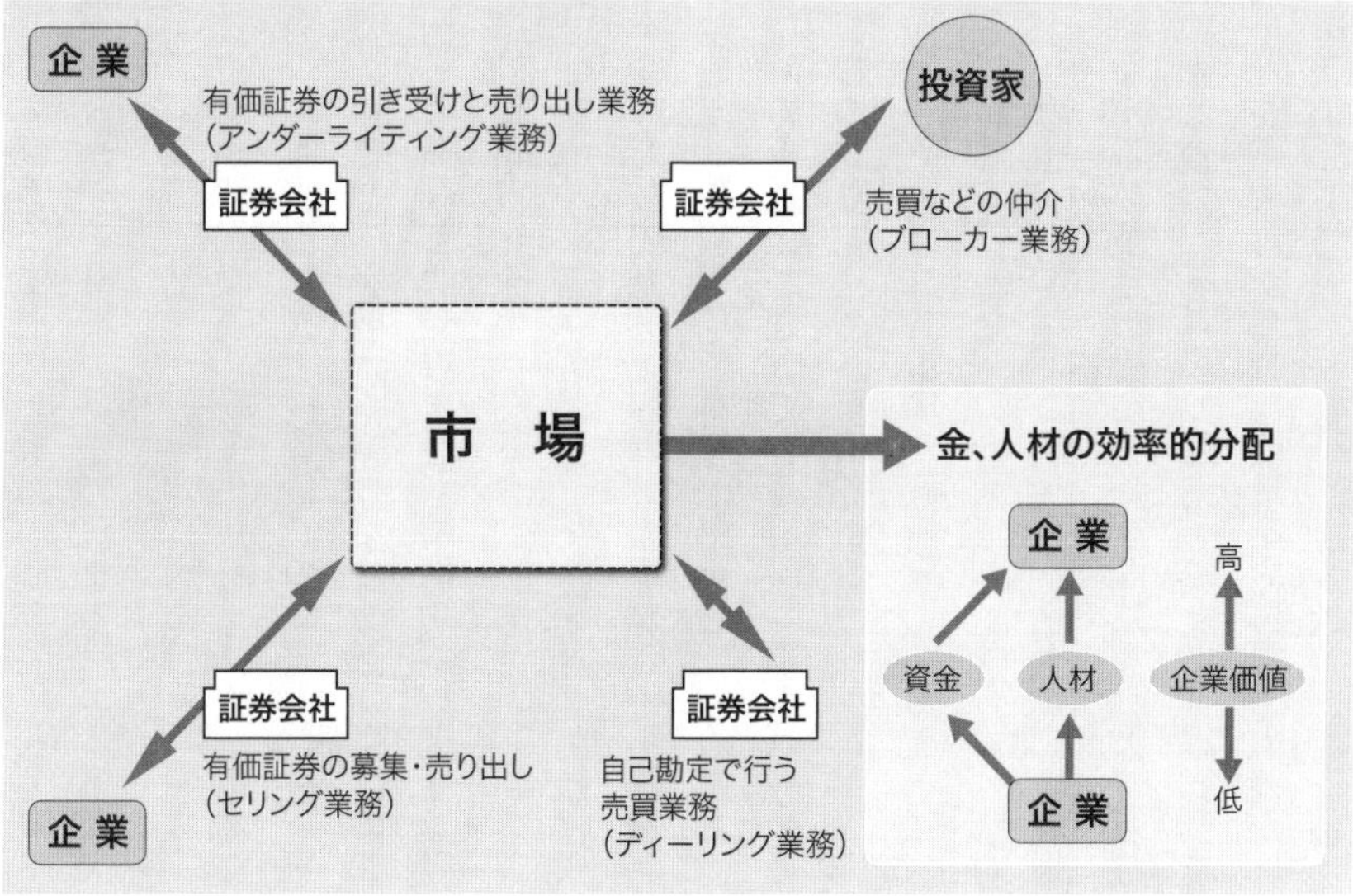

証券業界は市況産業

証券市場が参加者に信頼されるためには、公正な価格決定がされること、そして、情報が誰にでも公平に伝達され、透明性が保たれていることが大切だ。90年代初めに証券業界は「損失補填事件」で大揺れに揺れた。証券会社が運用で損失を出した企業などに、損失分を補填した事件だが、結果的に一物一価の原則が崩れてしまい、市場の円滑な運営に努力すべき証券会社が自ら罪を犯したとして、社会的批判を浴びた。

一つの企業の不正行為により、市場は信頼性と公正性を失い混乱を来たす。インサイダー取引（一部の人が有利な情報を取得して利益を得ること）や、企業の粉飾決算に対して厳しい罰則を設けているのも、公的な性格を持つ市場の公正・透明性を確保するためだ。

証券市場が活発になれば、仲介業としての証券会社の収益も増大する。

しかし、一転マーケットが低迷すれば大きく落ち込む。日本の証券会社の収益は、一にも二にも株式市場が活況か、そうでないかで決まるウエートが大きい。

株式市場が活況だと、受入手数料（株式・債券などの引受・販売手数料、投資信託の販売手数料、M&A手数料など）が増え、ディーリング（自己資金での株・債券などの売買）益も増加する。証券業界は典型的な市況産業といえる。

サブプライムショック、リーマンショックという打撃を受けた後の証券業界は、大手から中小証券会社に至るすべてにおいて業績が悪化している。とくに収益源の多様化が遅れている中堅、中小証券の経営は苦しく、身売り話さえ出ている。

しかし、それは株式市場が低迷しているときにはいつもいわれることだ。

経営の厳しい証券会社に買い手が付けば、業界再編につながる。証券市場がまた活況になれば、収益が改善するので、それまで耐え忍ぶという証券会社が大半だが、これから数年間は業界再編の火種がくすぶりそうだ。

2
CHAPTER3

70年代以降に激変した証券会社

力を増してきたメガバンク系列証券会社

証券業の特徴は株式、債券市場の値動きに連動して収益が大きく変動する「市況産業」である点だ。投資家に株式、債券、投資信託といった金融商品を販売して販売手数料を得るのが基本業務で、投資家は例えば株式マーケットが高騰している時には「今購入すれば儲かる」と買いに走り、反対に低迷しているときには「もっと下がるかも知れない」と疑心暗鬼になり、買うのを手控える。

この市場動向任せの不安定な経営から脱出しようと、各証券会社は経営の多角化＝収益源の多様化を進めてきた。

その代表的な例が、本来なら「投資銀行」といわれる金融機関が専門である引き受け（アンダーライティング）業務。つまり、企業や公的な金融機関が資本市場で株式や債券を発行して資金調達をするときに支援をして手数料を貰ったり、企業が行なうM&A（合併・吸収）のアドバイザーになってフィー（手数料）を貰うビジネスなどを強化してきた。いわば「ブローカー業」から「総合金融会社」への転換ともいえる。

こうして、環境に対応してビジネススタイルを変えてきた証券界だが、70年代以降、収益構造は大きな変化を遂げている。1975年に証券改革法を施行した米国、翌年に「金融ビッグバン」を実施した英国に続き、日本は証券市場の活性化を目的に政府主導で「日本版金融ビッグバン」を推進した。「フリー」「フェア」「グローバル」を掲げ、証券市場の改革に取り組み、規制緩和が進められたが、これが証券業界にとっては逆風となった。なかでも証券会社に大きな影響を与えたのが、1999年に実施された株式売買委託手数料の完全自由化だ。

これに先立つ1998年12月に、証券業が免許制から登録制へと移行したこともあり、業界への新規参入が相次いだ。その中にはインターネットの普及を見越して参入してきたネット専業証券会社が多数あり、株式売買委託手数料の完全自由化を背景に、大幅な手数料引き下げを行なった。これによってネット証券は取引シェアを急速に伸ばし、従来型の対面営業を基本とした既存証券会社のビジネスモデルが大きく揺らいだ。

それ以上に既存証券に打撃となったのは、規制緩和による銀行の証券分野への進出。もともと銀行は証券取引法65条で証券業務を禁止されていた。

それは①銀行の財務の健全性の確保（広く一般の人々から預金を預かっている銀行の損失が預金に波及しないようにするため）、②預金者と投資家の利益相反（例えば銀行が融資先企業に株式発行で資金を調達させ、その資金を自行貸出しの返済にあてさせるなどしたとき、銀行なおよび預金者にとっては利益となるが、その企業が発行した株式を買った投資家にとっては不利益となるなど）、③銀行の優越的地位の濫用（前述の例のように、銀行が優越的な立場を利用して財務の悪化した融資先企業に株式を発行させ、その資金を自行資金の回収にあてさせるなど）を防止するためだ。

しかし、1993年に施行された金融制度改革法により、子会社方式による銀・証の相互参入が解禁になった。つまり銀行は子会社を作って証券業務を行なえるようになったのだ。その際、前述した銀行と証券会社の相互参入による三つの弊害を防止するため、ファイアーウォール規制を導入した。

具体的には、役職員の兼職規制や非公開情報の授受の禁止、信用供与を利用した抱き合わせ行為の禁止などがある。しかし、その後は規制緩和が続き、店舗の供用制限や内部管理業務のための非公開情報授受容認（個別承認制）、コンピュータの供用制限などが緩和されている。

次いで、1998年には銀行の窓口で投資信託販売が可能になり、2004年からは営業店を通じて系列証券会社と顧客との株式取引仲介を行なうことが可能となり（証券仲介業・証券代理店）、既存証券会社の権益が次々と切り崩された。

いまや、メガバンクは証券ビジネスを金融サービスの戦略的部門と位置づけており、銀行店舗と連携しながら投資信託売買や株式売買の仲介業務を行なうなど、信託機能とともにさまざまなサービスを提供する「ワンストップショップ」戦略を展開している。

もはや「銀行」「証券」といった区分けが実質上なくなってきている。既存証券会社が銀行勢と戦うには、売買手数料依存という最後のテリトリーを温存しながらも、新収益源となる新たなビジネスモデルの構築に更に力を入れることが必要になっている。

日本版金融ビッグバンと規制緩和

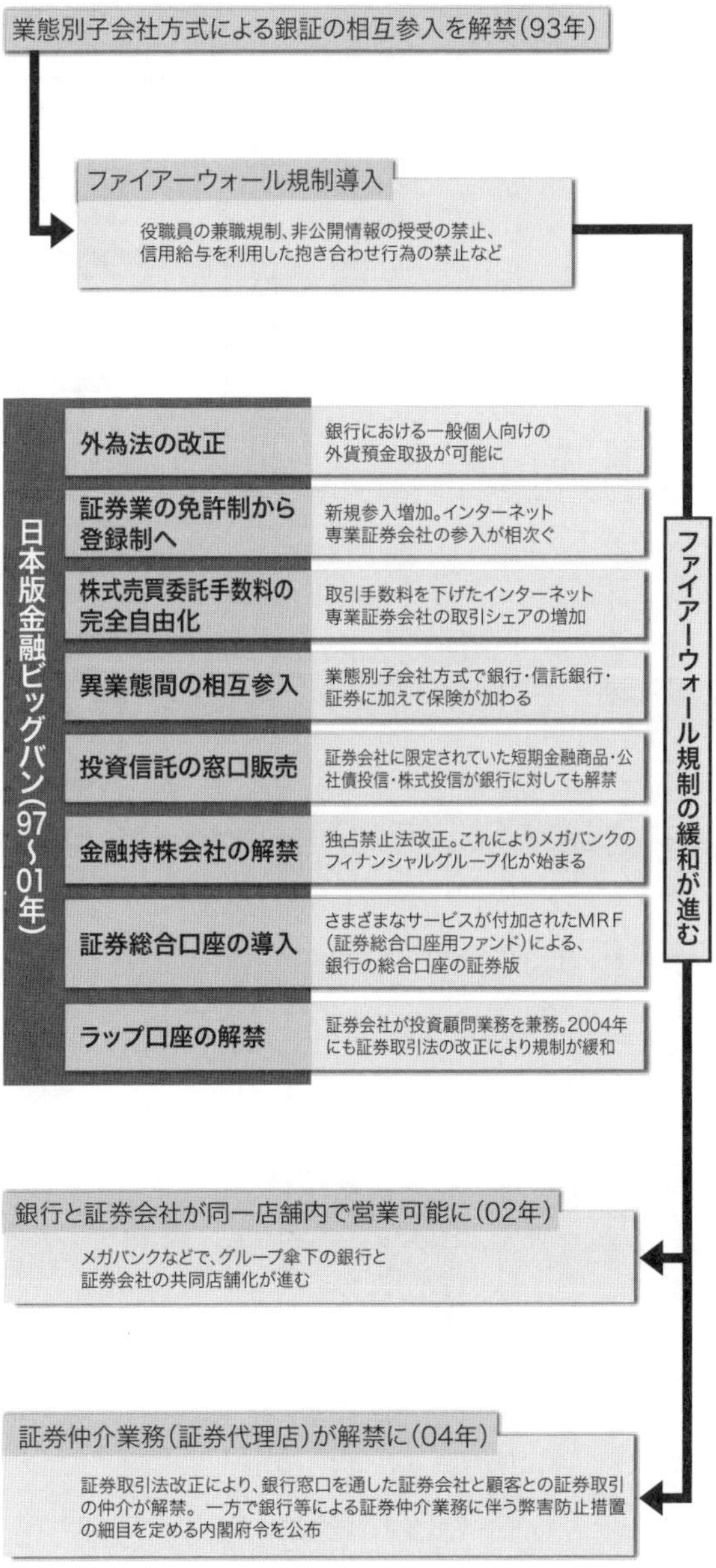
業態別子会社方式による銀証の相互参入を解禁（93年）
ファイアーウォール規制導入
役職員の兼職規制、非公開情報の授受の禁止、信用給与を利用した抱き合わせ行為の禁止など
日本版金融ビッグバン（97～01年）
外為法の改正
銀行における一般個人向けの外貨預金取扱が可能に
証券業の免許制から登録制へ
新規参入増加。インターネット専業証券会社の参入が相次ぐ
株式売買委託手数料の完全自由化
取引手数料を下げたインターネット専業証券会社の取引シェアの増加
異業態間の相互参入
業態別子会社方式で銀行・信託銀行・証券に加えて保険が加わる
投資信託の窓口販売
証券会社に限定されていた短期金融商品・公社債投信・株式投信が銀行に対しても解禁
金融持株会社の解禁
独占禁止法改正。これによりメガバンクのフィナンシャルグループ化が始まる
証券総合口座の導入
さまざまなサービスが付加されたMRF（証券総合口座用ファンド）による、銀行の総合口座の証券版
ラップ口座の解禁
証券会社が投資顧問業務を兼務。2004年にも証券取引法の改正により規制が緩和
ファイアーウォール規制の緩和が進む
銀行と証券会社が同一店舗内で営業可能に（02年）
メガバンクなどで、グループ傘下の銀行と証券会社の共同店舗化が進む
証券仲介業務（証券代理店）が解禁に（04年）
証券取引法改正により、銀行窓口を通した証券会社と顧客との証券取引の仲介が解禁。一方で銀行等による証券仲介業務に伴う弊害防止措置の細目を定める内閣府令を公布

3
CHAPTER3
証券会社の今後の展望

①リテール業務が最後の砦に

証券経営は常に、激変する環境との戦いだ。市況産業という宿命もあるが、国際経済・金融動向に大きく左右されるからだ。それも、一カ月、一週間単位で変わる。さらに、国内経済だけではなく、海外経済の動向によっても影響を受ける。

安倍政権誕生後は、金融緩和の後押しを受けて株価も急上昇し「アベノミクス」の恩恵を受けてきたが、2016年に入ってから様相が一変、中国経済の変調など、国際経済が波乱。日本でも、円高が進行し企業業績の視界不良。何よりも、黒田日銀による「マイナス金利」採用は、アベノミクスの破綻を示すこととして浸透し始め、マーケットに影響を及ぼし始めている。

このことは証券経営の現場にもはっきりと出始めた。証券経営も、一般の企業経営と同じく、環境変化に即してビジネスモデルを構築してきた。基本的には株式売買における手数料収入を基本にしたブローカー業務にウエイトを置いてはいても、市況動向によるリスク回避から、収益の多様化を急いできた。

1970年代以降のグローバル化時代に対応しての海外進出強化。90年以降、米国では金融革命のもとゴールドマン・サックスやモルガン・スタンレーといった投資銀行がIB業務（投資銀行業務）に花を開かせたが、日本の大手証券もM&A業務や引き受け業務から自己資本を投入してのトレーディング業務といったリスクビジネスを強化させてきた。

こうした新経営ビジネスも、2008年の米国発の金融危機（いわゆるリーマンショック）以降は金融環境がガラリと変わった。金融市場のグローバル化の進行は止まらない。が、国際金融の覇権を追い求める大金融機関の競争の中身は明らかに変わってきた。資本と金融技術力を背景にした「強欲な資本主義」に世界のプレイヤーが〝規制〟が必要だと言い出したのだ。

グローバル化と金融自由化では、巨大な資本を持ち、大きなリスクを取った金融機関に大きな収益が集まった。しかし、銀行、証券の一部は自己資本だけではなく、外部からの借り入れをして極限にまでリスクを膨らませて収益を高めようとした。その行き過ぎた自由主義・強欲主義がリーマンショックという形を伴って破綻。それまで世界の金融市場に君臨していた有力金融機関が、新たなビジネスモデルの構築を迫られるという厳しい環境に追い込まれている。

日本の証券会社も例外ではない。

証券界の2016年3月期決算は、軒並み減益となる厳しいものとなった。市況産業の証券業には、好不況があるのは普通だが、経営者は、単なる変事ではすまされないと思い始めている。

決算では、業界トップの野村ホールディングスが、連結の当期利益が前年同期比41％の減益となった。みずほグループのみずほ証券は、米国の債券引き受けが堅調で黒字を確保し、M&A（合併・買収）助言など企業向けが堅調だった三菱UFJ証券ホールディングスは小幅減益にとどまったが、三井住友グループのSMBC日興証券も最終減益となったほか大半の証券会社が利益を減らした。

とくに野村グループの場合、2016年3月期第4四半期（2016年1月〜3月）では、株価急落による有価証券評価損拡大や、債券市場の流動性低下による売買の縮小などで192億円の純損失が出た。

収益を減らした原因は、日銀がマイナス金利政策導入を発表後、株安・円高が進んだこと。業界にとって、マイナス金利は本来なら株式相場にプラスのはずだが、それ以上に世界景気が減速し、海外事業にも逆風が吹いた。これまでの経験では、金融緩和時は資金がマーケットにあふれ、株式投資が活発になる金融相場が形成されて、株式売買手数料も増えるはずだった。ところが、いまの日本のマーケットは売買の主体は外国人投資家。しかも米国株式市場に連動して値動きをする市場となっており、日本企業のファンダメンタルの善し悪しや、単なる金融緩和などでは株価が推測通りに動く市場ではなくなっている。

そのうえ、いまの国際経済はリーマンショック以降、中国などアジア新興国頼みになっている。つまり、日本の株式市場は自国企業の業績よりもアジア、中国といった周辺国に左右される比率が多い。その周辺国の動向は沈滞気味で、ますます視界不良になっている。日本がマイナス金利時代に突入し、金融相場が形成されるべきはずが、マイナス金利政策自体が、アベノミクスの挫折が背景にあるだけに「当分株式市場の復活は厳しい」と見た上での経営になっている。

そして今囁かれているのが「ニーサ」登場でも期待された「貯蓄から投資へ」といった国家プロジェクトに急ブレーキがかかるのでは、との懸念だ。

証券業界には古くから「困った時の投資信託」という言い方がある。株式市場が低迷している時には、日本株を組み込んだ投信は売れないが、いまやグローバルな時代。商品も国内外の株や債券だけではなく、先進国の商業施設やオフィスビルなどを保有するREIT（リート）、欧米の低格付け・高利回り社債や新興・資源国の公社債投信や世界の通貨を運用対象にしたり、株のように値上がりし、債券のように価格下落リスクが小さく、世界の転換社債に投資する投資信託もある。

法人部門関連収入が減少したときには、こうした投資信託の販売手数料で挽回を図ってきた。しかし、2016年3月期決算では、この投資信託販売にも影が射した。

収益の多様化が進んでいる、野村ホールディングス、大和証券グループ本社、SMBC日興証券、みずほ証券、三菱UFJ証券ホールディングスの大手証券5社にとっても、手数料収入全体に占める投資信託販売手数料は常に50%前後を占める有力収益源の一つだ。投資信託は、営業力があれば販売高を増やせる金融商品。日本に投資信託が登場してから60年以上が経過したが、公募投信残高は2015年11

ラップ口座残高推移

（単位：億円）

	投資一任		投資助言		総合計	
	件　数	金　額	件　数	金　額	件　数	金　額
18年３月末　2006/3	22,689	3,364	861	77	23,550	3,441
19年３月末　2007/3	25,286	5,636	580	52	25,886	5,688
20年３月末　2008/3	41,615	7,469	496	40	42,111	7,508
21年３月末　2009/3	37,138	4,571	417	22	37,555	4,593
22年３月末　2010/3	41,773	5,696	317	22	42,090	5,718
23年３月末　2011/3	43,509	5,890	280	17	43,769	5,907
24年３月末　2012/3	42,467	5,799	5	6	42,472	5,805
25年３月末　2013/3	51,758	7,689	0	0	51,758	7,689
26年３月末　2014/3	105,706	13,760	0	0	105,706	13,760
27年３月末　2015/3	307,346	38,973	0	0	307,346	38,973
28年３月末　2016/3	482,217	57,776	4	0	482,221	57,776

※ラップ口座は、顧客が投資顧問業務に係る報酬と売買執行手数料および口座管理料等の手数料を運用資産残高に応じて一括して支払う口座をいう

出所：日本投資顧問協会資料より

月末で97兆７０００億円と１００兆円近い。ちなみに５年前の２０１０年末で約63兆７２００億円だから、ここ数年は「貯蓄から投資へ」の宣伝が効いて飛躍的に伸びている

投資信託は証券業界にとって、まだまだ未来がかかっているビジネスだが、様相が変わり、とくに、２０１６年１～３月の落ち込みはひどかった。ある大手証券では投信募集手数料が前年同期の半分弱、全純営業収益に占める割合が16・３％から12・１％に減少した。「マイナス金利」突入が響いた。

しかし、証券界にとっては個人ビジネス（リテール）が最後の砦であることははっきりしており、その傾向がますます鮮明になっている。

メガバンクを始めとする銀行勢と真っ向からの競争が激しいビジネスに、「ＳＭＡ」や「ラップ」と呼ばれる金融商品を投入しての富裕層獲得競争がある。ラップ口座は２００４年に解禁された運用商品で、顧客と証券会社が投資一任契約を結び、顧客の大まかな指示に基づいて証券会社が資金を運用する。運用商品には株式、債券、投資信託といった一般金融

商品からリート（不動産投信）、為替など様々あり、顧客の要望に応えてリスク度、リターン度を替えたり、日本物商品と外貨物商品との組み合わせを変えたポートフォリオ（資産構成）を作る。

日本投資顧問業協会によると、２０１６年３月末のラップ口座契約件数は48万２２２１件（５年前の２０１１年３月では４万３７６６件）、契約金額５兆７７７６億円（同５８０７億円）で、この５年間で契約金額はほぼ10倍になっている。

証券界では「ラップ口座の利用は更に広がる」との期待があり、中小証券も販売している。ラップ口座は、信用力を背景に、今や投資信託販売の主役になりつつある銀行に対抗し、証券会社が先行している運用ノウハウを謳い文句にした新たな運用の「器」というわけだ。富裕層ビジネスは運用ニーズの高まりを受け、まだ拡大余地がある分野。しかも富裕層はニーズが繊細で、証券会社の立場からしても難しい顧客が多い。ラップ口座で富裕層を開拓できれば、一般の個人取引にもノウハウが応用できる。富裕層ビジネスを成功させるのは、個人取引全体にとっても重要な戦略となっている。

銀行との差別化では、リターンとリスクをきちんと説明して顧客に付加価値をつけられるコンサルティングをどう提供するかが重要となってくる。そのためには、質のいいコンサルタントと運用担当者の確保がカギだ。団塊世代の退職金をはじめとした富裕層のニーズをめぐる争奪戦は、１０００〜２０００万円のラップ口座登場で一段と競争が激化している。

②投資銀行ビジネスは国内外で需要増

投資銀行ビジネスは、証券ビジネスの有力な柱の一つだが、ここに来て銀行勢が強化を図る一方で、専門証券は戦略転換に動き出している。背景には、２０１６年３月期の決算がある。

２０１６年４月、三井住友グループ傘下のＳＭＢＣ日興証券が、インベストメント・バンク業務強化に向け、米国で投資銀行グループを設立した。企業の買収・合併（Ｍ＆Ａ）などのディールを開拓するのが狙いだ。５年前の２０１２年に、三井住友銀行とSMBC日興証券は米独立系投資銀行のモーリス社に9300万ドル（約71・6億円）を出資してM&Aのアドバイザリー業務を中心に提携。国境を越えるクロスボーダーの合併・買収（M&A）案件に対応できる体制を整えたが、独自で投資銀行業務の強化に乗り出している。

2015年の日本企業関連のM&A助言では、三菱UFJグループと米銀大手の合弁である三菱UFJモルガン・スタンレー証券が首位、野村と三井住友グループがこれに続いた。三井住友グループには明確に、日本の金融グループのナンバーワンである三菱UFJグループへの対抗心がある。他に、メガバンクではみずほグループも米国で同様の動きを見せている。

これに対して、証券界トップの野村グループは米国株業務と投資銀行業務を縮小している。計画のうち投資銀行部門については、海外で約60人削減する方針だが、うち米国では20人の削減計画で、戦略の違いが鮮明になってきた。ただ、足下の収益をみると2016年3月期決算では、野村グループの投資銀行業務手数料は、委託・投信募集手数料などが減少した中で325億円から359億円と対前年比で増加しているし、大和証券グループもM&A手数料は36億円で、9・1%増となっている。

1980年代以降、「銀行と証券の垣根」を乗り越えて、メガバンクはグループ内に証券会社を設立して、証券業界に攻め入っている。その銀行勢の侵攻に対抗しながら既存の証券会社は、新しくビジネスモデルを模索しながら銀行勢に屈服することなく生き残ってきた。その証券界が、新たなビジネスモデルとして構築してきたのが、企業が株式や債券を発行して資金調達をする際の引き受け（アンダーライティング）業務、M&A（合併・買収）業務、IPO（新規公開）といった投資銀行ビジネスだ。

この投資銀行ビジネスも金融環境の変化によって、収益の出方が左右される。

リーマンショックからの反省で、金融工学を使って、デリバティブ、証券化商品といった新金融商品を開発・販売するほか、自らも投資家としてリスクを取って存在感を示してきたどん欲な〝収益市場主義〟的手法は出来なくなった。

古典的な引き受けやM&Aでは、高い収益（これ自体が異常なのだが）は望めず、金融カジノ時代の旬のビジネスとして拡大したのがトレーディングとプリンシパル（自己資金投資）業務だった。例えば、ゴールドマン・サックスの場合には、かつてはトレーディングと、プリンシパル業務で収益全体の70％近くを占めた時期もあった。従来の投資銀行は、運用の世界でもリード役にもなってきたヘッジファンドなど、国際的な投資ファンドを有力顧客として抱え、石油といったコモディティの世界にもビジネス範囲を広げていた。それも高いレバレッジを効かせて、だ。こうして投資銀行の高収益、高ROE（30％〜40％を求めるのが普通だった）を実現してきた。

今は、高レバレッジの、ハイリスク・ハイリターン型ビジネスモデルは姿を消した。しかし、収益力は低下するが、投資銀行ビジネス自体が無くなるわけではない。近年では、古典的でオーソドックスなビジネスに戻っている。

経済活動が停止しない限り、企業の構造改革－バランスシートの改善、企業グループの整理・統合、ライバル企業の買収といった企業ニーズはいつでも発生する。とくに経済環境が悪い時には企業価値を高める手段としてもニーズは高まる。

新しい経営戦略の展開は、世界の金融市場で「ユニバーサルバンク（総合金融）」路線の見直しという形でも起きている。欧州の金融機関は近年、自己資本規制をはじめとする様々な規制強化により、資産運用業務などの、資本を使わない事業の強化などが求められている。

欧州の金融機関のうち、英銀大手のバークレイズとドイツ銀行は欧銀の中でもとりわけ資本増強・資産圧縮の必要性が高いと言われているが、2社の事業見直しは対照的だ。

バークレイズは、リーマン・ブラザーズ北米事業の買収もあり、投資銀行業務を強化しつつある。その一方で、2013年9月、コスト削減と利益拡大に向けた取り組みとして、2016年までに米国など約130カ国でウェルスマネジメント（WM、富裕層を対象にした資産運用・管理）事業を終了し、

投資銀行・商業銀行・証券の業務範囲

商業銀行

預 金
普通預金や当座預金等を広く集める

為替業務
送金や振込、また外国為替など

融 資
集めた預金のお金を貸し付けたり手形を引き取ったりする

商業銀行・投資銀行（部門）

アドバイザリー（財務など）
企業の財務や戦略等についてアドバイスする

投資銀行(部門)

アドバイザリー（M&A や株式発行）
送金や振込、また外国為替など

融資（借り入れが原資）
大口向けにシンジケート団をつくったりして、資金を調達して融資する

証券化
不動産や事業などの資産を証券にし、資金調達する

アレンジャー
M ＆ A の買収資金など、巨額の資金をシンジケート団をつくり、調達する

プリンシパル・インベストメント
自己資金での投資。ベンチャーなどに投資するほか、MBO（経営陣買収）などにも使われる

投資銀行（部門）・証券会社

引き受け
企業が株式などを発行する際に、引き取って売り出す

ブローキング（ホールセール）
大口投資家の売買を仲介する

ディーリング
自己勘定による売買取引

証券会社

セリング
有価証券の募集・売り出し。引き受けと似ているが、余った証券は買い取らない

ブローキング（リテール）
小口投資家の売買を仲介する

信用取引
証券会社が顧客に融資し行なう取引

同部門の人員を削減すると発表した。声明では「勝てるところでの競争に集中するという新たな戦略の一環」と説明した。一方のドイツ銀行は、WM事業の強化を志向しつつ、資産運用事業では部門売却に動いている。

また、WM事業を中核事業としてきたスイスの大手金融UBSとクレディ・スイスは、引き続きWM事業の強化を明確に打ち出しているが、UBSは、これまで一つの組織で運営してきた「投資銀行」「資産運用」「富裕層向け事業」を切り離し、別々の組織で運営することを決めた。ブランド力のあった富裕層事業の利益が、ハイリスクの投資銀行ビジネスに投入され、損失を出したとの批判が大きかったからだ。業務の再編に伴って投資銀行部門はコモデティ業務から撤退、不動産証券化および自己勘定トレーディングも大幅に縮小した。

いま、投資銀行業務を展開している金融機関が注目しているのが新興国を対象にしたビジネスである。例えば電力を初めとするインフラ（産業・社会基盤）面での資金調達などだ。日本では内需に絡んだIPO（新規上場）ビジネスの復活も予想される。ただ、どん欲さ、カジノ主義は証券市場のＤＮＡであり、いつまで〝規制〟に我慢できるか。米国内には「金融の過度の規制は経済の活性化、成長を阻害する」といった声が充満している。

こうした、規制強化を一つのきっかけとした欧州の大手金融グループにおけるビジネススタイルを巡る変更・再構築が、国際的な金融グループの再編に繋がる可能性もある。

日本はいま円安から円高に向かっている。そうなれば、強い「円」を武器に海外企業を買収して、世界のマーケットに躍り出ようとM&Aを行なう経営者が増えてくる。証券会社にとって、円高は輸出企業の活動を縮小させ、法人ビジネスも衰退させるが、他方でグローバルな海外M&Aが増えるチャンスにもなる。

M&Aだけではない。海外進出を盛んにさせるグローバル時代には、企業は金融リスクだけではなく、地政学リスクもこれまで以上に抱える。そして、どこにそのようなリスクがあるのかさえ不透明な世界

M&Aの流れ

経営戦略・事業戦略の策定

事業戦略を練り直し、どの部門の買収・売却が必要なのかを探っていく

↓

アドバイザーの決定・M&Aチーム結成

公認会計士、弁護士などを決める。また、社内のM&Aチームをつくる

↓

買収企業の選定

買収候補のリストをつくり、練り直した事業計画に合致した企業を選定していく

↓

アプローチ

ターゲット企業、またはターゲット企業の株主へのアプローチを行なう

↓

買収企業の分析

決算書などから被買収企業の財務状況などを分析していく

↓

基本合意書

価格や買収方法などが協議の上、合意に至ると基本合意書を締結する

↓

デューデリジェンス

財政面はもちろん、製造能力、販売能力、訴訟、経営陣についてなどさまざまな面から被買収企業を精査する

↓

基本合意

デューデリジェンスの結果をもとに協議し合意に達すると、最終合意書を締結する

↓

クロージング

株券の引き渡し、売買決済。その後に株主名簿の引き換えや株主総会での役員の変更などが行なわれる

が広がれば広がるほど、リスクを回避しようとするニーズが生まれ、投資銀行にとってはそれらに応えるチャンスが生まれる。

グルーバル化の進展と共に、いつ、どこで何が起きるか解らない金融市場の不透明な時代は、投資銀行にとっては利益を得るチャンスでもある。

企業が事業を展開するとき、問題解決が複雑・高度化するのにしたがい、企業は問題解決能力を持っている投資銀行に依頼するケースが多くなる。つまり、企業と金融機関との関係が個別案件毎の関係になると、どれだけアイディアを持っているかで金融機関を選別することになる。投資銀行はこうした企業ニーズにどれだけ応えられるを日夜考えている。

また、国内でも投資銀行ビジネスの需要は増えてくることが予想される。

デフレからの脱却には、需要不足を解決させること。切り札は国内企業を元気にさせる事だ。政府が今後成長すると見ている産業は環境・エネルギー、医療・介護、観光、保育・育児事業などの18分野。しかし、これらの分野を既存の商業銀行が元気にできるかと言えば難しい。バブルが崩壊してからこれまで、さんざん金融緩和策を進めて資金をジャブジャブと流してきたにもかかわらず、一向に経済が上向く気配はなく、日銀もとうとう「マイナス金利」という異常な政策を採用した。

大企業に比べて資金調達力、手段が少ない中堅・中小企業にとっての最大の悩みは、常に経営資金が不足すること。

どう資金の調達ルートを確保するかは経営を左右する。投資銀行はこうしたニーズに応える能力は持っている。大手証券はベンチャー・キャピタルもグループ内に抱えている。戦略貸出ファンドを作ることも可能だ。

また、バランスシートをコントロールする債権流動化スキームの提案や、知的財産権活用スキームなどのニュービジネス向け資金ニーズへの対応など、さまざまな資金調達スキームの開発に取り組んでいる。一方で、事業承継にかかわる支援については、コンサルティング部を作り、法人・個人の枠組みを超えたコンサルティング機能の強化も行なっている。

中堅・中小企業の再建には縦型経済社会に横軸を入れる、つまり事業の水平統合で成功しているケースも多いが、事業の再構築は投資銀行のもっとも得意とするところ。

まず、下請けからの解放が必要だ。圧倒的に多い中小企業は第２・３の下請けに甘んじている。ということは仕事量も親会社の動向に左右されるだけではなく、せっかく培った技術も親会社との関係でしか生かされないだけではなく、親会社を通じて外部に漏れることもある。下請け代金の遅延などで悩まされたり、知的財産の流出を食い止めることすらままならない下請け企業を保護する法的整備をもっと強化する必要がある。

この中小企業の水平統合を促進することで、これまで海外マーケットに出られなかった中小企業が新たな希望を持つことも可能だ。また、金融機関に新たな資金需要が生まれる可能性もある。要は、埋もれている中小企業の技術、ノウハウを再結集出来るような新しい仕組みを作ることが大事だ。そのためにはまず政府、金融機関が従来のやり方を根本から変えるような意識改革が必要で、そこに投資銀行の出番はある。

③アジアを中心に戦略変更図る海外ビジネス

証券界の海外戦略は、挫折と再進出の繰り返しの歴史でもある。

戦前から、ヨーロッパに駐在員事務所を置き、国際金融の歴史にはそれなりに参加してきた。一番、国際部門が元気が良かったのは、バブル時代にオイルマネーを日本に引き寄せ、日本株を売ったときや、「キャラバン隊」と称して米国年金に日本の株や債券を売りに行なったときだ。

その後、80年代に入ると金融自由化が伸展。日本の証券会社がお手本にした米証券メリル・リンチなどが、日本など海外に進出して国外収益の拡大を図った。

ビジネスの中身も株の仲介といった「株屋」から資金調達の仲介、M&Aのアレンジャーといった投資銀行ビジネスなどを取り入れるようになると、野村、大和証券といった日本の大手証券も日本株売買を仲介にしながらも、同じような投資銀行ビジネスを追い求めて米国、ヨーロッパに進出した。これら証券会社は、いくつかのプロジェクトを成功させて先駆的な実績も残した。しかし、収益という視点でみると日本株の売買に欧米証券会社が参入したことで最大の収益源を奪われ、以後の海外部門はアングロサクソンが支配する「ドル体制」の下で赤字と黒字を繰り返してきた。

バブル崩壊後の90年代始め、長いロンドン勤務から帰ってきた野村証券の野村ロンドン社長は「本社機能を、米国かロンドンにおいて、そこから金融の世界を見ないと競争には勝てない」と言っていた。その野村グループが乾坤一擲で勝負に出たのが、破綻したリーマンの欧州部門の買収だった。しかし人件費などのコスト増を吸収できる程の収益拡大が出来ず、結局は2016年に野村グループは欧州・米州地域の縮小とリストラに踏み切る方針を発表した。

新興国の景気減速や原油価格急落を発端とする金融市場の動揺が背景にあるが、最大の原因はリーマンショック以降の国際資本規制などの強化である。ヘッジファンドの解散や直近の決算における金融機関のトレーディング収益の大幅減少などに象徴されるように、リスク資産の収縮が起こり、欧米型のビジネスモデルが通用しなくなったからだ。こうした読み違えで、世界的プレーヤーを目指した野村グループの世界戦略は、4度目の大規模リストラを迫られることになった。

野村グループが目指したのは、ゴールドマン・サックス、モルガン・スタンレーなど、世界トップクラスと互角の戦いが出来る体制を作ることだった。

野村グループだけではない。銀行系証券も国際展開ではビジネスライン、資本配分、戦略地域などの面で軌道修正を迫られている。経営的には、デフレ脱却が遅れている国内への依存率を低くすることが必要なだけに、新たな海外戦略の絵図を描くことが必要になっている。

4
CHAPTER3

主要企業のプロフィール

①野村ホールディングス

海外部門を再構築、脱証券路線が正念場

収益、資産規模でも国内№1の地位にある独立系総合証券会社。

源流は1872年、実業家・野村徳七が開いた両替商「野村商店」。徳七は大坂野村銀行も設立しており、1925年に大坂野村銀行の証券部を分離・独立させたのが野村証券の始まり。大坂野村銀行はその後、大和銀行を経て、現在のりそな銀行になっている。

長くトップ企業として証券業界に君臨し、80年代に本格化した金融自由化では、いまのメガバンクの前身である旧都市銀行や長期信用銀行といった大手銀行による証券業界進出を阻止すべく、先頭に立った。バブル崩壊後、トップの責任が問われるなど「証券不祥事」が発覚したが、現在でも、証券界トップの座を維持している。

2001年に持株会社体制に移行。野村グループは、旧三井銀行系企業を中心に、主幹事企業がほとんどの産業界にわたっており、ダントツに多い。幹事証券は資金調達の面倒から株のマーケットメイキング（売買高を確保するための自己勘定での根付け業務）、事業の成長シナリオを描く手助けなどを行なう。企業にとっては〝相談役&お目付役〟的存在だ。

収益力でもダントツの業界トップ企業。他の大手証券が外部との資本提携をしている中で、唯一の独立証券としての地位を保っている。証券を売る足腰の強さはいまでも定評がある。

しかし、日本経済の成長が止まり、デフレ経済が長期化。国内の証券マーケットは縮小する一方で、「強い野村」を発揮するチャンスも少ない。そして、縮小するマーケットでシェアを伸ばしているメガバ

野村グループの主要企業集団

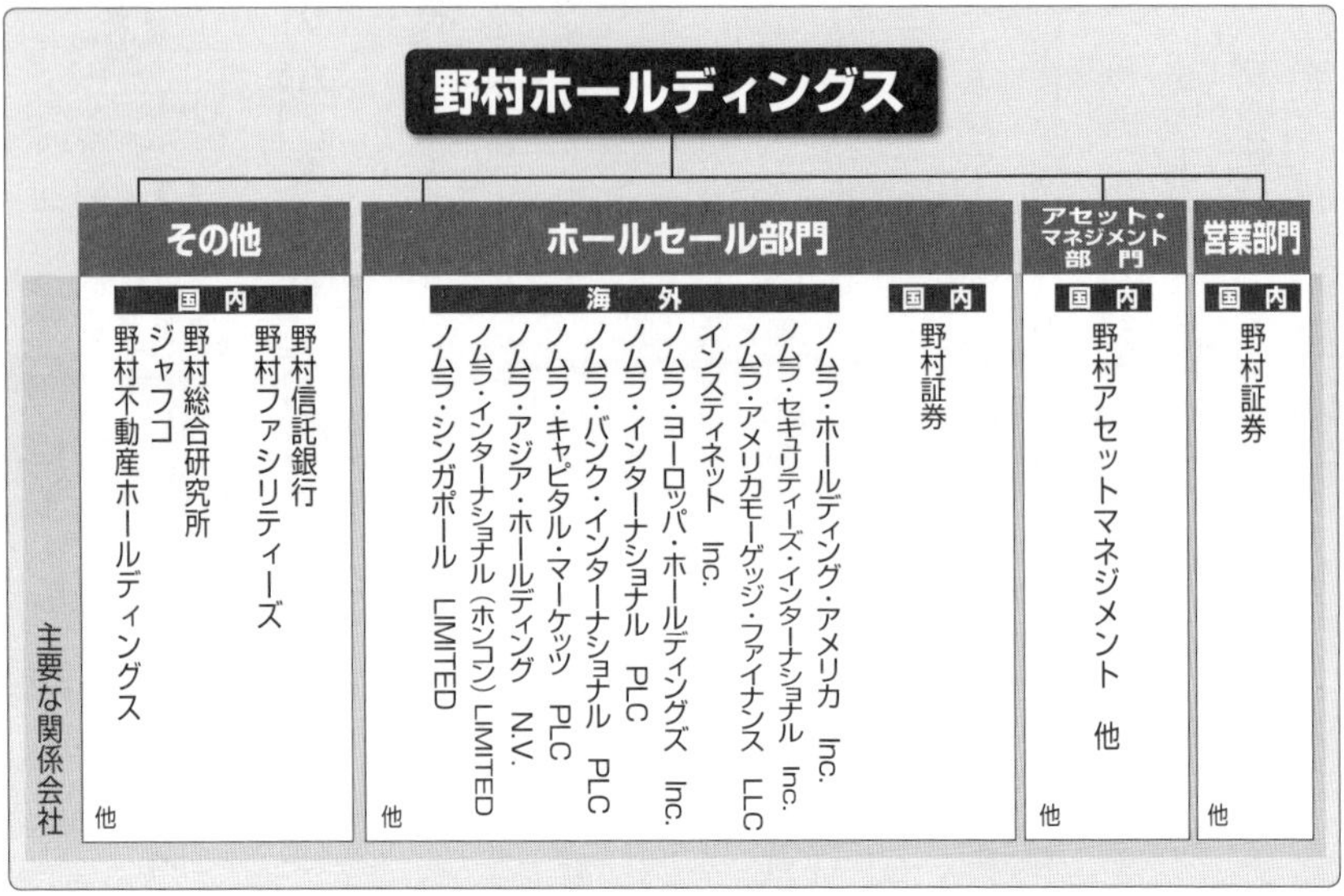

ンクに、どう対抗するかという明確なシナリオも描けない年が続いた。海外では、欧米の投資銀行にマーケットを抑えられ、再び国際金融界で日本の旗を掲げるには、敵失ぐらいしかないと思われていた。

そこで取り入れた戦略が、社名から「証券」を取り「株屋」からの脱皮を図った総合金融路線。そして目指したのが、２００８年10月に破綻したリーマン・ブラザーズのアジア・太平洋及び、欧州・中東地域の事業を買収しての米国型投資銀行路線だった。

90年以降、野村グループは低下していた国際舞台でのプレゼンスを復活させ、再度の「グローバル市場でトップ10」戦略を掲げた。大量の元リーマン社員採用を機に人事体系に手をつけ、リーマン化を図ったのもこの目標達成のためだった。ホールセール部門を中心に「グローバル化型社員制度」を導入、能力、専門家主義に基づいての人事・報酬体系にした。グローバルに活躍する投資銀行並みの体系にすることで、優秀な人材と、背後にいる顧客の野村離れを防ぎたいとの狙いからだった。

しかし、リーマン化は欧州市場の縮小とコスト増で失敗。現在は四度目のリストラを断行している。その一方で、グローバルプレイヤーとして欠かせない、米国市場の再進出、再構築にも取りかかった。

野村グループにとって、米国市場は幾度となく進出・撤退を繰り返してきた因縁のマーケットだ。ドルの地位が低下しているとはいえ、マーケット規模では今でもNo.1。米国市場は、金融・証券ビジネスのメッカだ。その米国攻略なしではグローバルの旗は色あせてくる。米国に進出しているドイツ銀行など有力金融機関から優秀な人材を確保する一方で、すでに債券関連業務ではプライマリーディーラーの資格再取得による金利、証券化商品関連収益が貢献しだしている。

また、米国株のセールス・トレーディングも立ち上がり、米国株のリサーチ部門も本格稼働させた。米国の立ち上がりがほぼ完了し、グローバルプレイヤーになるための当面の手はほぼ打った。今後はいかに収益に結びつけるかが問われている。

その決算だが、野村グループの2016年3月期連結決算（米国会計基準）は、株式マーケットが下落したことによる株式販売、投信募集手数料の減少、株式引き受け案件が低調だったことが響いて、当期利益が前年同期比41％減の1315億円となった。投資一任（ラップ）勘定残高が、2兆1938億円（2016年3月末）と、前年同期比8558億円増加（約64％増）し、ストック収入重視のビジネスモデルが収益を支えているが、中国経済の停滞などによる株式マーケットの低調が収益を減少させた。

海外部門は、まだ再建途上にある。

地域別税前利益

（単位：億円）

	2015年3月	2016年3月
米州	（－） 276	（－） 320
欧州	（－） 235	（－） 674
アジア・オセアニア	346	198
海外合計	（－） 164	（－） 796
日本	3632	2448
全税前利益	3468	1652

２０１６年３月期決算では海外のコスト削減に伴う費用を約１６０億円計上したことなどが響いたが、海外部門利益は２０１５年３月期を大きく上回る赤字になった（表参照）。

「トップテンのグローバルの旗を」の目標は、しばしお預けだが、その一方で、インベストメント・バンキング部門では新しい攻勢を強めている。

２０１６年３月期決算でも、投資銀行業務手数料は、委託・投信募集手数料などが減少した中で、３２５億円から３５９億円と対前年比で増加するなど、健闘している。国内企業同士のＭ＆Ａは低調だが、日本企業による海外企業の買収は８兆円を超えるなど、成長余力はある。

また、海外展開では２０１６年５月に米資産運用大手のアメリカン・センチュリー・インベストメンツに約10億ドル（約１２００億円）を投じて約４割の株式を取得した。投資信託市場の規模が世界最大の米国で、日本やアジアの株を組み込んだ投資信託の運用や販売体制を強化し、海外戦略を加速する。

歴史

野村グループ

1925年	大阪野村銀行の証券部を分離して設立
1941年	日本最初の投資信託業務の認可を受ける
1946年	本店を東京都に移転
1948年	証券取引法に基づく証券業者として登録
1949年	東京証券取引所正会員となる
1968年	改正証券取引法に基づく総合証券会社の免許を受ける
1993年	野村信託銀行設立
1998年	証券取引法の改正により金融監督庁より登録を受ける
1999年	野村ファンドネット証券設立
	野村キャピタル・インベストメント設立
	野村企業情報、野村インベスター・リレーションズおよび野村サテライトの株式を取得し、子会社化
2000年	野村アセット・マネジメント投信の株式を追加取得し、子会社化
2001年	持株会社への移行に伴い、野村ホールディングスと野村証券に機能を分割
2004年	野村資本市場研究所設立
	野村ファシリティーズ設立
2006年	ジョインベスト証券開業
2008年	野村フィナンシャル・パートナーズなど野村グループが、足利銀行の持株会社である足利ホールディングスに出資
	リーマン・ブラザーズの欧州・中東部門およびアジア・太平洋部門を買収
2009年	ジョインベスト証券を吸収合併

５
CHAPTER３

主要企業のプロフィール

②大和証券グループ本社

業界第2位の総合金融集団

大和証券グループ本社は、業界2位の独立系総合証券グループ。１９０２年に藤本ビルブローカーとして開業し、42年に改称した藤本証券が源流となる。その後は、１９８６年にパソコン・ホームトレードを開始、さらに１９９６年にインターネットを利用した株式売買サービス「ダイワ・ダイレクト」を始めるなど積極的に新しい事業を展開、１９９９年に持株会社制に移行した。

１９９９年以降10年間、三井住友グループと提携、合弁でホールセール証券を設立し、運営してきたが、２００９年秋に提携を解消した。

２０１６年3月期決算は、投資銀行業務のＭ＆Ａ手数料が９・１％アップの36億円、リテールのラップ契約高が６０００億円増加して、ラップ関連収益である投資顧問・取引等管理料が73％近いアップの２０４億円となったものの、市況の悪化が影響して純営業収益、純利益とも前年を下回った。

今期、6年目を迎える日比野隆司体制の今後の最大の課題は、株主やマーケットなどに対して結果を持って、収益性と効率性の高い金融機関であることを示すことにある。

同グループは、前中期計画（２０１２年3月～２０１５年3月）で安定収益源の拡大を掲げ、大和投信・大和住銀株投信残高を８・５兆円から11・０兆円にアップさせた。また、他の不動産ＡＭ運用報酬、大和ネクスト銀行運用利ざや、ファンドラップ・ＳＭＡ収益の依存度を高めて安定収益源の多様化を図った。その結果、自己資本を７８２４億円から１兆２３８６億円に、時価総額を５７２０億円から１兆６５４９億円に引き上げ、課題だった格付けアップに繋げた。

２０１５年４月からスタートしている新中期計画では、引き続き安定収益源の拡大を掲げ、固定費カバー率を62%から75%に、低下しているＲＯＥ10%以上を目指している。

そのための施策はすでに打ってきた。

２０１１年５月にインターネット専業銀行「大和ネクスト銀行」を開業。強みは「ネットとリアルの融合」。大和証券の全店が銀行代理人となり、営業マンが顧客に口座開設と預金を勧め、口座数も順調に増えている。集まった預金はノウハウのある国債・社債中心に運用、大和証券が発行している「ダイワ・カード」がキャッシュカード代わり。コストも低くその分高い金利も出せる。証券口座と銀行口座との間での資金移動を無料でおこなえる証券スウィープも売り物で、銀行口座に資金があれば、その範囲でいつでも株式や投信を購入できる。中長期的には地銀上位行並みの総資産５兆円規模をめざしている。

ホールセール部門強化も急いでいる。

２０１５年度の主要リーグテーブルでは、地方債引き受けでは、銀行系証券を抜いてトップ。株式公募、サムライ債では野村グループに次いで２位。新規公開（ＩＰＯ）では３位となっている。主な債券

大和証券グループ本社の国内主要企業集団の構成

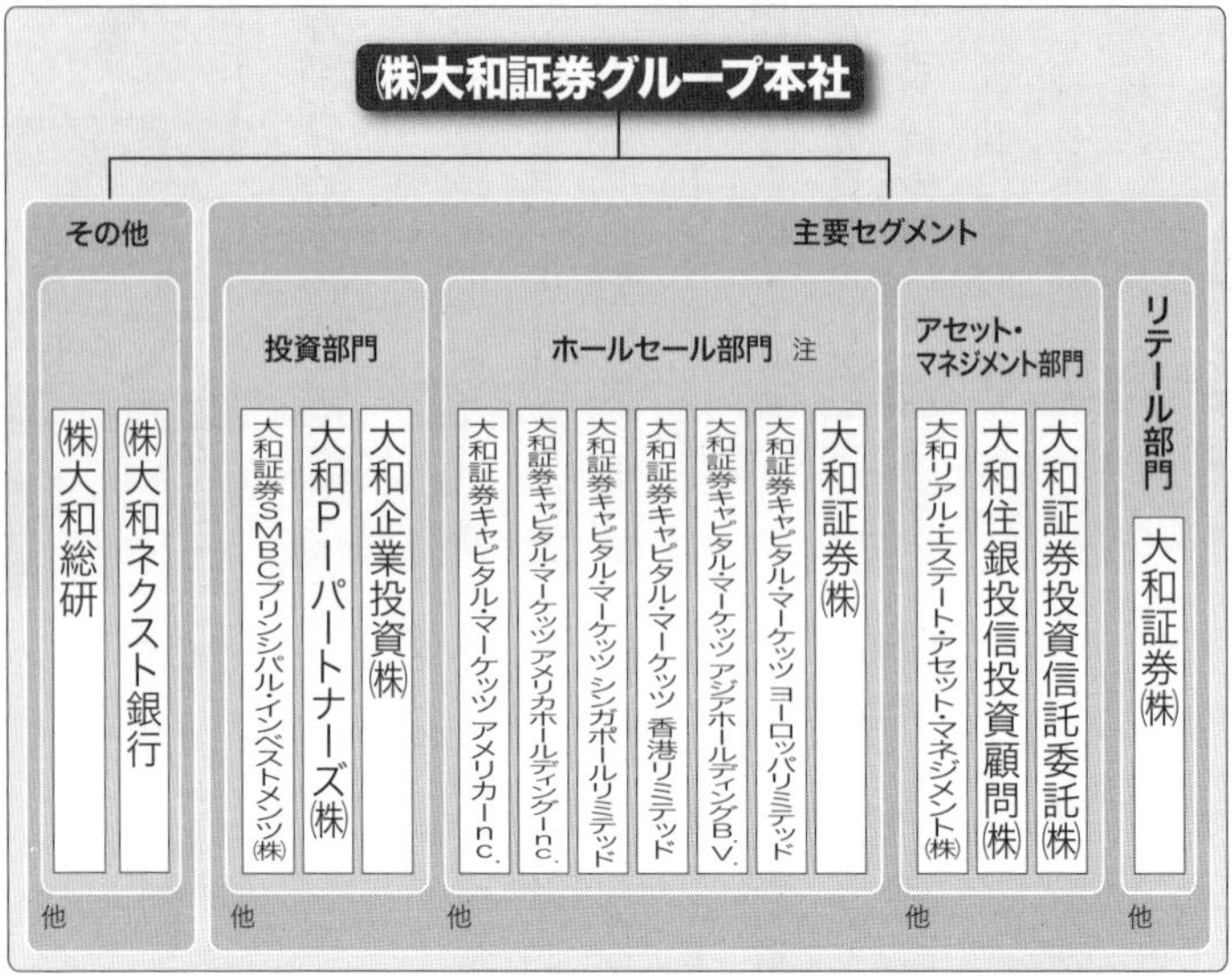

注：ホールセール部門＝グローバル・マーケッツ＋グローバル・インベストメント・バンキング

引受主幹事では、三井住友海上火災保険の普通社債（劣後債）1500億円、住宅金融支援機構のRMBS1717億円、オランダ水道整備金融公庫のベンチマークドル債10億米ドル等を手がけ、M&A案件では、2015年に日本と欧州にまたがるパナソニックによる無線ネットワーク事業のノキアへの売却、同じく日立化成による台湾CSB Battery買収やSGホールディングスと日立物流の資本業務提携、ミツミ電機とミネベアの経営統合等を手がけた。

さらに国内でのアライアンスでは、2015年12月にりそな銀行と信託契約代理業務で提携し、2016年1月から大和証券において「自社株承継信託」の取扱いを開始した。相続や事業承継に関する顧客ニーズの高まりに対応するため、本支店に「相続コンサルタント」を設置、「事業承継コンサルティング室」の創設などのサービスを提供してきた。大和証券でりそな銀行の信託商品「自社株承継信託」の取扱いを開始した。また、同月には地銀グループの山口フィナンシャルグループと資産運用会社を共同設立している。

海外展開の強化も、目標達成のための重要な施策。グループはかつては「国際部の大和」といわれ、日系金融機関の国際展開で先駆的な実績をもっている。国内マーケットの成長性にあまり期待が持てない環

歴史

大和証券グループ本社

1902年	藤本ビルブローカー開業
1942年	藤本証券と改称
	投資信託募集開始
1943年	藤本証券、日本信託銀行と合併し、大和証券設立
1948年	証券取引法による証券業者登録
1949年	東京、大阪、名古屋証券取引所加入
1959年	戦後初の海外進出（米国ニューヨーク）
1968年	総合証券会社として大蔵省より免許を受ける
1996年	インターネットを利用した株式売買取引開始（ダイワ・ダイレクト）
1998年	合弁会社設立に関する住友銀行との最終合意締結
	持株会社体制への移行決定
1999年	各事業部門を分社化した上場会社初の持株会社体制開始
2001年	大和証券SMBCプリンシパル・インベストメンツ設立
2002年	エヌ・アイ・エフ　ベンチャーズ、JASDAQ市場へ上場
2004年	銀行への証券仲介業解禁に伴い、三井住友銀行、住友信託銀行なおよび地方銀行各行と提携
2005年	エヌ・アイ・エフ　ベンチャーズとSMBCキャピタルが合併、エヌ・アイ・エフSMBCベンチャーズへ
2007年	大和証券グループの本社・本店を「グラントウキョウ ノースタワー」に移転
2008年	エヌ・アイ・エフSMBCベンチャーズが大和SMBCキャピタルに商号変更
2010年1月	三井住友グループとの合弁解消、大和証券SMBCの名称を大和証券キャピタル・マーケッツに変更
2011年5月	ネット銀行の「大和ネクスト銀行」設立
2012年	大和証券が大和キャピタル・マーケッツを吸収合併

境下では海外展開なくして、今後のグループの成長も大きくは望めない。三井住友グループとの合弁解消後、組織再編を進めてきたが、その一つが海外事業の再編で、グローバル体制が整備された。

営業収益の約9割を国内業務に依存している大和グループだが、今後はアジアでの業務拡大を目指して積極的なアライアンスを行なう方針で、その第1弾としてベトナムで上場するサイゴン証券への出資比率の引き上げを検討する。

グローバル業務の本格的な拡大では2007年に日本国内での競争激化や少子化を背景にアジア事業の強化を目指す方針を打ち出し、アジア市場へ総額1000億円を投資する考えを表明した。しかし、2011年の欧州債務問題に伴うトレーディング収益の低迷を受け3四半期連続の赤字を計上し、海外で大幅な人員削減に追い込まれた。今後は、ローカルパートナーを見つけて協力してやっていく方針で、従来と違う戦略でアジアでの業務拡大を模索する。

2015年11月にフィリピン政府系のフィリピン開発銀行と業務提携の覚書を締結。フィリピン国内の資金調達ニーズや同国へ進出を試みる日系企業への支援体制を強化する。またM&A（合併・買収）の案件紹介、人員相互派遣などでも協力する。両社はすでに証券分野では合弁会社を設立しており、投資銀行業務にも提携関係を広げる。フィリピン開発銀行はフィリピン国内の事業会社向けを中心に、銀行や金融関連の商品・サービスを提供している。

また、2016年3月にはミャンマーで証券免許を取得した。ミャンマーは、豊富な人口、天然資源を有するほか、インド、中国の中間に位置する地政学上の重要性、高い識字率、勤勉な国民性などを背景に、現在、世界の注目を集めている。テイン・セイン政権発足を機に、ミャンマーの経済・資本市場改革は、一気に加速しており、ヤンゴン証券取引所の発展も大いに期待されている。

グループは、1996年に国営銀行であるミャンマー経済銀行と合弁でMSEC（ミャンマー証券取引センター）を設立して以来、顧客に対して現地投資環境等の情報を提供するほか、株式店頭市場を運営するなど、ミャンマー資本市場の一翼を担ってきた。

6 CHAPTER3

主要企業のプロフィール

③SMBC日興証券

三井住友グループとの銀証連携で実績

SMBC日興証券は、三井住友グループの中核証券会社。同社の源流は1918年に創業した「川島屋商店」で100年近い歴史を持つ。2009年10月に三井住友銀行（SMBC）の100%子会社になった日興コーディアル証券が、2011年4月に「SMBC日興証券」に社名変更して新たにスタートした。

日興コーディアル証券の前身は旧日興証券。バブル崩壊後、1999年11月に米大手銀行のシティグループとの合弁で、投資銀行業務を行なう日興ソロモン・スミス・バーニー証券（後の日興シティグループ証券）が営業を開始した。その後、2007年にシティグループの子会社になったが、金融危機後の2009年にシティグループ再編の過程で日興コーディアルグループを三井住友銀行に売却し、三井住友フィナンシャルグループの傘下に入る。2011年4月に日興コーディアル証券から、現在のSMBC日興証券に商号変更した。

一方、三井住友フィナンシャルグループは、一時期、大和証券グループとホールセール専業の証券会社「大和証券SMBC」を設立したが提携解消。現在、三井住友グループの投資銀行（証券ビジネスの中核をSMBC日興証券が担い、総合証券会社、グローバル、銀証融合をキーワードに、「銀証一体化モデル」確立を目指している。

SMBC日興証券は、三井住友グループ入り後、総合証券としてのビジネス拡大に必要な人員強化、システム投資に注力してきた。人員増強では、三井住友銀行からホールセール部門を中心に出向者を受け入れると共に、中途採用者も採用している。三井住

SMBC日興証券グループの主要企業集団

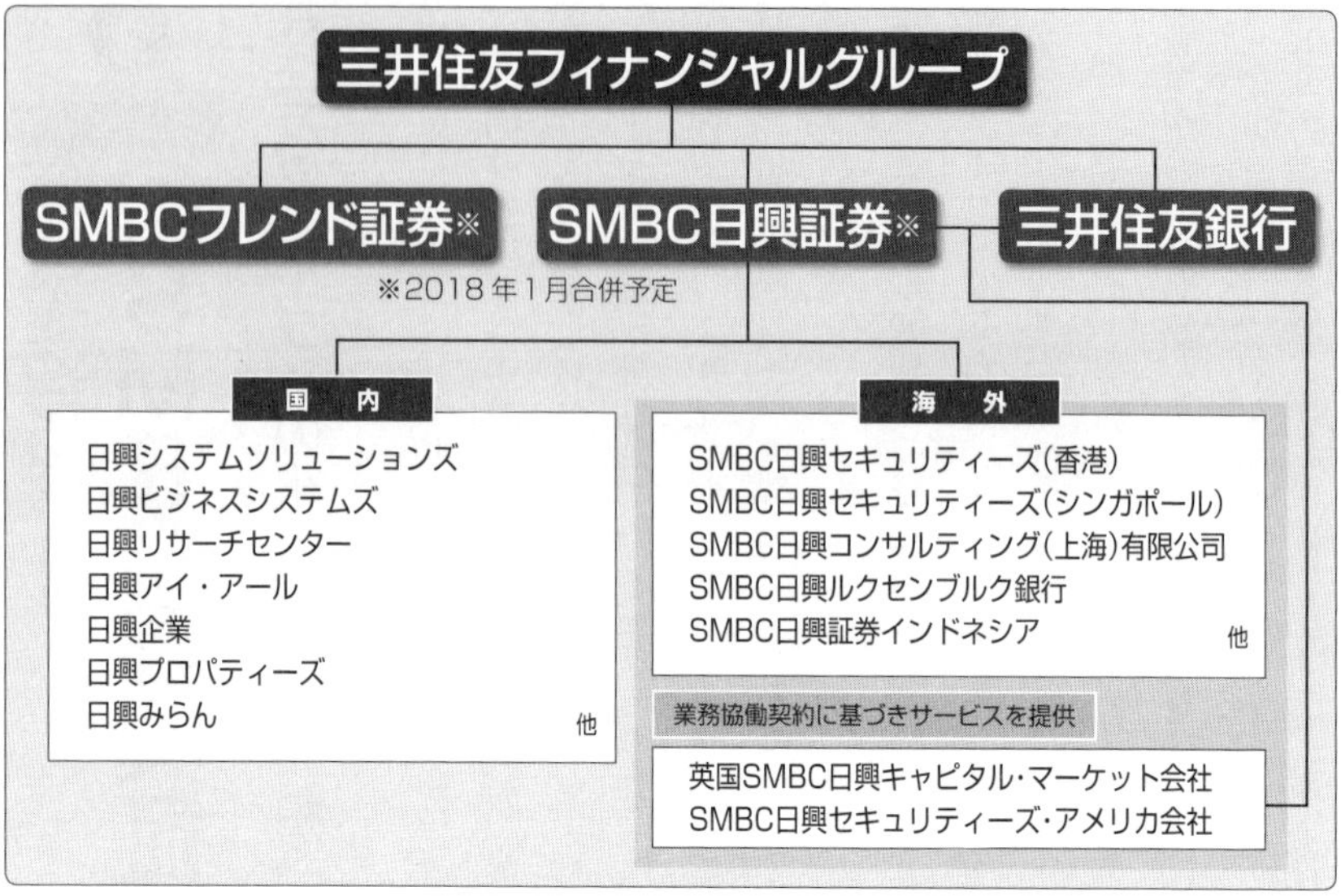

友グループの一員になったことで、巨大なビジネスネットワークや高い信用力をもつ三井住友銀行と連携が可能になり、これまでさまざまな実績を上げている。

連携効果として顕著なのが、三井住友銀行による顧客紹介。リテール部門だけでなく、引き受け、M&A（企業の合併・買収）といった投資銀行ビジネスでも実績数が増えている。三井住友フィナンシャルグループとの連携によって、大和証券と親密な関係にある旧住友銀行系企業はもちろん、野村証券が主幹事になっている旧三井銀行系企業をどれだけ深耕できるかがホールセールビジネスの重要なテーマになっている。

シティグループ傘下時代に縮小した海外ビジネスの再構築も着実に進んでいる。すでに、英国SMBC日興キャピタル・マーケットおよびSMBC日興セキュリティーズ・アメリカ（それぞれ英国、米国における三井住友銀行の連結子会社）が、株式・債券の引き受けおよびセールス&トレーディング、クロスボーダーM&Aアドバイザーアドバイザリー、

IRアレンジなどのサービスを提供している。

　アジアではSMBC日興セキュリティーズ（香港）、SMBC日興セキュリティーズ（シンガポール）が日本株ブローカレッジやM&Aアドバイザリーを、SMBC日興投資コンサルティング（上海）有限公司がM&Aアドバイザリー関連業務を行なっている。

　2016年3月期決算は、証券市場が低調だったため純営業収益は前期比11%、純利益は同35%の減益となったが、三井住友グループと銀証連携による

歴史

SMBC日興証券グループ

1918年	会社組織へ移行し、川島屋商店創業
1920年	㈱川島屋商店設立
	旧日興証券㈱設立
1943年	川島屋證券㈱と合併し、社名変更
1944年	旧日興証券㈱と合併し、日興証券㈱設立
1948年	証券取引法に基づく証券業者として登録
1949年	東京、大阪、名古屋の各証券取引所の正会員となる
1951年	証券投資信託法に基づく委託会社の登録完了
1961年	東京、大阪、名古屋の各証券取引所第二部に上場
1970年	東京、大阪、名古屋の各証券取引所第一部に上場（2008年1月、完全子会社化により上場廃止）
1999年	シティグループとの合併による、投資銀行業務を行なう日興ソロモン・スミス・バーニー証券会社（後の日興シティ証券グループ証券）が営業開始
2001年	日興証券分割準備㈱を設立し、日興証券㈱の証券業およびその他営業の全部を継承し、日興コーディアル証券㈱に社名変更。日興証券㈱は、持株会社として㈱日興コーディアルグループに社名変更
2007年	日興コーディアルグループ株式の公開買付により、シティグループの子会社となる（後に三角株式交換により完全子会社化）
	金融商品取引法の施行により、第一種金融商品取引業・第二種金融商品取引業・投資助言・代理業登録
2009年	6月日興コーディアル証券分割準備㈱設立
	日興コーディアル証券分割準備㈱は旧日興コーディアル証券㈱の全事業および日興シティグループ証券㈱（現シティグループ証券㈱）の一部事業等を承継し、日興コーディアル証券㈱に社名変更
	㈱三井住友銀行への株式譲渡により、三井住友フィナンシャルグループの一員となる
2011年	SMBC 日興証券㈱に社名変更
2016年	三井住友フィナンシャルグループの100% 直接出資子会社となる

紹介案件などで営業基盤が拡大、引受手数料は３４０億円と前期比４％増。

２０１５年度リーグテーブルでは、円債総合・主幹事5位、グローバル株式・ブックランナー4位。とくに、M&Aアドバイザリー業務では、案件ベースで１６４件で2位、取引金額ベースで5兆３９７4億円で3位を確保。２０１５年度には、日本生命と三井生命の統合、トヨタ自動車のダイハツ工業完全子会社化、独FreudenbergSE及び東レのＦＴホールディングスを通じての日本バイリーンの公開買い付け等各案件のアドバイザーになった。

２０１6年4月1日付で、元三井住友副頭取でＳＭＢＣ日興証券の副社長だった清水義彦氏が新社長に就任し、国内外業務の拡大を明言している。例えばリテール業務では、支店の営業員を現在の約２０００人から２０１9年3月末には3２００人に増やす。

また、三井住友銀行なおよびＳＭＢＣ日興証券は、２０１１年3月に米国独立系投資銀行であるモーリスと行なってきた業務協働関係を更に強化している一方で、独自で投資銀行業務の強化に乗り出している。その一環として、２０１6年4月にアメリカで企業の買収・合併（M&A）などのディールを開拓するための組織として、投資銀行グループを新たに設立した。

２０１6年10月には、三井住友フィナンシャルグループ内で子会社の異動が行なわれ、ＳＭＢＣ日興証券は三井住友銀行の子会社から、三井住友フィナンシャルグループの１００％直接出資子会社となった。

２０１8年1月を目処に、グループ内のもう1社の証券会社であるＳＭＢＣフレンド証券と合併を予定している。2社のそれぞれの強みを相互活用しつつ、統合シナジーを通じたグループの証券事業の更なる競争力強化を目的としている。

三井住友グループ内では、三井住友銀行の資本力、収益力がともに突出して大きいが、グループが世界で戦うには、ＳＭＢＣ日興証券の成長が欠かせないだけに、グループにおける同社への期待は大きい。

7 CHAPTER3

主要企業のプロフィール

④みずほ証券

日本を代表する投資銀行を目指す

みずほ証券は、国内外9000拠点の営業基盤に加えて、強大なグループ企業を持つみずほグループ傘下の証券会社。上場企業の約7割を顧客に持つみずほ銀行との連携、さらには遺言信託に強いみずほ信託銀行との連携などを通じて金融サービスを提供できる経営体制を構築している。

親会社のみずほグループは、旧日本興業銀行、旧富士銀行、旧第一勧業銀行の3行合併で発足した銀行・信託・証券を保有する邦銀グループ。

みずほグループにとって、傘下のみずほ証券の強化は長年の悲願で、2013年1月に、リテールビジネスを主力にしていたみずほインベスターズ証券を吸収合併し、みずほグループの証券部門を統一させた。大企業取引では数、実績とも日本トップクラスのみずほ銀行との連携が、みずほ証券の投資銀行ビジネスを後押ししており、みずほ証券はいまでは国内投資銀行の3強の一角を占めている。

日本を代表する長期信用銀行の、旧興銀系の証券会社の集合体だけに、投資銀行ビジネスにはとくに力を入れている。社債、株式発行、M&Aなどの顧客ニーズに対しては、銀行・信託・証券が連携し、2009年7月よりみずほ銀行の2つの営業部とみずほ証券の2つのコーポレートカバレッジ部を兼職部とする体制がスタート。2012年5月に兼職部を8部に、さらに2013年5月に10部に拡大し、兼職者は当初の約50名から約200名に増員している。

最近では、機関投資家と日本企業とをつなぐ金融戦略部の業務を拡大させている。米バンク・オブ・アメリカやゴールドマン・サックスの元バンカーを相次いで採用、投資家の需要を発行体に伝えること

みずほ証券の主要企業集団の構成

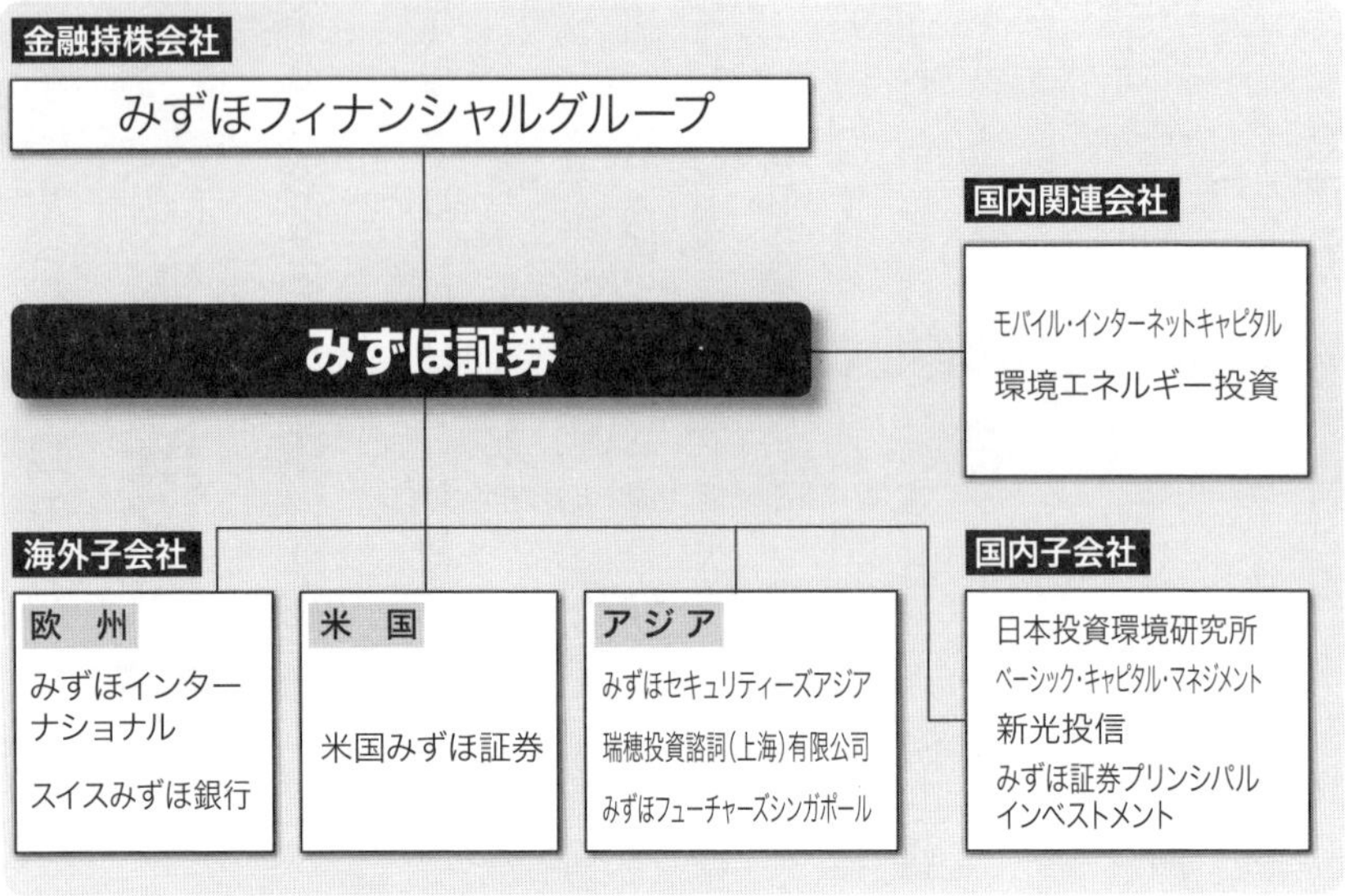

出所：同社の決算短信（2016年3月期）をもとに作成

で、株式の引き受けなど投資銀行業務の案件発掘につなげる。

投資銀行ビジネス強化のための、アライアンスにも積極的だ。２０１４年１月にみずほ証券は、みずほ銀行と共にインドのＳＢＩキャピタル・マーケッツ（ＳＢＩＣＡＰ）と、投資銀行業務に関連した業務協力協定を締結。

ＳＢＩＣＡＰはインド最大の国営商業銀行であるステート・バンク・オブ・インディアの投資銀行子会社。とくにプロジェクト・ファイナンスのアドバイザリー業務に強みを持っており、インド投資銀行業界のリーディング・カンパニーだ。インドでは今後の市場拡大に対する高い期待を背景として、日系企業の進出が急増しているほか、インフラ整備に伴う各種大型プロジェクトも進行するなど、数多くのビジネス機会が見込まれている。

みずほ証券は、主要な海外金融市場に証券子会社を配し、グローバルな事業展開も行なっている。欧州では、英国のみずほインターナショナルを中核拠点として、有価証券の引受・販売等を行ない、また、スイスみずほ銀行は、ユニバーサルバンクとして、プライベートバンキング業務を行なっている。また、米国においては、米国みずほ証券がニューヨークを中心にシカゴ、サンフランシスコ等の米国各地および英国ロンドンを拠点として、債券・株式・先物およびＭ＆Ａアドバイザリー業務を行なっている。とくに債券部門では、プライマリーディーラーのステイタスを保有する数少ない日系証券会社として、米国債とエージェンシー債の引受・販売業務を行なっている。

　アジアにおいては、香港のみずほセキュリティーズアジアを中心として、中国本土の北京・上海駐在員事務所と瑞穂投資諮詢（上海）有限公司等とも連携し、グレーターチャイナ地域での株式引受・販売等の投資銀行業務や情報提供等を行なっている。また、東南アジア・南アジア地域においては、みずほセキュリティーズシンガポールやみずほセキュリティーズインディアを通じて顧客をサポートする体制を整備している。

　みずほ証券の２０１６年３月期決算は、株式売買手数料が前年比マイナスになったが、国内外の大型引受案件獲得やリテール預かり資産の積み上げなどに取り組んだ結果、株式・債券の引受・売出手数料やＭ＆Ａ手数料、及びラップ関連手数料が増加し、受入手数料全体では６・８％増。その結果、純営業収益は前期比４・９％増の４１５２億円、経常利益は同１・２％減の８５４億円。純利益は同４・２％

歴史

みずほ証券

1993年	日本興業銀行の100％出資で、興銀証券誕生
1994年	第一勧業証券、富士証券設立
2000年	第一勧業証券、富士証券を合併し（旧）みずほ証券に商号変更
2002年	みずほホールディングスの子会社に
2003年	みずほコーポレート銀行の子会社に
2004年	農中証券の営業の全部について営業譲渡受ける
2007年	新光証券との合併を発表
2009年	（旧）みずほ証券を合併し、みずほ証券に商号変更
2011年	みずほコーポレート銀行の完全子会社化に伴い上場廃止。みずほコーポレート銀行との間で、みずほＦＧ株式を交付する形式の株式交換（三角株式交換）方式によりみずほ証券を完全子会社化。
2013年	みずほインベスターズ証券を吸収合併

増の611億円となった。

トレーディング損益は、株式部門が減少したが、日銀のマイナス金利導入での円金利急低下を受け、債券部門が大幅増で1281億円の4・9％増。また、グローバル投資銀行部門では、M＆Aなどのアドバイザリー手数料が貢献して経常で11・3％増。リーグテーブルでは、M＆A公表案件数169件でトップ。内外エクイティ、国内公募債引き受けで共に3位にある。

国内営業預かり資産は3・5兆円増の26・6兆円に達した。また、銀行提携口座数増加も寄与し資産導入が大幅増。法人営業の柱として強化してきたIPO（新規公開）業務では、2016年1〜3月だけでアグレ都市デザイン、チエルなど5社の主幹事になった。

みずほグループの2013年2月からの中期計画では、「銀・信・証」の一体戦略を推進し、収益構造の質的転換と収益力の向上に取り組んできたが、2016年4月からの新中期計画では、「進化する〝OneMIZUHO〟〜総合金融コンサルティンググループを目指して」を策定。銀行・信託・証券に資産運用会社とシンクタンク各社を加えたグループ全体で最高のコンサルティング機能を発揮することにより、潜在的なニーズや課題に対する最適なソリューションを迅速に提供し、個人、法人顧客のOnly oneのパートナーを目指している。

新しいビジネスモデル構築を目指しているみずほグループは、2016年4月に社内カンパニー制を導入した。

顧客別に「リテール・事業法人」「大企業・金融公共法人」など5つのカンパニーを設けて銀行、信託、証券のサービスを一体で提供する体制を整える考えだ。カンパニーに戦略立案や人材配置などの権限を与える代わりに収益目標を課す。持株会社が司令塔となり、顧客の潜在ニーズを掘り起こす。

また、「貯蓄から投資へ」の流れの中、商業銀行、信託業務、証券業務に次ぐ第4の柱と位置付けているアセットマネジメント（資産運用業務）も強化しており、2016年10月にグループの資産運用機能を統合し、新会社「アセットマネジメント」を設立した。

8 CHAPTER3

主要企業のプロフィール

⑤三菱ＵＦＪ証券ホールディングス

野村、大和証券の追撃を急ぐ

三菱ＵＦＪグループ傘下の中間持株会社。三菱ＵＦＪモルガン・スタンレー証券を中核に、投資顧問、ベンチャーキャピタル、投資会社などからなっている。

中核証券である三菱ＵＦＪモルガン・スタンレー証券は、野村、大和グループに次ぐ勢力の1社。２０１０年5月に旧三菱ＵＦＪ証券（野村証券系だった旧国際証券や旧ＵＦＪつばさ証券などの準大手証券を吸収して設立）の国内部門と、資本提携した米投資銀行モルガン・スタンレーの日本法人・モルガン・スタンレー証券（現モルガン・スタンレーＭＵＦＧ証券）の投資銀行部門が統合して発足した。

提携では、インベストメント・バンキング（投資銀行）業務においては「三菱ＵＦＪモルガン・スタンレー証券」に集約する一方、キャピタル・マーケッツ（資本市場）業務、セールス＆トレーディング業務、リサーチ業務は各々が持つ強みと特色を活かし、相互に協力しながら併存するという2社体制を構築。

3大メガバンクのなかで、証券分野の強化が課題だった三菱ＵＦＪグループが活路を見いだそうとしたのが、米投資銀行のモルガン・スタンレーとの提携だった。「モルガン・スタンレーとのジョイントベンチャー」という強みを活かし、法人部門から個人分野にまで分厚い三菱グループの顧客層と、モルガン・スタンレーの世界的なネットワークを結び付けて内外一体化した戦略の下、一気に野村、大和証券グループに肉薄するのが目標だ。

２０１６年3月期決算では、マーケットが低調だったこともあり、他社同様に経常利益は前期比で6％減少したが、１０００億円台は確保した。部門別では債券関連のトレーディング収益が健闘した。

強みの一環である投資銀行業務では、よりグローバルな展開が求められているが、債券引受実績は国内トップ。株式引き受けにおいても、近年はジョイントベンチャーを形成しているモルガン・スタンレーMUFG証券と協働して主要な大型案件の国内

三菱UFJ証券ホールディングスの主要企業集団の構成

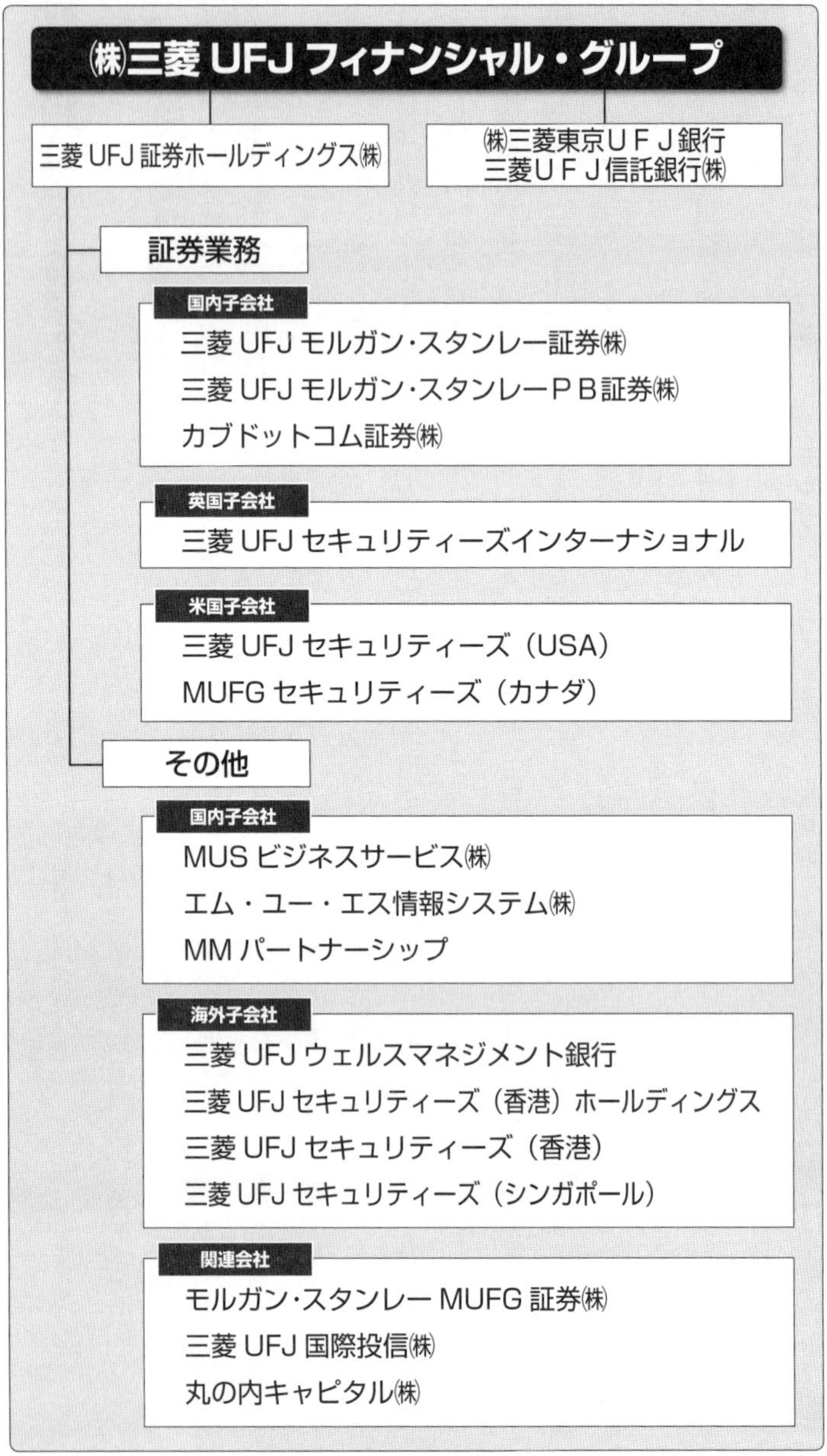

外双方の主幹事を務め、マーケットにおける存在感を高めている。

また、M&A業務でも市場のリーディングカンパニーの一つに数えられるまでに評価を受けている。グループ挙げての人材交流にも積極的。三菱東京UFJ銀行の法人営業担当社員を数年かけてのべ数百人規模で出向させ、銀行の法人顧客に企業買収や資本政策などを提案する体制を構築・強化してきた。

その結果、2015年度では株式引受では、グループ3社同時上場となった日本郵政、ゆうちょ銀行、かんぽ生命によるグローバルIPO（2015年11月上場、案件総額約1・4兆円）においてグローバル・コーディネーターを務め、国内外トップの引受シェアを確保。

また、全世界で過去最大の航空会社IPO案件であり、かつ、ブックビルディング導入後の本邦市場における最大の民営化IPO案件（当時）となった日本航空株式会社の株式公開（2012年9月上場、案件総額約6000億円）などの大型株式案件においても、2社主導で国内・海外両トランシェのブックランナーを務めた。一方で、債券引き受けでも三菱商事による国内初の公募ハイブリッド債（2015年6月、総額2000億円）や、それに続く三菱地所による案件（2016年2月、総額2500億円）の単独ブックランナーを務めた。

M&Aアドバイザリーでは、三菱UFJモルガン・スタンレー証券は、モルガン・スタンレーが有するグローバルで豊富な情報力、知見および実績を活かし、

歴史

三菱UFJ証券ホールディングス

1948年	八千代証券設立
1981年	光亜証券、野村証券投資信託販売と合併。商号を国際証券に変更
1983年	国際投信委託を設立
1994年	三菱ダイヤモンド証券設立（1996年に東京三菱証券に商号変更）
2000年	ユニバーサル証券、太平洋証券、東和証券、第一証券が合併し、つばさ証券に
2002年	つばさ証券とＵＦＪキャピタルマーケッツ証券が合併し、ＵＦＪつばさ証券に。東京三菱証券、東京三菱パーソナル証券、一成証券と合併し三菱証券に変更。東京三菱銀行なおよび三菱東京フィナンシャル・グループの子会社に
2005年	つばさ証券と合併し、商号を三菱ＵＦＪ証券に
2007年	三菱ＵＦＪフィナンシャル・グループの完全子会社に
2008年	国際投信投資顧問を連結子会社に
2010年	中間持株会社となり商号を三菱ＵＦＪ証券ホールディングスに変更。三菱ＵＦＪ証券はモルガン・スタンレー証券のインベストメントバンキング部門を統合し、三菱ＵＦＪモルガン・スタンレー証券に変更
2012年	三菱ＵＦＪメリルリンチＰＢ証券を子会社化
2015年	カブドットコム証券を子会社化

日本企業による革新的な大型M&A案件を数多く手掛けている。2015年には、本邦初の事業会社同士による大型買収と事業譲渡の同時執行事例である、旭化成による米ポリポアの買収案件を手がけた。

2013年度の最大公表案件であったサントリーホールディングスによる米ビーム社の買収（案件規模約1兆6000億円）では、サントリーホールディングスの単独ファイナンシャル・アドバイザーを務めた。2015年のリーグテーブルでは、M&Aアドバイザリー（公表ベース）は日本関連案件、日本関連クロスボーダー案件の双方で首位（ともに3年連続）、債券引き受けおよび株式引き受けはそれぞれ1位と2位を確保。

モルガン・スタンレーとの提携は投資信託の分野でも行なっており、モルガン・スタンレー・インベストメント・マネジメントとの協働で「モルガン・スタンレー　グローバル・プレミアム株式オープン」や「短期高利回り社債ファンド」などの商品を開発。さらに、資産運用分野においても、三菱UFJグループの広範なリテール向け金融サービスとモルガン・スタンレーのグローバルなノウハウを融合させ、テーラーメードの商品やアドバイスを提供している。

モルガン・スタンレーとの戦略的提携では、海外業務においても存在感を年々高めている。北米地域では、協調融資や証券化、リース、ストラクチャードファイナンスなどを通じた資金調達サービスを中心に、幅広い業務を展開。証券の引き受けやディーリング業務などの投資銀行業務も包括的展開している。

アジア市場でのプレゼンスを強めることを狙いにしたアライアンスにも積極的だ。韓国大手証券の一つである大宇証券とコーポレートファイナンス、投資銀行業務、商品関連業務などで提携を行ない、日韓におけるクロスボーダーの金融サービスの提供・金融商品の販売での協力関係を結んだのもその一環。

インドではインド現地法人が、インド企業の資金調達、M&A提案などを積極的に行なってきた。また、欧州・米州では、親銀行100%子会社であるユニオンバンクとの協働を強化して債券・株式の引受業務を拡大している。

9
CHAPTER3

主要企業のプロフィール

準大手・中堅証券

収益多様化が必要だが要時間

90年以降の証券不況と銀行の証券ビジネスへの参入で、従来の証券勢力地図は大きく塗り変わった。準大手証券の一部はメガバンク傘下に入り、勢力図は独立系大手証券、準大手・中堅証券、銀行系証券に大別された。銀行系証券としては、みずほグループ系がみずほ証券、三井住友グループ系がシティグループを離れて傘下に入ったSMBC日興証券、三菱UFJグループ系には三菱UFJモルガン・スタンレー証券がある。これらの銀行系証券は、親銀行が描く総合金融化戦略のなかで、証券ビジネスの核になっているが、買収や合従連衡を繰り返しながら規模を拡大してきた。

これら、銀行系証券の次に位置するのが対面型の準大手・中堅証券。その範疇には岡三グループ、東海東京ホールディングス、丸三、いちよし、東洋証券がある。そして、規模的にはこれらより小さい水戸、岩井コスモホールディング、高木、極東、アイザワ、光世、丸八証券などがある。このクラスでも生き残りを賭けた再編もあり、東海東京証券とトヨタファイナンシャルサービス証券の合併、岩井証券とコスモ証券の合併などが起きている。

これら準大手・中堅証券は独立系が多く、システム構築など経営に大きな負担になるコストを制限しながら収益拡大を追求してきた。大手証券以上にこれらクラスの証券会社は、昔から収入全体に占める株式や投資信託といった営業部門が稼ぐ、委託・販売手数料比率が大きい。いまでも80％～90％を占める証券会社もある。

しかし、ここ10年単位で見ると準大手・中堅証券も収益の出し方など大きく変化している。個人投資家の株式離れ、手数料率の低下などの環境変化のなかで、外国債券を対象にしたトレーディングで稼ぐなど収益の多様化を模索してきた。だが、こうした収益の多様化が進まない証券会社は、投資信託販売などに注力する一方で、基本的には相変わらず「株式マーケットが冴えない時ガマンして、良くなる時に備える」姿勢を採っている。

準大手・中堅証券2016年3月期業績

	最終損益
岡三	110（▲22）
東海東京	124（▲33）
SMBCフレンド	53（▲49）
いちよし	25（▲24）
岩井コスモ	34（▲21）
丸三	27（▲43）
東洋	15（▲46）
水戸	19（▲20）
藍沢	19（▲42）
極東	28（▲49）

（カッコ内は前年同期比増減率%、▲は減少または赤字。単位：億円）

　株式手数料収入依存からの脱却は難しく、かといって、いたずらにリスクも高い投資銀行ビジネスモデルに傾斜することもなく、あくまでもリテール（個人顧客）を中心に収益増を目指す体制の維持だ。そうした経営でどこまで生き残り、今後の成長シナリオを描けるかが問われているが、必要なのは他社にはない差別化戦略で顧客のニーズをどこまで掘り起こせるかだろう。

　準大手クラスではライバルとの差別化戦略を採ることは難しい。

　２０１６年3月期決算では、株式市場動向に左右される収益構造を示すかのように、軒並み減益。最終利益を見ると、中には前期比で50％～80％近い減益となり、２０１６年1～3月期だけをみると赤字になった社もある。

　収益の多様化を経営戦略にして、東海東京証券では地銀と何社かの合弁証券を設立して、地方有力企業のＩＰＯ（新規公開）ビジネスに力をいれたり、大手証券と同じく海外に活路を求めるところもある。

たとえば岡三証券は、アジアで急成長しているベトナム市場に参入し、現地銀行の証券子会社と提携した。

また、中国上海に拠点を設けて中国株の取り扱いの強化を図っている。

不動産の証券化ビジネスへの参入など、大手証券が新ビジネス分野として注目している投資銀行業務への関心は高いが、その分リスクも大きい。

各社とも今後、一段と収益の安定化、コスト削減を急ぐ考えだが、アイザワ証券のように組織、店舗の見直しなどコスト構造の見直しを急ぐ証券会社もあり、準大手・中堅証券のリストラもこれからありそうだ。

日本の証券会社

大手証券	野村証券（野村ホールディングス）/ 大和証券（大和証券グループ本社）/ ＳＭＢＣ日興証券（三井住友フィナンシャルグループ）/ みずほ証券（みずほフィナンシャルグループ）/ 三菱ＵＦＪ証券ホールディングス（三菱ＵＦＪフィナンシャルグループ・三菱ＵＦＪモルガン・スタンレー証券・三菱ＵＦＪモルガン・スタンレーＰＢ証券）
準大手証券	岡三証券（岡三証券グループ）/ 東海東京証券（東海東京フィナンシャル・ホールディングス）/ ＳＭＢＣフレンド証券（三井住友フィナンシャルグループ）
中堅証券	藍澤證券 / いちよし証券 / 岩井コスモ証券（岩井コスモホールディングス）/ 極東証券 / 東洋証券 / 丸三証券 / 水戸証券
大手ネット証券	ＳＢＩ証券（ＳＢＩホールディングス）/ カブドットコム証券 / 松井証券 / マネックス証券（マネックスグループ）/ 楽天証券（楽天）

主要企業のプロフィール

10 CHAPTER3 ネット証券

低手数料戦略が曲がり角に

SBI、マネックス、楽天、松井、カブドットコム証券がいわゆるネット証券5社と言われている。これらネット証券に共通しているのは、「短期売買を繰り返すデイトレーダーが主な顧客で、収入の大半がネット売買代金手数料」という点だ。ネット証券は、1999年に登場した。1999年10月からの株式委託売買手数料の自由化が始まると、格安手数料を武器に成長してきた。

ネット専業証券の成長エンジンは、規制緩和を受けての手数料引き下げによる個人投資家の獲得。ネット専業証券大手5社と呼ばれるSBI、楽天、松井、マネックス、カブドットコムの各証券会社は、低手数料を武器に、既存大手証券の手数料割高の対面営業（セールスマンが顧客を担当し、情報提供、株価相談などの投資サービスを行なう営業）に対抗し、口座数を増やしてきた。

全国に店舗というサービス提供拠点を作り、営業セールスマンを配置する対面営業と比べると、ネット証券は店舗をもたず、セールスマンもいらない分だけ低コスト経営を実現できる。それだけに手数料を安くできるわけだ。

このように好調な出だしを見せたネット証券だが、足下は中国経済の停滞などを原因にした株式市場の低迷で、売買高も減少し、低手数料戦略が曲がり角にきている。

2016年3月期決算では、個人投資家の株式や投信の売買に依存する度合いが高いネット証券各社の中で、カブドットコム証券、松井証券、マネックスグループとも年間の委託売買手数料収入が前期の減収から増収に転じている。だが、最終損益でカブドットコム証券は増益、松井証券は減益、マネックスグループは税引前利益が減益で当期純利益が増益と、利益面での業績は異なった。

　カブドットコム証券は、低調だった株式委託手数料で増収を確保。金融収支、トレーディング損益、投信収益は過去最高で増収増益を確保した。また、

ネット証券2016年3月期業績

	最終損益
ＳＢＩ	280（ 40）
楽　天	152（ 19）
マネックス	35（　2）
松　井	147（▲ 5）
GMOクリック	64（ 33）
カブコム	80（　5）

（カッコ内は前年同期比増減率%、▲は減少または赤字。単位：億円）

松井証券は、昨年夏までは株式市場が活況だったので営業利益、経常利益は減益幅が２ケタから１ケタに圧縮したが、金融収支の悪化、投資有価証券売却益の減少により当期純利益は減益幅が拡大した。

　マネックスグループは前期の減収、大幅減益から増収、最終増益に転じている。株式や投信の委託手数料収入は前期の減少から増加に転じている。事業整理を進めるアメリカでＦＸ部門のリテール口座を譲渡。証券基幹システムの内製化切り替えに伴う違約金負担の発生を税負担の軽減などでカバーし、最終増益を確保した。

　とくに健闘したのが楽天証券。同証券はこれまで株の売買シェアではＳＢＩ証券に次いでいたが業績面では松井証券に僅差で負けて３位が多かったが、今回は２位の座を確保した。ビジネスモデルの多角化が効果を出してきた事が勝因だが、以前は株式手数料と金利収入にほとんど依存している不安定経営だったが、投資信託の信託報酬とＦＸのスプレッド収益で収益構成が改善した。

　委託手数料減少の背景には、自分で自分の首を絞

める過度な手数料ダンピング競争がある。そうしたジレンマからの脱出策が収益の多様化戦略だった。

もともと、設立当初のネット証券各社は、総合証券化を目指していた。例えば、マネックスグループなどが目指している投資銀行業務や、投資信託、ラップ口座の開発など、幅広い金融商品を提供するビジネスの多様化戦略だ。投資信託ではカブドットコム証券のように、自宅のパソコンからインターネットで、しかも手数料ゼロで購入できる投資信託が増えている。

一方で、投資銀行ビジネスにも参入した。例えば、カブドットコム証券が三菱ＵＦＪモルガン・スタンレー証券と株式引受業務で提携関係を拡大。同社が引き受けるすべての銘柄についてネットを通じて販売する。これによりカブドットコム証券には引受・販売手数料が入り、三菱ＵＦＪモルガン・スタンレー証券は販売網の拡大につながる。

２０１５年4月、このカブドットコム証券は正式に三菱ＵＦＪグループの証券分野を担う三菱ＵＦＪ証券ホールディングスの傘下に入った。今後は、さらに三菱ＵＦＪグループとの連携を強化し、グループの持っている、４０００万口座を背景に、三菱ＵＦＪ銀行等を通じての金融商品仲介の強化、グループ会社との顧客の相互紹介を行なう考えだ。

ＳＢＩ証券もネット取引での業界トップの実績と、ブランド力を武器にして、株式引き受けの主幹事業務、Ｍ＆Ａなどを行なう投資銀行業務を収益の柱にする計画を持っているが、成果を出すにはまだ時間が必要だ。楽天証券は新規公開（ＩＰＯ）業務を強化し、主幹事案件を増やすことでネット顧客に新規公開株の販売を積極的に行なう戦略に打って出たが、ビジネスポテンシャルが低いため全面撤退した。

一方で、今後の成長が期待されているのが販売手数料がいらないノーロード投信の販売や、株式の夜間取引と外国為替証拠金（ＦＸ）取引。カブドットコム、マネックス、ＳＢＩ、松井といった各ネット証券のＦＸ取引では、２００８年夏以降から為替の急変動を好機ととらえた投資家が盛んに売買を膨らませている。ＳＢＩ証券ではＦＸは営業収益に対する割合で15％前後を占めるまでに拡大した。

4

CHAPTER

生命保険

業界のしくみ・展望・主要企業

1
CHAPTER4

生命保険のしくみと役割

保険料の構成を知ることで業界がわかる

がん・心筋梗塞・脳卒中のいわゆる3大疾病は、日本の死因トップ3を占めている。世帯主がこうした大病にかかった場合や、ケガに見舞われた場合の負担軽減策として存在しているのが保険である。月々に保険加入者それぞれが保険料を支払い、不測の事態に備える相互扶助という形で成立している。

生命保険を理解するのに一番いい方法は、契約者が支払う保険料がどのように構成されているのかを知ることだろう。まず、保険料の構成を見ていくと、その中身は次の2つの項目からなっている。

①**純保険料**＝契約者が死亡した場合に、約束された死亡保険金を支払うための財源である死亡保険料と、契約が満期になった場合に支払うための財源である生命保険料からなる。

②**付加保険料**＝保険料の集金に必要な経費である予定集金費、新契約の締結・成立に必要な経費である予定新契約費、保険期間を通じて契約を維持管理するための費用である予定維持費の3項目からなる。

そして、保険料を構成するこの二つの項目は、予定死亡率、予定利率、予定事業費率の三つを基本に算出される。それぞれ、もう少し詳しく見てみよう。

予定死亡率＝過去の統計をもとに、男女別、年齢別の死亡者数を予測し、将来の保険金の支払いにあてるために必要な保険料を算定。予定死亡率が高くなると、保険料は高くなる。

予定利率＝生命保険は資産運用機能を持ち、契約者から受け取った保険料を、保険契約準備金（責任準備金、支払準備金、社員配当準備金で構成）として積み立て、資産運用をしている。その際、どれだけの運用収益を見込めるかを決め、その分保険料を割り引いている。予定利率が下がると保険料は高くなる。

予定事業費率＝事業（会社）の運営上で必要とする経費をあらかじめ保険料に組み込んでいる。予定事業費率が上がると保険料は高くなる。

このように、生命保険料は三つの利率から計算されるわけだが、その収入は、

保険料の構成

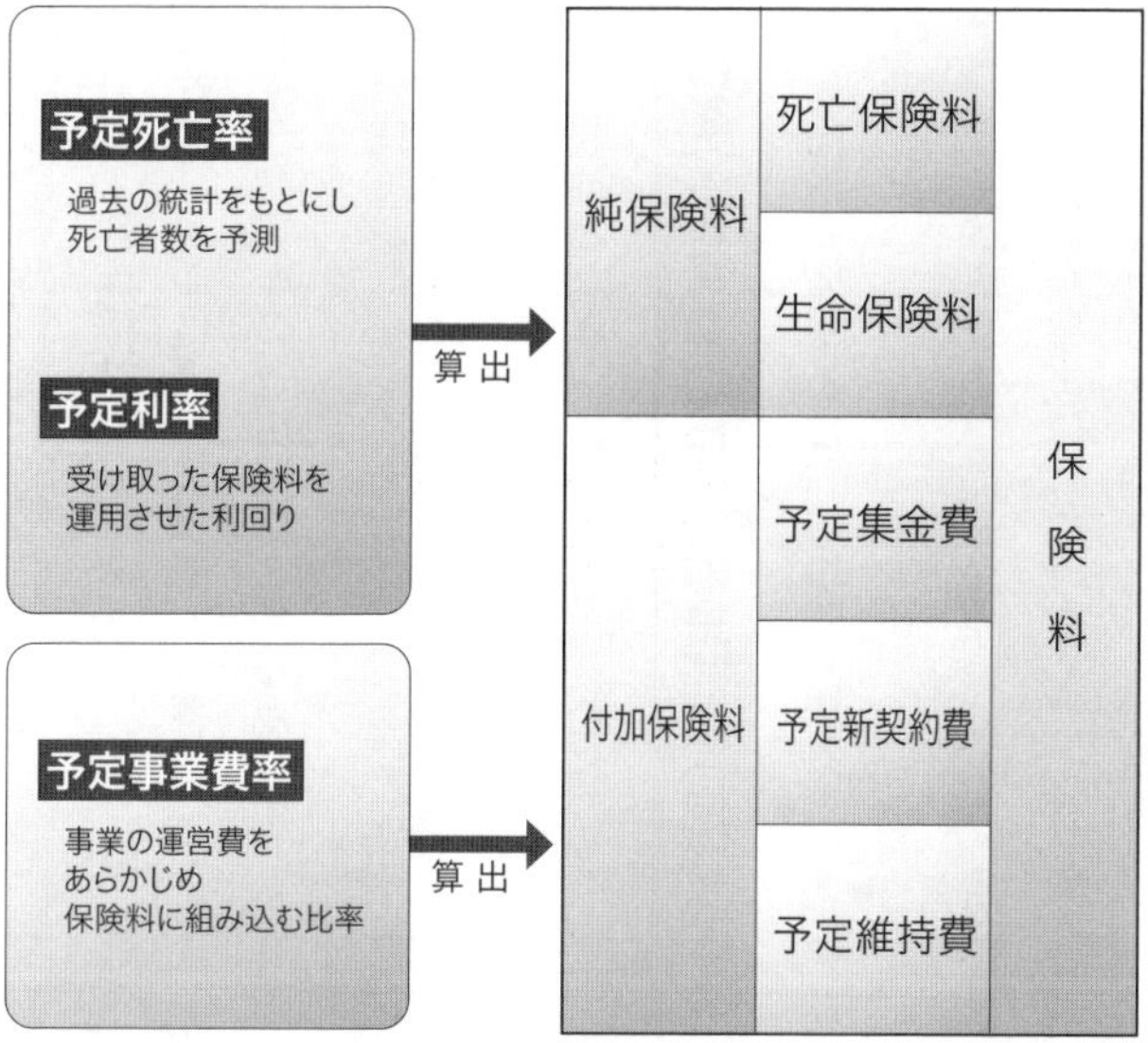

3利源からなる生保の利益

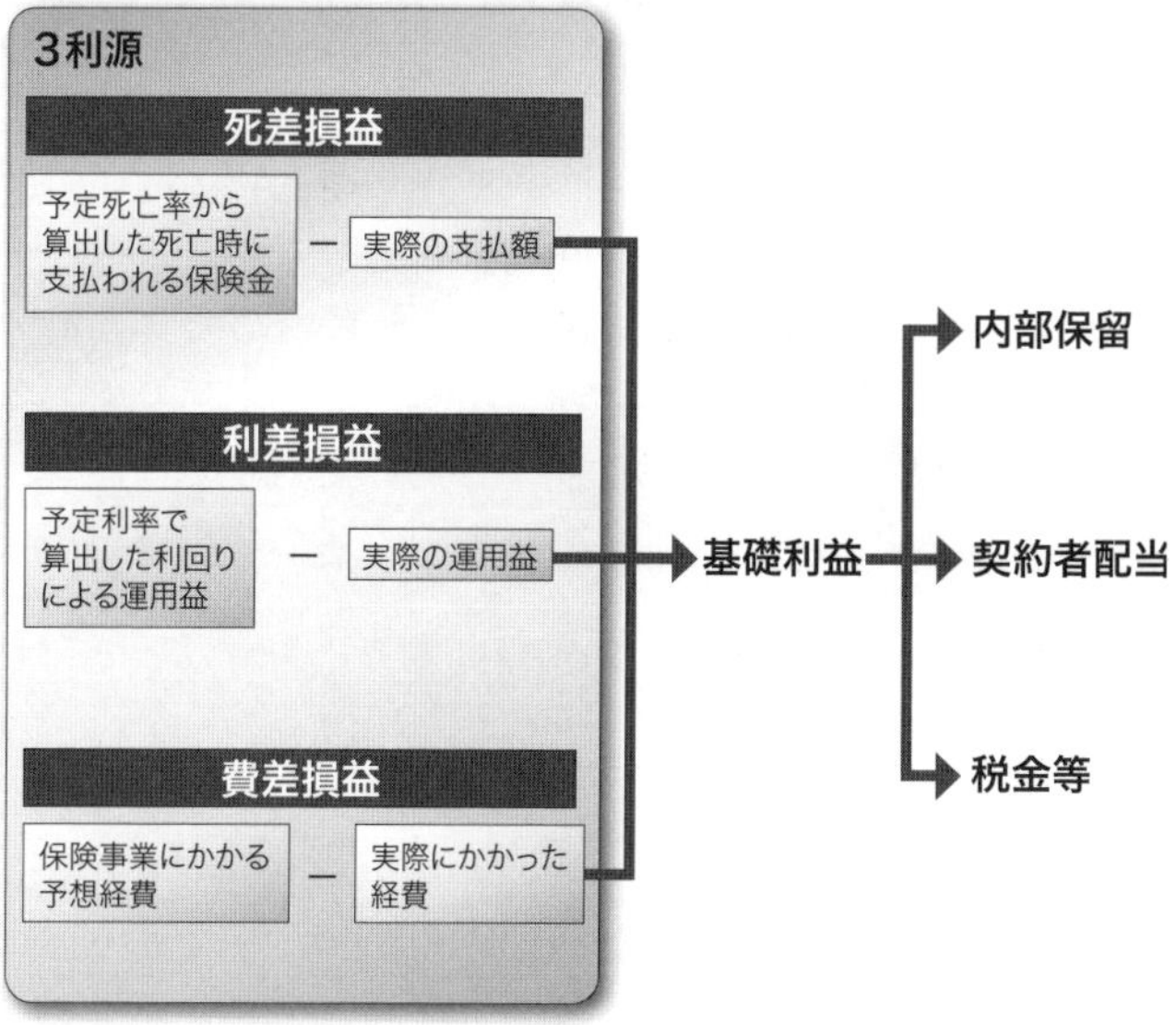

・契約時点に算出した予定死亡率と実際の死亡率との差である**死差損益**

・契約者に対して約束した運用上の利回りである予定利率と、実際の運用収益との差から生じる**利差損益**

・新契約募集に必要な経費などである事業費の想定と実際の差である**費差損益**

の3つが収益となり「3利源」と言われる。

経営を左右する「責任準備金」と「逆ざや」

責任準備金と逆ざやは、保険を知る上で重要なキーワードだ。

まず、責任準備金は、生命保険会社が将来の保険金などの支払いを確実に行なうために、保険料や運用収益などを財源として積み立てる準備金のことで、保険業法により積み立てが義務づけられている。

保険期間の前半よりも、後半の方が死亡率や発病率が高くなるので、前半のうちに積み立てをして保険会社は将来に備えている。保険の解約時に戻る解約返戻金はこの責任準備金の一部であり、また、万一、生命保険会社が破綻した際には保険契約者保護機構により、責任準備金の9割までが補償されることになっている。

一方の逆ざやは、利差益のマイナスのことである。一般の保険商品の場合、契約時点で適応された利率（予定利率）は契約の支払い終了時点、あるいは更新時期などまでは、同率で適用される。つまり保険料は、契約時点の予定利率がずっと続く固定金利のようなものだ。

昔のバブル期などに契約した保険は、高い予定利率が適用されている。

しかし、金利が非常に下がってしまった場合、実際に運用して得られる運用利益は予定したよりも低く、そのため古い契約（高い予定利率が適応されている商品）が継続するほど、保険会社としてはマイナスが発生する。これを逆ざやといい、この逆ざやが増えるほど、保険会社は将来的に破綻に追い込まれる可能性が大きくなる。

2 CHAPTER4 市場環境の変化

生命保険業界は、バブル崩壊後のデフレによる所得環境の悪化、少子化、格差拡大といった社会情勢の変化のなかで、環境は悪化の一途を辿ってきた。少子高齢化で主力の死亡保障保険の不調が続いたほか、成長分野であった一時払いの個人年金保険の販売にブレーキが掛かり、資産運用収益も悪化した。

個人保険の保有契約高は、1996年3月末の1495兆円をピークに以後減少が続き、2014年3月末には857兆円とピーク時の57％まで落ち込んだ。背景には、高額な死亡保障へのニーズが低下したことや、医療保険等の死亡保障金額が少ないことが背景にあったためだが、ここ数年は横ばいに転じて業界全体に回復の兆しが見えてきた。

一方で、ここ20年間の推移を見ると保有契約件数は一時払い商品の新契約が好調なこと等を受けて、1996年度以降はいったん低下したが、2016年度以降盛り返して、以後上昇傾向が続いている。

しかし、日本の保険業は国内だけでは大きな成長は望めない。それだけに、海外マーケットの更なる発掘や運用機能の拡充といった、リスクと向き合った経営の多角化が要求される時代に入っている。

生命保険会社主要8社の2016年3月期決算では、売上高に当たる保険料等収入は、日本生命保険が前期比16・6％増の6兆2620億円、第一生命保険が同2・8％増の5兆5860億円になったが、利回りの低下で一時払い保険の販売を抑制する明治安田生命保険、T＆Dホールディングスなど5社が減収となった。

日本生命が2年ぶりに第一生命を抜いて国内トップを奪回したのは、2015年7月に銀行窓販向けの新商品として、外貨建て終身保険を投入した効果と、さらに、同年12月に経営統合した三井生命の1

国内生保大手9社の2016年3月期決算

社名		保険料等収入	個人保険・個人年金保険		基礎利益	有価証券の含み損益
			保有契約高	新契約年換算保険料		
日本※		62,620 (16.6)	1,888,242 (12.3)	3,326 (15.6)	7,076 (3.9)	110,667 (110,333)
	日本	60,809 (13.9)	1,669,271 (▼0.7)	3,229 (12.2)	6,981 (2.8)	— (—)
	三井	5,501 (0.9)	218,971 (▼4.2)	338 (0.3)	316 (▼46.5)	— (—)
第一		55,860 (2.8)	1,314,974 (▼3.7)	3,872 (14.2)	5,351 (13.4)	62,120 (54,917)
明治安田		33,578 (▼1.5)	851,972 (▼3.5)	1,849 (9.3)	4,599 (▼9.2)	58,204 (52,767)
住友		30,448 (17,3)	084,498 (▼4.2)	1,735 (23.8)	3,017 (▼25.5)	38,647 (30,515)
T&D ホールディングス		15,745 (▼19.6)	605,822 (0.4)	1,326 (▼17.8)	1,530 (▼16.2)	15,654 (13,429)
ソニー		10,280 (12.5)	431,498 (5.3)	850 (11.0)	430 (▼43.8)	22,711 (10,083)
富国		7,888 (▼1.0)	287,822 (▼0.7)	394 (7.7)	948 (▼1.2)	10,858 (10,012)
朝日		4,014 (▼1.1)	227,287 (▼7.9)	299 (19.1)	259 (▼6.2)	5,788 (4,256)

注:単位億円。▼は損失または減。カッコ内は前期比増減率%、有価証券の含み損益のカッコ内は15年3月期実績値。
※:日本生命と三井生命の合算値。三井生命は16年1-3月のみ反映。有価証券含み損益は日生単体。第一生命と住友生命は有価証券の含み損益のみ単体。T&Dホールディングスの保険料等収入は連結決算値、それ以外は傘下3社の合算値。富国生命はフコクしんらい生命との合算値

～3月期分の収益（保険料等収入１４７３億円、基礎利益74億円）が上乗せとなったことが大きな要因。第一生命は、子会社の外貨建て商品の銀行窓販、２０１５年２月に買収した米プロテクティブの収入も加わったが、日本生命に及ばなかった。

一方、日銀の金融緩和に伴って低金利が続いていることから、各社とも貯蓄型商品の販売を抑制している影響などで、国内生保8社では明治安田生命など4社が減収となった。変額保険の販売が拡大し、保険金支払いのために積み立てている「責任準備金」の積み増しが必要となったことも響き、国内６社で一般企業の営業利益に当たる基礎利益が減った。

今後の生保業界を揺るがしかねないのが、世界的な低金利が続いていること。低金利は、生保事業の大きな柱でもある運用成果に大きなダメージを与える。世界的な低金利で日本の国債や、各国のソブリン物の保有にうま味がなくなってきたのである。日本の10年物最

保有契約の年換算保険料の推移

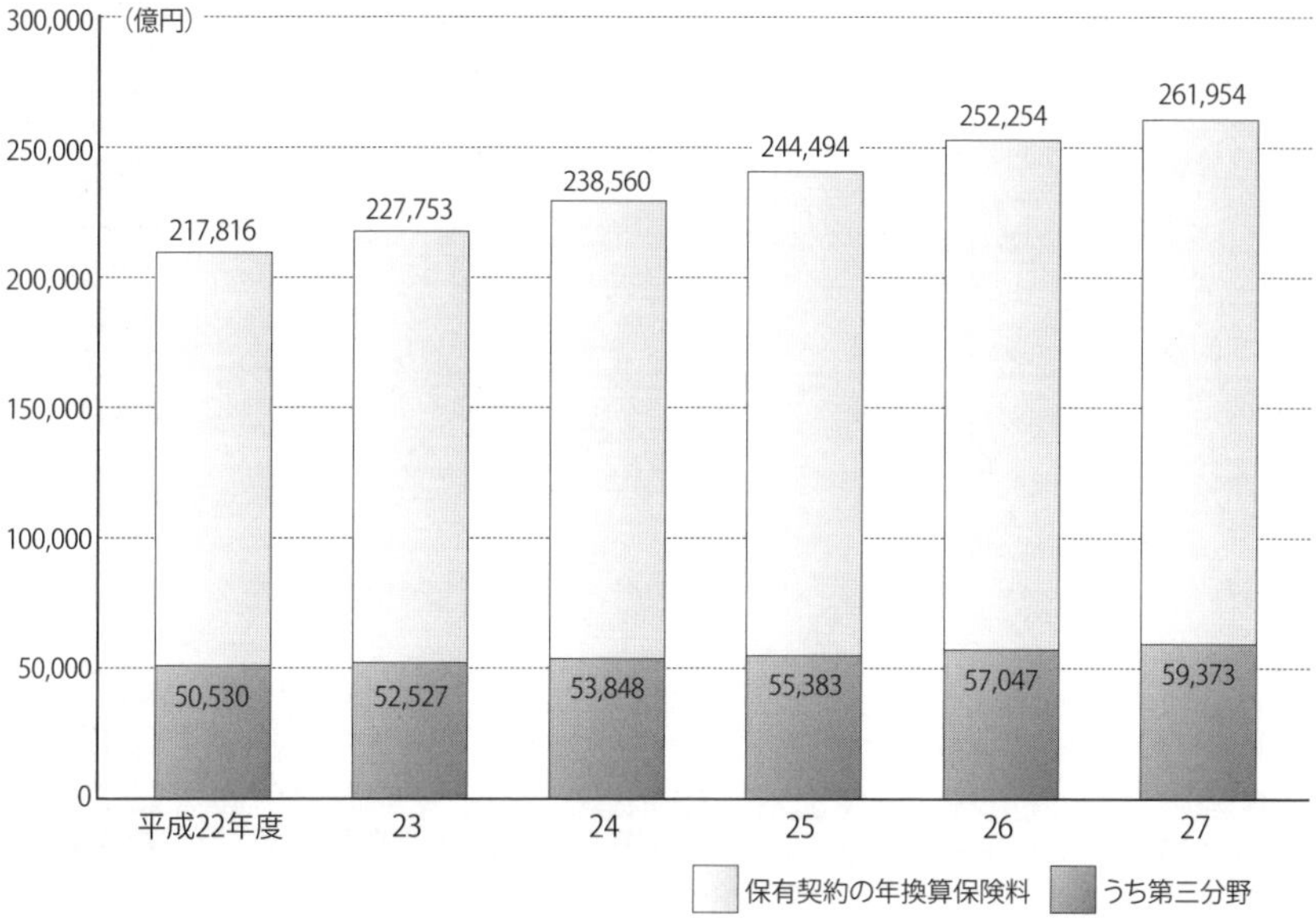

長期国債利回りは一時、０・１％台にまで低下、米10年債も２％割れが定着。欧州中央銀行の量的緩和を受け、独10年債利回りは０・３７７％まで低下し、過去最低水準を更新した。そのため、その対応策として各生保はこれまでになかった新しい運用の多様化を急ピッチで進めている。

最近、プロジェクトファイナンスなど、新しい投資対象の拡大に動き出したのもその一例。運用の中心である日本や欧米先進国の国債の利回りが歴史的な水準にまで低下するなか、「利回りの高い投資先が必要」との判断からだ。

例えば、従来よりも格付けが低い非日系企業が行なうプロジェクト用シンジケート・ローンなどに、地銀とともに大手生保が円建て融資で参加するケースも増えている。少しでも高い金利が欲しいからだ。また、利益が出るかどうかの判断が難しく、これまで手掛けてこなかった石油生産設備向け傭船事業といった海外のプロジェクトファイナンスに参加する動きも出てきた。

3 CHAPTER4

動き出した勝ち残りを巡る再編

銀行、証券などでドラスティックな再編・統合が進んでいるのに比べると生命保険業界の再編・統合は緩慢だったが、環境がガラリと変わってきた。2004年の明治生命と安田生命の統合以来、長い間業界の顔ぶれは変わらなかった。

しかし、日本生命が業界8位の三井生命の約8割の株式を取得して買収し、子会社化（買収完了は2016年3月）したことで、にわかに再編ムードが高まった。

日本生命は、ライバルが海外保険を買収する中、自らはM&Aには慎重だった。国内生命保険マーケット規模が縮小しているとはいえ、高齢化を背景に医療保険や介護保険市場は拡大しており「海外よりもまず国内基盤を盤石に」というスタンスだった。

それが2015年3月に発表された新中期経営計画（2015年度～17年度）で一変した。それまでは消極的だったM&A（買収・合併）を視野に、海外保険会社への出資など、今後10年間で最大1兆5000億円を投じ、国内でも金融機関で保険商品を販売する子会社の買収も検討するとしたからだ。

大きな戦略転換の背景にあったのが、2015年3月期決算で、売上高にあたる保険料等収入で戦後初めて第一生命保険に抜かれたこと。

日本生命は、出遅れた銀行窓口での保険販売を買収により強化して、再び業界第1位に返り咲くと共に、三井生命が持つ三井グループへの強い販売基盤を手に入れ、少子高齢化で伸び悩む国内営業を強化する狙いがあった。

三井生命は、過去に売った保険商品で、契約者に約束した利回りを実際の運用利回りが下回る「逆ざや」が続き、日生グループ入りで経営生き残りを図る道を選んだのだ。そして、2016年3月期決算

主な生保各社の提携と再編

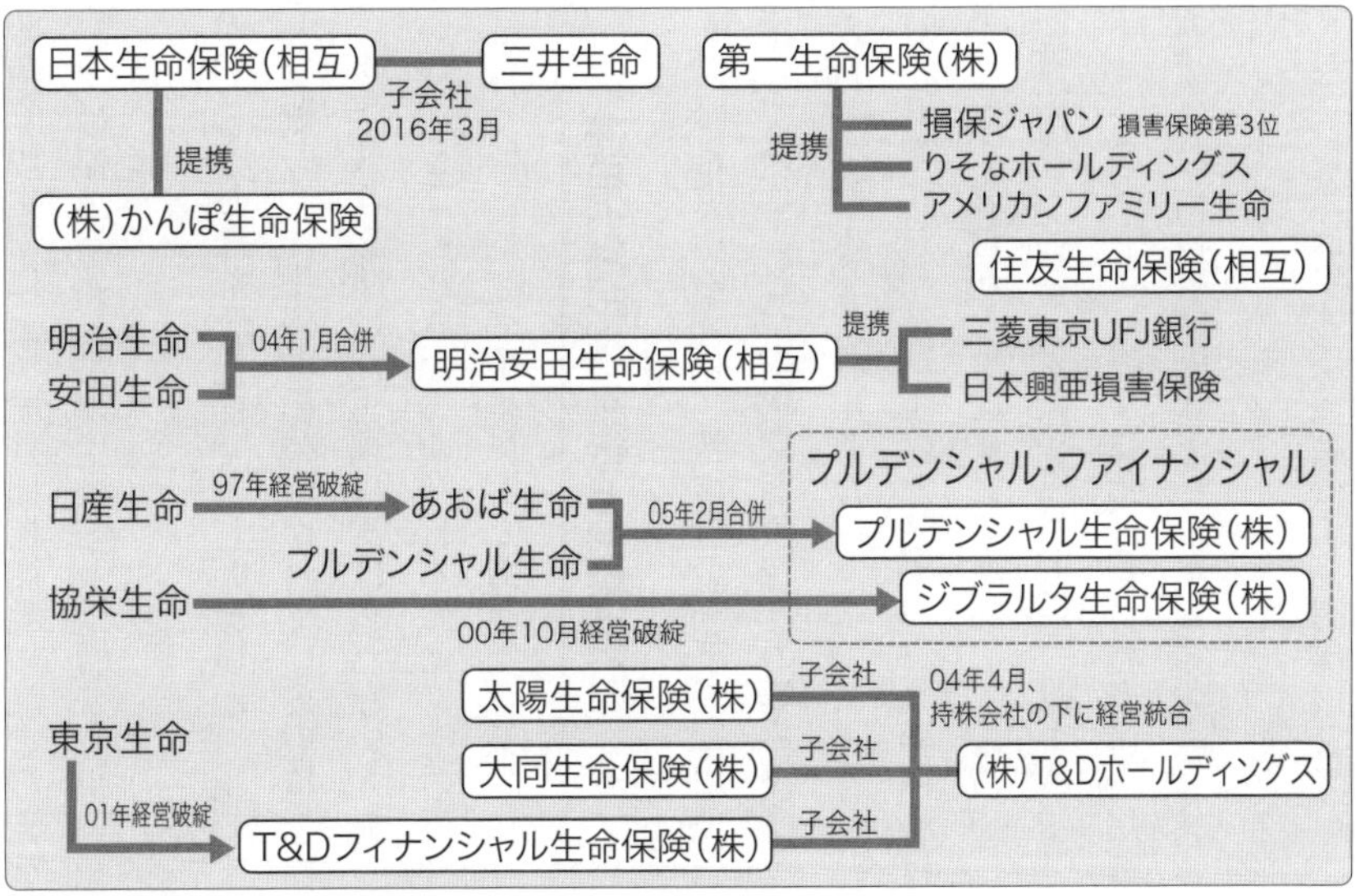

で、日本生命は計画通りにトップの座を取り戻した。

２００８年の米国発の金融危機以降、生命保険の保険契約高の減少が止まらず、業界も危機感を持ったが、こうした生・損保業界を巡る環境の厳しさの中で起こったのが、生・損保業務の乗り入れ。

まず、２０１１年に明治安田生命と東京海上日動火災が販売提携を行なった。全国に約70社ある東京海上日動火災保険の子会社代理店「東海日動パートナーズ」が明治安田生命の保障性保険、医療保険、貯蓄性保険などを販売するとともに、明治安田生命が東京海上日動火災の販売代理店となって自動車保険や火災保険などの販売を行なうというのがその中味。

損保大手は、ＭＳ＆ＡＤインシュアランスグループホールディングス（三井住友海上、あいおいニッセイ同和）、東京海上ホールディングス（東京海上日動）、ＮＫＳＪホールディングス（損保ジャパン、日本興亜）の３グループに集約され、長年首位だった東京海上は、保険料収入でＭＳ＆ＡＤグループに抜かれたことでテコ入れが課題になっていた。一方の、明治安田生命にとっては損保商品の品ぞろえを増やし、生保の契約者増に役立てたいとの狙いがあった。

だが、こうした部分提携で苦しい環境から脱却することは難しく、生保業界の置かれている環境をみると、生き残りを賭けた再編は避けられないと見られていた。そこに起きたのが、日本生命による三井生命統合というビッグイベントであった。

運用力強化で銀行と提携進む

いま、経営環境の変化、特に低金利下で運用環境が悪化していることが、生保と銀行との業務提携といった新しい動きを生み出した。

２０１６年10月、第一生命とメガバンクのみずほグループが、両社がともに成長事業として位置づける資産運用ビジネスの強化を目的に、ＤＩＡＭアセットマネジメント、みずほ信託銀行の資産運用部門、みずほ投信投資顧問新光投信の機能を統合し、新会社「アセットマネジメントＯｎｅ」の社名で発足させた。新会社の運用残高は50兆円規模とアジア最大になった。投資信託・投資顧問・信託銀行・生命保険における資産運用のノウハウを一元化した、本邦初の合弁運用会社モデルを実現させる計画だ。

既に、第一生命は２０１６年3月にかんぽ生命保険と海外生命保険事業や資産運用事業などで提携している。

具体的にどのような戦略が出てくるかはこれからだが、海外事業では、第一生命の子会社がベトナムの国営郵便会社を委託先としている保険販売に対し、かんぽ生命と各種支援を検討するとしている。

また、かんぽ生命が第一生命のベトナム子会社への出資を検討する。

資産運用事業では、かんぽ生命が、数千億円規模の運用で、ＤＩＡＭアセットマネジメントなどの第一生命グループの資産運用会社を活用することで合意した。共同投資として、まずは両社で１００億円規模の海外インフラファンドへの投資を検討している。現時点では、将来的な両社の資本提携や統合などは視野に入れていない。

4
CHAPTER4

海外戦略に活路

外資系生保との競争激化

これまで日本の生命保険会社は長年のドメスチックな営業モデルからの転換が遅れ、グローバルな経営に視線が注がれていなかった。

しかし、少子高齢化による国内市場縮小と、2008年の金融危機が「日本の生命保険は、海外進出なしに成長シナリオを描けないところに来ている」と生保経営者を目覚めさせた。

そして、ここ数年は各国市場で保険を獲得し、収益に早期に反映させるには、M&Aによる、現地保険会社や銀行との提携により「時間を買う」戦略が重要と、上位生命保険は一気に海外展開を早めてきた。注目している海外マーケットは中国、インド、タイといった経済成長が著しいアジア。

また、米国市場も有望だ。国民皆保険を目指す医療保険改革法（オバマケア）で保険加入者が大幅に増加。人口も移民などで着実に伸びており、さらに市場拡大が進むのは確実だ。生命保険市場の規制が強化されている点はあるが、米国内での大型買収が続いており、今後は効率化や規模拡大を意識した業界再編が進むのは間違いない。

しかし、海外市場での日系生命保険の競争力はまだ強いとは言えない。中国を含めたアジアマーケットには、仏保険大手のアクサ、米保険大手メットライフ、英保険大手プルーデンシャルなどが日本勢に先駆けて参入している。

これら外資系との競争は以前にも増して激しくなっているが、日本マーケットを席巻したような、営業マンを配置してのビジネスモデルであるローラー作戦はコスト面、時間面で多大な労力がいる。やはり、現地に根付いているローカル生保を買収し

日系・外資系生保の商品設計、営業手法の違い

商品設計	日系	主力商品は高額保障保険で、掛け捨てに近いもの。10年ごとに値段が上がる商品が多い。なるべく安い掛け金で万一の時に、充分な備えがあるというコンセプトの商品が多い。
	外資系	貯蓄性が高い商品がメイン。掛け捨てや値段の上がる商品設計には否定的で、貯蓄性を兼ねた終身保険が主流。資産運用型商品強い。またリスク細分化保険など掛け金の仕組みを工夫している。

営業手法	日系	セールスレディが主力で、一般家庭への飛び込み訪問、企業訪問が一般的。しつこいが熱心。義理・人情・プレゼントで信頼関係を作って商品を売り込む。
	外資系	男性営業マンが主力。知人や紹介等で人脈を広げる。経営者団体や組合などにコネクションを作ったり人脈作りが独特。ワンマン社長や、若手の経営者に食い込むのが得意。説得力のある商品説明が武器。

第一生命のグローバル3極体制

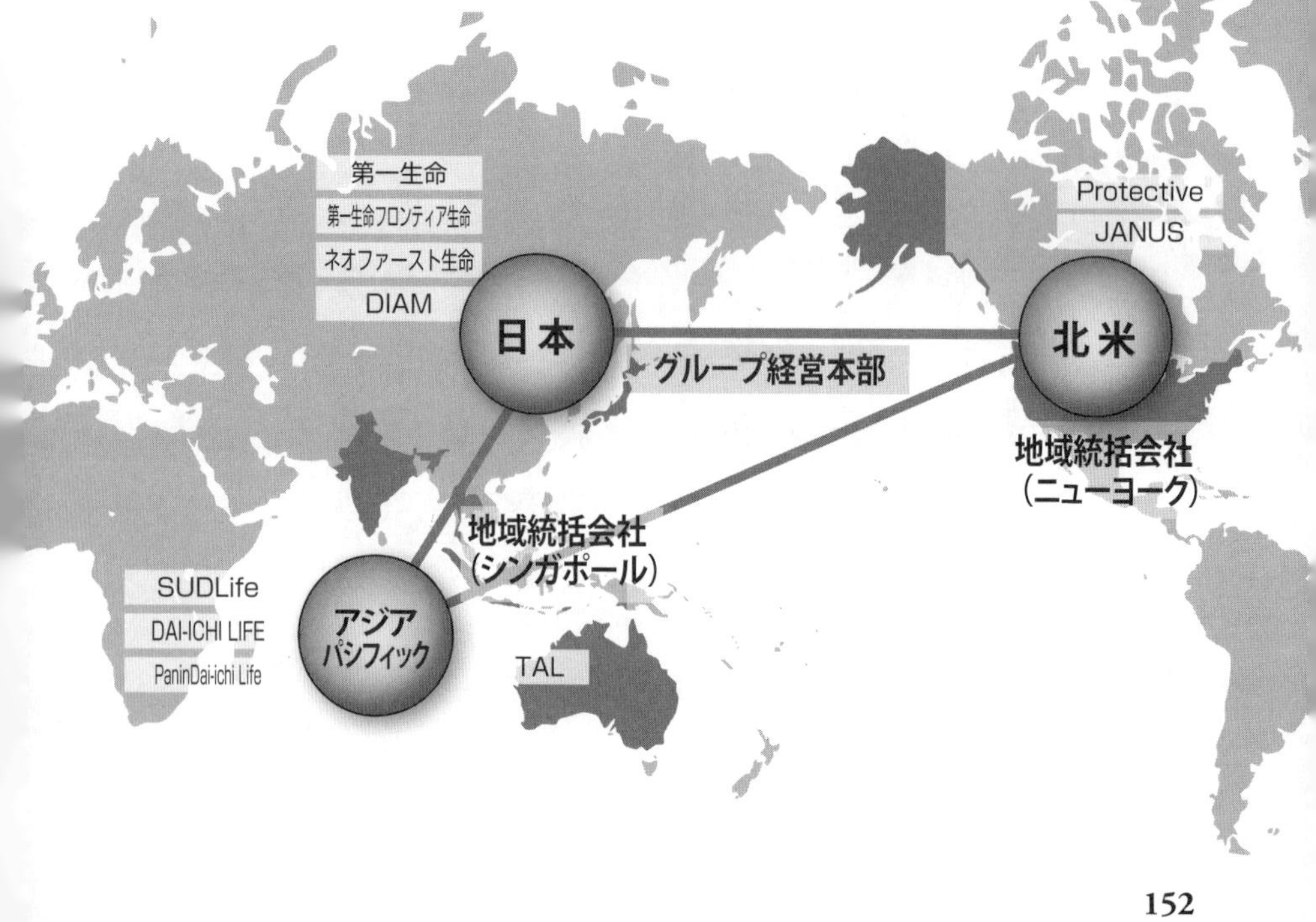

たり、提携をして、現地での慣習にあったビジネスモデルを基本にした販売戦略、商品開発、サービスが有効な戦略となっている。

この海外展開で注目を集めているのが日本生命。2015年度からスタートした中期経営計画では、今後10年間で国内外の戦略投資に約1兆5000億円を投じる計画を打ち上げた。海外事業を含むグループ事業利益で3年後に300億円、10年後に1000億円と数字も公表。これまで慎重姿勢だった海外戦略は積極的な買収戦略へと転換している。

既に発表している豪銀行大手ナショナル・オーストラリア銀行（NAB）傘下の生保事業買収は2016年中に完了する。買収額は約2040億円で、経営権を握る初の買収案件となった。

これに対して、第一生命グループが海外事業を成長戦略として積極的に取り入れたのは2000年代も半ば以降。2015年2月の米国生保グループプロテクティブ（以下プロ社）の買収（買収金額約5800億円）は、日本の保険会社による過去最大の海外M&Aだった。

明治安田グループの海外戦略のスタンスは、上位2社とは若干異なる。海外事業は、あくまで補完的な位置付けで、アジア地域は20～30年後に花開けばよいというのが基本戦略だ。

第3分野を強化し、外資系生保を急追

個人年金の銀行窓口販売解禁以降、日本の生命保険市場での外資系の存在感が急速に大きくなっている。

背景にあるのが保険分野における製販分離モデルで、外資系保険の日本マーケット参入を可能にした。外資系保険の強みは、本国での製販分離の経験・ノウハウと商品開発力。ガン保険といった第3分野で存在感を示すと共に、日系銀行と提携し、窓口での販売を通じて個人年金保険でも日系生保を上回るシェアを獲得している。

しかし、日系生保も主力の死亡保障マーケットを守りつつ、外資系生保が強い第3分野商品の開発を強化して追い上げている。かつて外資系の生保会社によって日本に導入された通信販売が国内生保の間

でも定着しており、なかでもインターネットという販売チャネルは急激な拡大を見せ、インターネットでの契約だけに特化している生保会社も登場している。

人生全般のプラン作りを手伝うライフプランナーも、販売の戦力として定着している。また、第3分野の拡大によって、生保と損保の両方の商品を組み合わせて同時に提案する、クロスマーケティングの手法も取り入れる会社が増えている。

商品開発では外資系に遅れ

とはいえ、外資系に比べ日系生保の商品開発戦略がまだ遅れていることは否定できない。

生命保険で第3分野解禁が実施されたのが2001年1月。外資系生保は第3分野に特化していることを強みに、保険料を安くした終身医療保険や、一定年齢になると保険料が半額になるといったサービス、高度先進医療に対応した商品に力を入れてきた。そして、巧みな商品・広告戦略を通して、健康に不安を持つ高年齢層や主婦などの人気が高まり、シェアを伸ばしている。

こうした外資系生保の日本市場攻略に、どう日系生保が対抗するかが長年の課題だった。日系生保の最大の強みは、依然としてセールスレディを動員しての営業力。この営業網は顧客との接点をもちやすく、求める商品、サービス内容のニーズを吸収しやすい利点がある。

保険料の安い第3分野商品は、コストのかかるセールスレディ中心の営業網での販売は難しいという側面はある。が、顧客との接点を活かし、ニーズをとらえた上で行なう商品開発が、今後ますます重要になってくることは確実だ。

外資系にとって太刀打ちできないのが日系生保の強力な販売網。そのため、アフラックのように日系生保と販売提携を行なって、死亡保障分野に打って出ようとの試みも始まっている。

5 CHAPTER4

主要企業のプロフィール

①日本生命保険

買収戦略強化、海外展開にライバルが注視

日本生命は、1889年に鴻池家の社会的信用を背景に設立された国内リーディングカンパニー。設立時は有限責任日本生命保険であったが、設立2年後の1891年に日本生命保険株式会社に名称変更している。1898年に日本初の契約者利益配当を実施し、翌1899年には保険契約で1位を獲得するなど、順調に成長を続けてきた。

戦後の1947年には、日本生命相互会社として再出発。以降、業界のトップ企業としてマーケットを牽引。2016年現在でも、保険料収入・収益力で国内第1位の生命保険グループ。

グループは、銀行系に属さない独立色を特徴としているが、日本有数の機関投資家という顔を持ち、数多くの企業の筆頭株主を含む主要株主となっている。不動産所有額でも三菱地所や三井不動産と肩を並べるほどの大地主でもある。ライバル他社の多くが、「相互会社」から「株式会社」への転換を図ったが「株主配当を考慮する必要がない」「余剰金の大半を契約者に還元できる」などの理由から相互会社を続けている。

一時期、総合金融化路線を打ち出して銀行の窓口における保険販売に最後まで反対した。しかし、マーケットの縮小、外資系生保の攻勢など保険業界を取り巻く環境が厳しくなったため、メガバンクを活用することで販売チャネルの改革を行なう戦略に転換。営業チャネルでは、営業職員の5万人体制を回復させるとともに、優れたコンサルティング能力が武器。対面型のコンサルティング営業でカバーできない顧客ニーズに対応するため、来店型の無料相談窓口「ニッセイ・ライフプラザ」を全国展開している。

日本生命グループの国内主要企業集団の構成

２０１６年３月末の総資産は、63兆４５３８億円。ガリバー企業だ。２０１６年３月期決算を見ると、保険料収入では６兆８０９億円で前期比13%増。前期抜かれたトップの座を第一生命から奪還したが、経常利益は５３７５億円と減収。しかし、個人保険の保有契約件数は、２３１２万３０００件と同12・1%増となった。保有契約高は１４５兆１１６３億円で１%減少したものの、他の個人・団体の年金保険が伸びたことでカバーした。

財務改革では世界トップレベルの財務の健全性を確保することに努めており、株価変動、大規模自然災害などの経営リスクに備える基金・諸準備金（自己資本に相当）は４兆８１５４億円（２０１６年３月末）。

２０１５年に３０００億円を投じて三井生命を買収し業界を驚かせた。三井生命としては、過去に売った保険商品で契約者に約束した利回りを実際の運用利回りが下回る「逆ざや」が続き、日本生命グループ入りで生き残りを図る道を選んだ。

日本生命が、２０１５年３月期決算で、売上高にあたる保険料等収入で戦後初めて第一生命保険に抜かれたことが、三井生命買収を決断させた背景にあった。銀行窓口販売を得意とする三井生命の買収で再び業界第1位に返り咲きを狙い、さらに三井生命が持つ三井グループへの強い販売基盤を手に入れ、少子高齢化で伸び悩む国内営業を強化させる計画だった。そして、２０１６年３月期決算で、日本生命は計画通りに業界トップの座を取り戻した。

現在、２０１７年度（２０１８年３月末）までの中期経営計画を実行中だが、海外展開の強化を大きな柱にしている。日本生命は、これまではライバル生保と比べても、海外事業には消極的だった。国際展開を行なう外資系保険会社は収入の50％超を日本を含めた海外で稼いでいるのに対して、日本生命は、利益の90％を国内保険で稼いでおり、海外部門比率は10％にも満たない。

それが一転して海外の保険会社の経営権を取得しての積極的なＭ＆Ａの他、資産運用会社などへの出資や提携も進め、総額１～１・５兆円の投資を行なうことを公表した。

中期経営計画中に純利益を現在の１００億円から３００億円に、10年後には１０００億円に拡大させる方針だ。守りに徹してきた日本生命だが、国内マーケットは成熟しており、いやでも今後は国際展開が

歴史

日本生命保険

1889年	有限責任日本生命保険会社創立
1891年	日本生命保険株式会社に社名改称
1898年	日本初の契約者利益配当実施
1899年	保有契約高が業界第１位となる
1902年	本店を現在の大阪市に新築移転
1940年	日本初の「利源別配当付普通保険」発売
1942年	富士生命を包括移転
1945年	愛国生命を包括移転
1947年	日本生命保険相互会社として再発足
1963年	日生劇場開場
1964年	「ニッセイ名作劇場」開始
1984年	ニッセイ・リース設立
1985年	ニッセイBOT投資顧問会社設立（1989年にニッセイ投資顧問と改称）
1988年	ニッセイ基礎研究所設立
1991年	ニッセイ・キャピタル設立
1995年	ニッセイ投信設立
1996年	ニッセイ損害保険設立
1999年	ニッセイ情報テクノロジー設立
2000年	特別勘定運用部門を分社、ニッセイアセットマネジメント投信と統合して「ニッセイアセットマネジメント」と名称変更
2001年	同和火災海上保険、ニッセイ損害保険の２社が合併し、「ニッセイ同和損害保険」誕生
	三井海上・住友海上グループと共同事業会社「インシュアランス・システム・ソリューション」を設立
	第一生命と共同事業会社「企業年金ビジネスサービス」を設立
2002年	銀行窓販向け個人年金商品の販売を開始
2005年	ニッセイ入院医療保険「医療名人EX」発売
2006年	団体信用生命保険３大疾病保障特約発売
2008年	かんぽ生命保険と業務提携で合意
2011年	インドの有力財閥リアイアンスADグループ傘下生命保険への出資で合意。アリアンツと業務・資本提携
2015年	三井生命を買収

テーマになる。

海外でのアライアンスでは、2014年にインドネシアの中堅生命保険会社「セクイスライフ」(本社ジャカルタ)に、約430億円出資し、20%近くを取得。また、既に発表している豪銀行大手ナショナル・オーストラリア銀行(NAB)傘下の生保事業買収は2016年中に完了する。買収額は約2040億円で、これまでの海外事業では、タイやインドネシアの生保会社への少額出資にとどまっていたのとは異なり、経営権を握る初の買収案件となった。

運用戦略では、これまでの伝統的な運用手法を大きく転換した。これまでは株式や債券等の伝統的な資産に加え、プライベートエクイティ、海外不動産、ヘッジファンド等のオルタナティブ資産領域で、海外運用拠点とともに投資機会を発掘・選別する態勢を構築し、運用力の強化を進めることに注力を注いできた。

最近では、そうした伝統的な運用に加えてインフラや新興国向け投資など、成長・新規領域への投融資、発掘を強化しており3年から5年で1兆円規模に拡大する。このインフラ投資では、子会社であるニッポンライフ・グローバル・インベスターズ・アメリカス・インク及び、ニッポンライフ・グローバル・インベスターズ・ヨーロッパ・ピーエルシーとともに、インフラエクイティ・ファンド・オブ・ファンズについて、400億円の投資枠を設定、保険会社では初めて自社リソースによりグローバルなインフラファンド投資体制を構築している。投資対象はアジア地域を中心にした投資適格社債で、発電所、上下水道などの公益インフラ、学校、病院といった社会インフラが投資領域だ。

2016年2月に、マイナス金利が導入されて以来、一時払い終身保険をはじめ貯蓄型保険の販売取り止めなどが起きているが、そんななか、日本生命が4月に超低金利と長寿化に対応した新タイプの終身年金保険を発売した。「長寿生存保険(低解約払戻金型)〝GrandAge〟(グランドエイジ)」という「生存保険」で、契約時に定めた年齢を超えて生存している場合に保険金が受け取れ、しかも、生き残れば生き残るほど、もらえる年金額が増える。

6
CHAPTER4

主要企業のプロフィール

②第一生命保険

海外事業を成長戦略として重視

第一生命グループは、１９０２年に日本初の相互会社形式による生命保険会社として設立。創立者の矢野恒太は、第一生命を設立する前に日本生命に社医として努め、また共済生命（後の安田生命）の設立にも携わっている。

設立後は安定的に業績を伸ばし、１９０７年には責任準備金の積み立て方式を堅実な純保険方式に変更、また、同社の4割5厘という高率の累加配当が原動力となり、１９３２年には保有契約高で業界第2位になっている。その後は戦後の復興期、高度成長期の拡大などを経て、長く日本生命に続く業界2位の座を守ってきた。第一生命はもともと旧第一勧銀グループのメンバーであるため、みずほフィナンシャルグループとも親密な関係を持っている。

国内保険マーケットの飽和状態のなかで２００５年からは、営業職員に新携帯パソコン「eNavit（イー・ナビット）」を配備。メールやモバイル通信、プレゼンテーション機能などを活用することで、迅速なサービスときめ細かいコンサルティングを提供する営業体制を整えてきた。

新商品の導入では２００２年に、変額・定額融合型の年金保険「堂堂人生『保険工房』」と、一生涯の介護保障を行なう「悠々人生」を発売。２００４年からは三大疾病などにかかると、その後の保険料が不要となる「新・堂堂人生」を、さらに２００６年には確定給付型の定額年金保険「しあわせ物語」を発売、新商品を相次いで投入している。

さらに、今後人口の増加が予想されるシニア層のニーズに応えるため、医療保障商品や個人貯蓄商品の提供を強化。２０１０年9月には医療実態に即し

159

第一生命グループの国内主要企業集団の構成

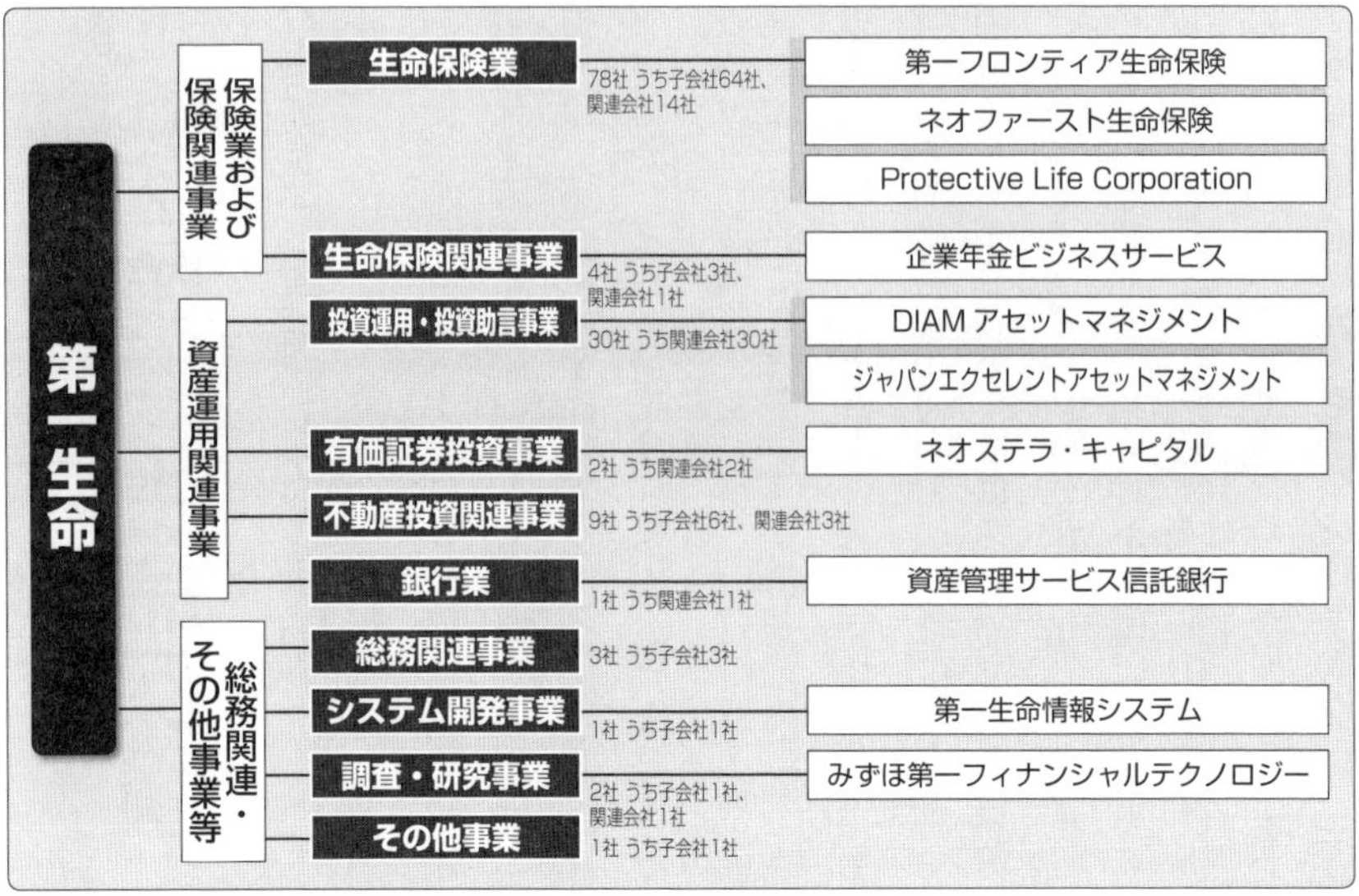

た給付内容とする「医のいちばんNEO」等の新医療特約、2011年1月には無配当医療保険「メディカルエール」の販売を開始。また2011年8月には、無配当一時払い終身保険（告知不要型）「グランロード」の販売も開始している。

現在、第一生命・第一フロンティア生命（2007年10月に営業を開始。銀行・証券会社などの金融機関を通じて年金保険や終身保険などの貯蓄性一時払い商品を販売）・ネオファースト生命（2015年8月より、金融機関窓口、来店型保険ショップなどを通じた新商品・サービスの提供）の国内3生保体制で、最適な商品と最適なチャネルを構築している。

グループの動きの中で注目されるのは、2010年4月の相互会社から株式会社への組織変更の実施と、東京証券取引所第一部への上場だ。そして、特に海外での積極的なM&Aによってグループの事業構造が大きく変化したことだ。

グループが海外事業を成長戦略として積極的に取り入れたのは2000年代も半ば以降。2007年にベトナムのバオミンCMG社の買収・子会社化をスタートに、アジアに照準を合わせ、２００８年にタイのオーシャンライフへの24％出資に続いて、オーストラリアのＴＡＬ社に29％出資した（２０１０年に完全子会社化）。そして、２００９年にはインド市場にも進出した。こうした、グローバル化の進展に伴い、北米およびアジアパシフィック地域に地域統括会社を設置し、グローバル３極体制を構築している。

中でも２０１５年2月の米国生保グループ、プロテクティブ（以下プロ社）の買収（買収金額約５８００億円）は、日本の保険会社による過去最大の海外Ｍ＆Ａだった。グループのＭ＆Ａを行なった部門は年平均約10％の成長を続けている。それは、Ｍ＆Ａによりブロック単位の契約を買い取り、事業費の低いコスト構造に組み込んで利益をひねり出し、それをまた買収資金に充てるノウハウがあるからだ。

２０１６年3月期の連結純利益は、５期連続で上場来最高を更新した。第一フロンティア生命が黒字

歴史

第一生命保険

1902年	第一生命保険相互会社設立。日本橋区新右衛門町にて営業を開始
1921年	京橋「第一相互館」に本社を移転
1932年	保有契約高で業界第２位に進出
1938年	「第一生命館」（旧日比谷本社社屋）完成、本社を移転
1985年	第一生命投資顧問を設立
1996年	第一ライフ損害保険を設立（2002年、安田火災海上保険〈現損害保険ジャパン〉と合併）
1998年	日本興業銀行（現みずほフィナンシャルグループ）と全面業務提携
1999年	興銀フィナンシャルテクノロジーに出資（2002年、みずほ第一フィナンシャルテクノロジーに名称変更）
	興銀第一ライフ・アセットマネジメントを設立
2000年	安田火災海上保険（現損害保険ジャパン）と包括業務提携
	アメリカンファミリー生命保険会社と業務提携
2001年	資産管理サービス信託銀行設立
	企業年金ビジネスサービス設立
2004年	『新「堂堂人生」』発売
2005年	全営業職員に新携帯パソコン「eNavit（イー・ナビット）」導入
2007年	「第一生命ベトナム」を設立
2008年	タイのオーシャンライフに出資
2010年	株式会社に組織変更し、東証１部に上場
2014年	第一フロンティア生命と損保ジャパン・ディー・アイ・ワイ生命を子会社化
2016年	かんぽ生命と業務提携

化したことに加えて、当期から連結対象となったフロテクティブなどグループ会社利益が大きく貢献した。

国内金利が大幅に低下する中、第一生命単体では主力商品の販売にシフトする一方で、医療保険など第3分野の販売も拡大。第一フロンティア生命でも外貨建て商品の販売が堅調で、グループの新契約年換算保険料は前期比142%増加した。

ちなみに連結でのグループ企業の貢献度は、連結最終利益1785億円のうち、第一生命(単体)1291億円(72・3%)、米プロテクティブ268億円(15・0%)、第一フロンティア243億円(13・6%)、TAL119億円(9・0%)。2015年3月期比で、第一生命(単体)が15%減益だったのを、第一フロンティア、米プロテクティブがカバーした。さらに、2017年3月期はマイナス金利導入の影響もあり、国内部門は減益予想だが、それでも先の買収2社は増益を予想している。

2016年4月、かんぽ生命、第一生命、ベトナムの国営郵便「ベトナム郵便会社」が、ベトナムにおける生命保険サービスでの協力に関する3社間での覚書を締結した。

2016年度は、2017年度までの中期経営計画2年目のスタートにあたる。

グループの成長戦略は、3つの成長エンジンである①国内生命保険事業、②海外生命保険事業、③資産運用・アセットマネジメント事業を更に強固にし、国内外におけるグループ各社の挑戦の継続に加え、新たなビジネスパートナーとのアライアンス等を戦略に組み込み、成長の実現に向けた確固たる基盤を築く事にある。

持株会社移行で新創業第2ステージ

かんぽ生命保険との業務提携や、みずほフィナンシャルグループと共同出資する新たな資産運用会社「アセットマネジメントOne株式会社」の発足は、こうした戦略の一環。また、2016年10月には持株会社体制へ移行し、今年度を株式会社化・上場に続く〝新創業第2ステージ〟のスタート年度と位置づけている。

7 CHAPTER4

主要企業のプロフィール

③明治安田生命保険

銀行窓販に注力、海外進出は長期的視野で

明治時代の1880年に「共済五百名社」として創業した芙蓉グループ（旧・安田財閥系）の安田生命、1881年に国内初の近代的生命保険会社として創業した三菱グループ（旧・三菱財閥系）の明治生命が2004年に旧財閥・企業グループを越えて合併し発足した。

合併両社はそれぞれ得意分野を持っていた。明治生命は、三菱グループ各社を始めとする民間企業向けの団体保険に強く、業界初の介護保障保険を発売するなど、介護分野に意欲的に取り組んできた。一方の安田生命は、企業保険マーケット、さらに官公庁向けの団体保険に強いという特徴があった。両社の財閥系の特徴を活かした団体保険の強さを背景に、合併後は団体保険の保有契約高で業界1位になった。

また、三菱ＵＦＪグループと、みずほグループ双方に関係を持っているため、両グループ銀行の窓販で明治安田生命の保険商品が販売されている。損害保険分野では、子会社に明治安田損害保険（2005年に明治損害保険と安田ライフ損害保険が合併）がある。

合併翌年の2005年2月、死亡保険金の不当な不払いなどの不祥事が発覚。社長が辞任に追い込まれ、信頼回復に向けて支払い査定と事務部門の立て直しに取り組んだほか、商品開発にも積極的に取り組み、2010年6月には「ライフアカウントＬＡ」に付加し「明日のミカタ」および「元気のミカタ」と合わせて「医療費リンクシリーズ」を、同年10月には、重度のがんで治療に効果がなかった場合などに死亡保険金を前払い請求できる「重度がん保険金前払い特約」を発売。2011年1月には積み立て

ニーズに対応した平準払い個人年金保険「かんたん未来計画／虹色きっぷ」を発売し、商品ラインナップを増やしている。

２００４年の合併以来、これまで「再生プログラム」「チャレンジプログラム」の２度の中期計画を実行。２０１１年４月から２０１４年３月までの「新発展プログラム」（中期計画＋ＭＯＴプロジェクト）では、この期間の外部環境を国内では少子高齢化の進展により、死亡保障ニーズが減少し、医療保障・貯蓄ニーズが増加、介護保険は潜在的ニーズが高く、今後の市場拡大が見込めると分析。そして、国内生保事業の成長力を確保するための対応戦略として、①死亡・年金・医療保障に次ぐ「第４の主力商品」としての介護保障商品の開発と営業職員チャネルの生産性向上、②銀行窓販での販売の安定化とチャネル多様化に力を入れてきた。

また、新興国を中心とした海外生命保険市場が急速に成長し、介護ビジネス市場も拡大すると判断、アジア・中東欧など海外市場への積極展開と介護事業への本格進出を策定した。

２０１６年３月期決算では、保険料収入３兆３５７８億円、基礎利益４５９９億円と業界３位。保険料収入では、営業職員チャネル「ベストスタイル」が２０１４年６月発売以来、累計94万件を超える販売（２０１６年５月時点）と好調。加えて、２０１５年８月発売の介護保障付終身保険「パイオニアケアプラス」も好調だったため前年同期比13・０％増えた。反面、銀行販売チャネルの一時払い終身保険の販売をコントロールしたため全体では減少した。

明治安田生命グループの内外主要企業集団の構成

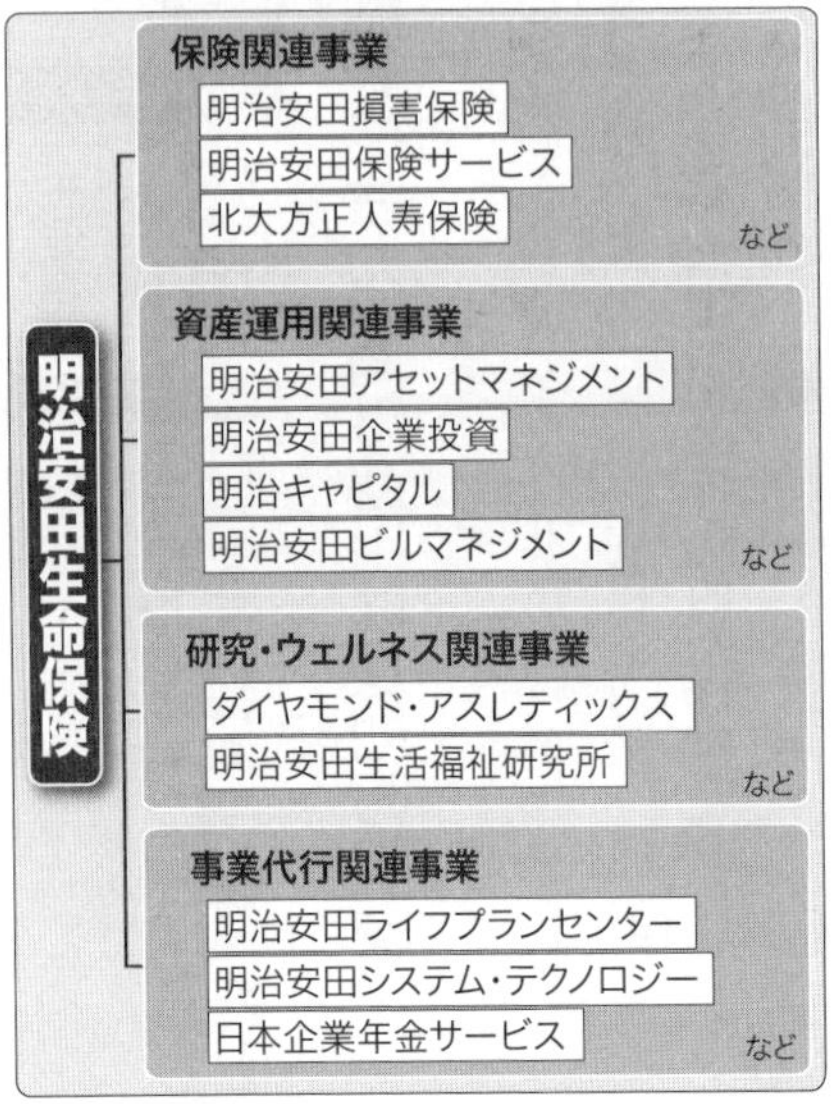

現在、進行中の「中期経営計画」＋「感動実現プロジェクト」の明治安田ＮＥＸＴチャレンジプログラム（２０１４年度〜16年度）では、成長戦略として、国内生保事業では、営業職員チャネルで医療・介護保障をはじめとする第3分野商品の発売とともに、営業職員の育成態勢の強化、都市部における新卒チャネルの拡充など、販売サービス態勢の強化に取り組んでいる。

銀行窓販チャネルにおいては、経済環境の変化を受けにくい商品ラインアップの構築に向けた取り組みなどを推進している。また、アセットマネジメント事業では、明治安田アセットマネジメントの企業年金受託残高、および公募投資信託残高の増加に向けての取り組みを実行している。

２０１６年4月に直営・来店型店舗「保険がわかるデスク藤ヶ丘」（愛知県名古屋市）、「保険がわかるデスク京都」（京都府京都市）の2店舗を開設した。明治安田生命は、契約の有無にかかわらず、誰でも気軽に無料相談ができる来店型店舗を２００９年から展開し、対面による保険相談や顧客へのアフター

歴 史

明治安田生命保険

1880年	安田生命の前身・共済五百名社を創立
1881年	明治生命の前身・有限明治生命保険会社開業
1893年	有限明治生命保険会社を明治生命保険株式会社と改称
1943年	明治生命保険株式会社が有隣生命を合併
1947年	安田生命保険株式会社が安田生命保険相互会社として新会社設立
	安田生命保険相互会社が社名を光生命保険相互会社と改称
	明治生命保険株式会社が明治生命保険相互会社として新発足
1952年	光生命保険相互会社が安田生命保険相互会社に社名復帰
1998年	明治生命が三菱グループ金融４社と業務提携
1999年	安田生命が富国生命保険と包括業務提携
	安田火災海上保険（現損保ジャパン）との合弁会社「安田企業投資」が発足
2001年	明治生命が日本火災海上保険株式会社（現日本興亜損害保険）と業務提携
2002年	明治生命・安田生命が将来の経営統合に向けた全面提携の実施について基本合意
2004年	明治生命と安田生命が合併し、明治安田生命保険相互会社が発足
2005年	明治損害保険と安田ライフ損害保険が合併し、明治安田損害保険が発足
2007年	銀行代理業の許認可を取得し、三菱東京 UFJ 銀行と中小企業分野において業務提携
2009年	２つのタイプの来客型店舗を開設
2010年	ハイアール・グループ（中国）と業務提携

フォローを実施してきた。今回の出店によって、「保険がわかるデスク」は首都圏で7店舗、中京圏で2店舗、関西圏で3店舗の計12店舗となった。

また、2015年には高齢の契約者を定期的に訪問する「MY長寿ご契約点検制度」も導入した。高齢化が進む中で、保険の契約内容が分からなくなったり、引っ越しで連絡先が分からなくなったりする契約者が増えることが見込まれている。病気をしても、保険会社への請求を忘れてしまえば、保険金を受け取れなくなってしまう恐れがある。

同社が始めた新サービスでは、契約者の喜寿（77歳）、卒寿（90歳）などの節目に営業職員が連絡を取り、請求漏れがないかなどを確認する。

海外展開にもスピード感が

海外展開でもスピード感が出てきた。

明治安田生命は、1976年に日本の生保としては初めて米国に進出し、パシフィック・ガーディアン生命に経営参加した歴史があるが、2010年にインドネシアに進出し、同国アブリスト社と提携。インドネシアに出資するのは業界初のことで大きな注目を集めた。アブリスト社は、個人保険と団体保険で幅広いラインナップをそろえており、代理店や金融機関窓口販売で国内で100万人以上の顧客にサービスを提供しており、明治安田生命は、長期的な戦略パートナーとしてアブリスト社を考えている。

そして2016年3月に、前年買収した米国スタンコープ社の完全子会社化が完了した。同社は、米国全土で620万人以上の顧客を持ち、バランスのとれた顧客基盤（公的セクター・民間セクターともに約5割）に強みがある。完全子会社化により、当社の出資先企業は5ヵ国7社となった。

明治安田生命にとって、海外事業はあくまでも国内業務を補完する位置付けだが、海外事業を通じて得られる収益は、今後10年で全社収益の10％に高める目標を掲げている。すでに中国、インドネシア、タイ、ポーランド、米国の5カ国に事業展開しており、北米地域は比較的短期に収益への貢献が期待できるものの、アジア地域は20～30年後に花開けばよいというのが基本戦略だ。

8
CHAPTER4

主要企業のプロフィール

④住友生命保険

「1up」で若年層をキャッチ

１９０７年、日之出生命保険株式会社として発足。１９２６年に住友生命保険株式会社と社名変更し、１９５２年に住友生命保険相互会社と改称した。住友グループ企業として、歴史は比較的浅いが、保険料収入では、２０１６年3月期3兆４４８億円、基礎利益３０１７億円で業界第4位。住友生命の強みは商品開発力で、介護・医療分野に注力し、生存給付型商品の開発に取り組んでいる。

２００４年に新医療保険「ドクターＯＫ」を発売。その後、２００５年4月に発売した限定告知型終身保険「スミセイの千客万頼」は、現在の病気が悪化して入院・手術を行なった場合も給付金が支給される国内初の商品として好評で、新商品開発に自信をつけている。また、生前給付・医療保険分野への取り組みにも積極的に力を入れている。

同時に顧客サービスの充実を図っており、保障機能と資産形成機能を分離した商品・スミセイ総合生活口座「ＬＩＶＥ　ＯＮＥ」の顧客専用ホームページ「ライブワンネット」を開設。「スミセイ　ネットＡＴＭ」と三井住友銀行のネットデビットとの連携によって、保険ファンドと銀行口座間の資金移動や保障内容の確認が可能な仕組みとなっている。

「介護と医療のスミセイ」ブランドのもと、顧客ニーズの変化に応じて「介護保障」「医療保障」などの生前給付保障を中心とした商品開発に力を入れ、従来の通院特約の進化版とも言える「入院保障充実特約」を発売した。具体的には、従来の入院・手術費用を保障する特約に、入院前後の通院費用や入院に伴う諸費用に活用できる入院保障充実特約が加わり入院前の通院―入院・手術―退院後の通院といった

住友生命グループの国内主要企業集団の構成

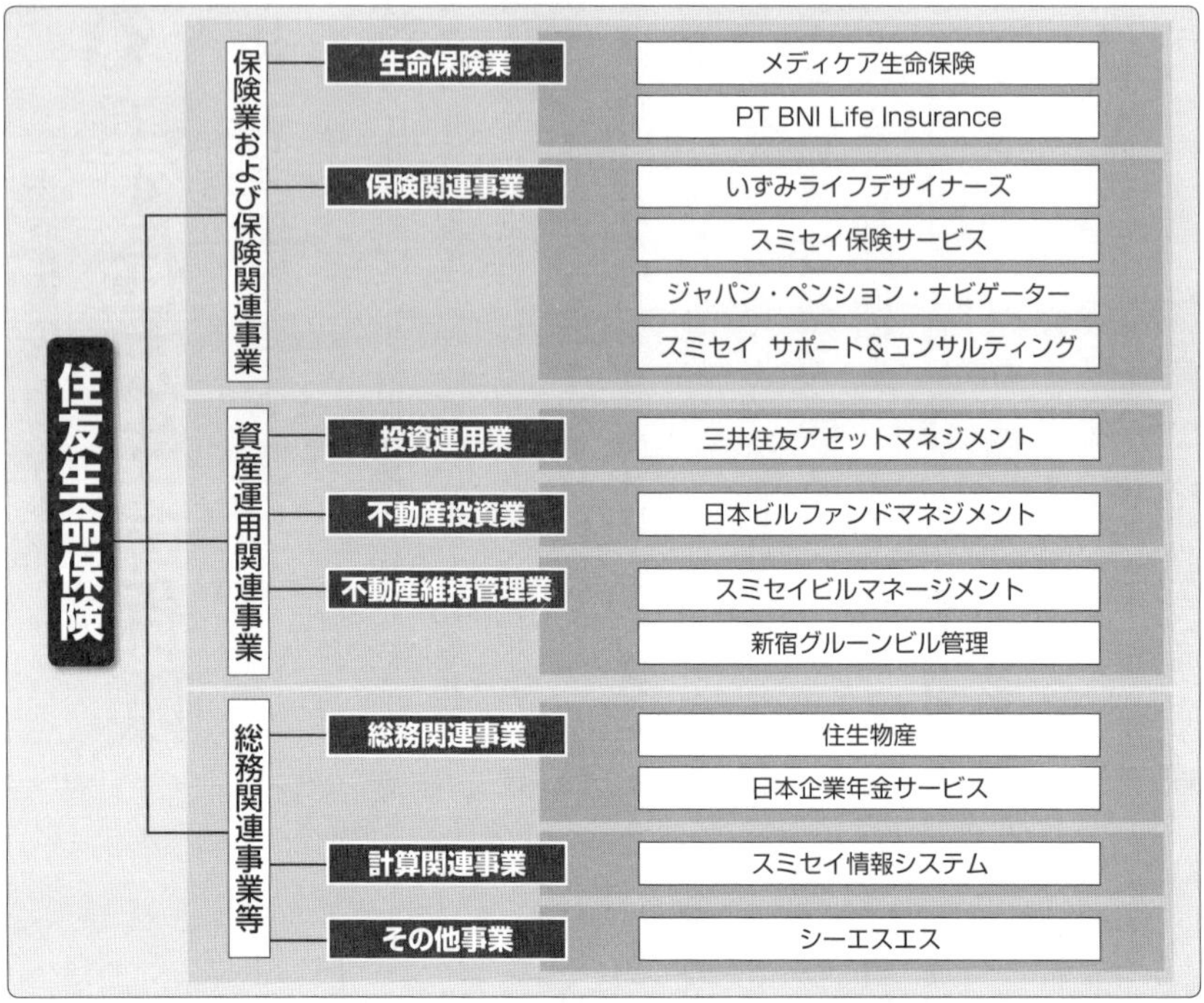

出所：2016年ディスクロージャー誌より

一連の費用を包括的にカバーできるサービスだ。

また、商品ラインナップの簡素化にも力を入れている。これまで販売してきた主力商品ライブワンは、介護保障の有無や保障額・性別などにより販売商品名が違い、商品数も14種類と多く複雑だった。そこで、販売商品名を給付の形状で区分して3種類に統合し、顧客にもわかりやすい商品ラインナップにした。2011年度からは、新たな主力商品として、一生涯の介護保障をライフサイクルに合わせた合理的な形で準備できる、5年ごと利差配当付終身保険「Wステージ」を販売。同時に、これまでの先進医療特約よりも通算支払い限度額を拡大するとともに、交通費などの諸費用もカバーする「新先進医療特約」を発売した。

また、2015年9月には、約8年半振りに主力商品を刷新し、「未来デザイン

１ＵＰ（生活障害収入保障特約）」を発売。病気やけがで働けなくなった場合に生活費の一部を支払う就業不能保険で、外資系生保などが一部で手掛けているが、大手生保の参入は初めて。療養期間が短かければ一般的な民間の医療保険や公的支援制度で事足りるが、長引けば以前と同じ水準の生活を続けるのは難しい。同保険はこれを保障するもので、住友生命は参入にあたり、共働き世帯のほか、生前給付を望む傾向が強い若年層の加入を促そうと、死亡保障と就労不能を切り離せるようにした。

２０１６年３月期決算の保険料収入は、貯蓄性保険の販売が好調で前期比17・2％の増加。基礎利益は、変額年金保険に係わる標準責任準備金繰り入れなどで25・5％減少したが、３０００億円を上回る水準を確保。メディケア生命（２１７億円）、シメトラ社（３６８４億円）を合算したグループの保有契約年換算保険料は２兆５８３５億円で前期比18・4％増。２０１５年９月より発売の「未来デザイン１ＵＰ（生活障害収入保障特約）」が２０１５年度下期から販売件数に寄与。

アライアンスでは、変額保険販売で三井住友銀行、三井住友海上火災と提携を行なっているが、２００８年５月にゆうちょ銀行での変額年金保険、同年６月にはかんぽ生命で法人定期保険の販売を開始した。

歴史

住友生命保険

1907年	日之出生命保険株式会社設立
1926年	住友生命保険株式会社に社名変更
1952年	住友生命保険相互会社に社名変更
2000年	住友海上と全面提携
2001年	三井住友銀行ATMで、契約者貸付手続きのサービス開始 三井住友銀行・三井住友海上・三井生命との全面提携について合意
2002年	銀行等の窓口にて年金商品の販売開始 三井住友銀行・三井住友海上・三井生命との全面提携に基づく、運用子会社５社による新会社「三井住友アセットマネジメント」営業開始
2003年	三井住友銀行ATMでのサービス拡大
2004年	アメリカン ライフ インシュアランス カンパニー（アリコジャパン）との業務提携について合意
2005年	三井住友銀行・住友信託銀行・三井住友海上火災保険と「住友経営テクノロジー・フォーラム」設立 中国人保控股公司(PICC Holding Company）との合弁生命保険会社「中国人保寿険有限公司」を設立・開業
2008年	ゆうちょ銀行なおよび郵便局にて変額個人年金「たのしみYOU」販売開始 かんぽ生命にて法人向け商品「エンブレムYOU」販売開始
2009年	ベトナム農業農村開発銀行と保険事業で提携
2010年	三井生命との共同出資生保「メディケア生命」営業開始
2011年	新主力商品「Wステージ」発売
2015年	新主力商品「未来デザイン1up(ワンアップ)」発売
2016年	米生保「シメトラ社」買収

また、２０１１年2月からは、三井住友銀行の店頭で一時払いがん医療終身保険を販売している。

２０１４年4月から新3ヵ年計画「スミセイ中期経営計画２０１６～ブランドの進化と新たな成長路線を確立する3カ年計画～」をスタート。経営資源をライフデザイナー（営業職員）、金融機関等代理店・保険ショップ、海外事業といった成長・規模拡大に資する分野に振り向けていくことで、グループ全体で成長路線を確固たるものとする計画だ。

成長戦略では、マルチチャネル戦略として、優秀な人材の採用と育成を強化しつつ、先進の商品の開発・提供、若年層顧客へのアプローチ強化、先進のコンサルティングとサービスの提供等を通じて販売・サービス体制の強化を急いでいる。

また、金融機関等代理店・保険ショップなど業界最大規模の広範な販売ネットワークや保険ショップを通じて、多くの顧客にアプローチし、当社商品および子会社であるメディケア生命の商品の販売推進を掲げている。

海外戦略は他社に比べてより慎重な姿勢を貫くが、成長戦略として海外事業を位置づけている点では同業他社と変わりない。

現在、海外進出先はアジアの3カ国。２００５年に中国で現地保険会社との合弁で中国人民人寿保険（ＰＩＣＣ生命保険）を設立したのを皮切りに、２０１３年はベトナムのバオベト・ホールディングス、同年12月にはインドネシアのＢＮＩライフ・インシュアランスの株式約40％を取得することで合意した。ＰＩＣＣ生命はこの10年で新契約収入保険料において、中国で上位5位以内に食い込むなど大きく飛躍。既存出資先は3社とも着実に成長している。

ただ、利益への貢献度合いでみると、海外事業が30％を占める第一生命保険と比べると本格的な収益貢献はまだ先になるが、時間をかけて、じっくりと事業を発展させる構えだ。

２０１６年2月に、買収した米国の上場生命保険グループであるシメトラ社を完全子会社化。これで、米国市場への大きな足がかりを構築し、２０１６年度からシメトラ社の実績が住友生命グループのフロー収支に貢献している。

9
CHAPTER4

主要企業のプロフィール

⑤T&Dホールディングス

3保険経営統合で、グループ企業価値アップ目指す

家庭市場に強みを持つ太陽生命、中小企業市場を中心とする大同生命、変額個人年金市場を中心とするT&Dフィナンシャル生命（かつての東京生命）の生命保険会社3社を中核とし、2004年に設立された金融持株会社。グループ3社が、各々の強みを最大限に発揮して事業収益を最大化させることで、グループ企業価値向上を目指している。

持株方式による経営統合の第1の目的は、事業ポートフォリオの安定化。独自のビジネスモデルを持つニッチプレーヤー同士の統合で、それぞれが独立した事業ユニットを形成。各事業ごとの業績変動リスクを分散し、グループ全体の持続的安定成長を図ることが可能となった。

第2の目的は機動性の向上。持株会社がグループ経営を管理、生保子会社が販売に専念する形を取ることにより、持株会社が容易に、グループ全体の経営資源を収益性・成長性の高い事業へ機動的に集中配分することができるようになった。同時に、M&Aや新規事業開発へ資本を投下する際も、子会社の独立性を保ったまま、企業間のリスクを遮断した積極的な取り組みが可能だ。

第3の目的は、競争力の強化。共通インフラを徹底的に集約し、余剰の経営資源をより収益性の高い事業に再配分することにより、経営効率の向上が期待できる。

大同生命はTKC全国会（公認会計士・税理士による全国組織）の募集代理店化などを通して、中小企業に強みをもち、2002年4月に株式会社に組織変更し、東証1部、大証1部に上場した。財務の健全性は生保業界でもトップクラスを誇る。201

０年に新発売した、中小企業経営者が重大疾病（がん、急性心筋梗塞、脳卒中）にかかり、リタイア・不在となるリスクにフォーカスした「Ｊタイプ」保険を武器に拡販に全力投球。Ｊタイプ保険は、これまで経営者の死亡リスクを定期保険を主力にカバーして売ってきたが、経営者の人的リスクの概念を重大疾病にまで拡大できることから、マーケットの拡大と収益源の多様化に大きく貢献している。

２０１６年３月末の新契約高は、主力商品の個人定期保険およびＪタイプの伸展、介護新商品の販売が好調で、前期から６・２％増加して４兆３１５５億円に。保有契約高は39兆２０５９億円で１兆４９２億円増やした。

太陽生命は小額貯蓄性保険「ひまわり」を主力に業績を伸ばし、２００３年４月に東証１部、大証１部への上場を果たしている。２０１６年３月末の新契約高は、銀行窓販での一時払い個人年金保険の販売を停止したことなどで前期比で減少したが、保有契約高は21兆９８３５億円と高い水準を維持、２０１６年３月より販売を開始した選択緩和型商品「ひまわり認知症保険」は好調な出足を保っている。

一方、Ｔ＆Ｄフィナンシャル生命はＴ＆Ｄ保険グループの銀行窓販チャネルを一手に握っている。当

■T&Dホールディングスの国内主要企業集団の構成

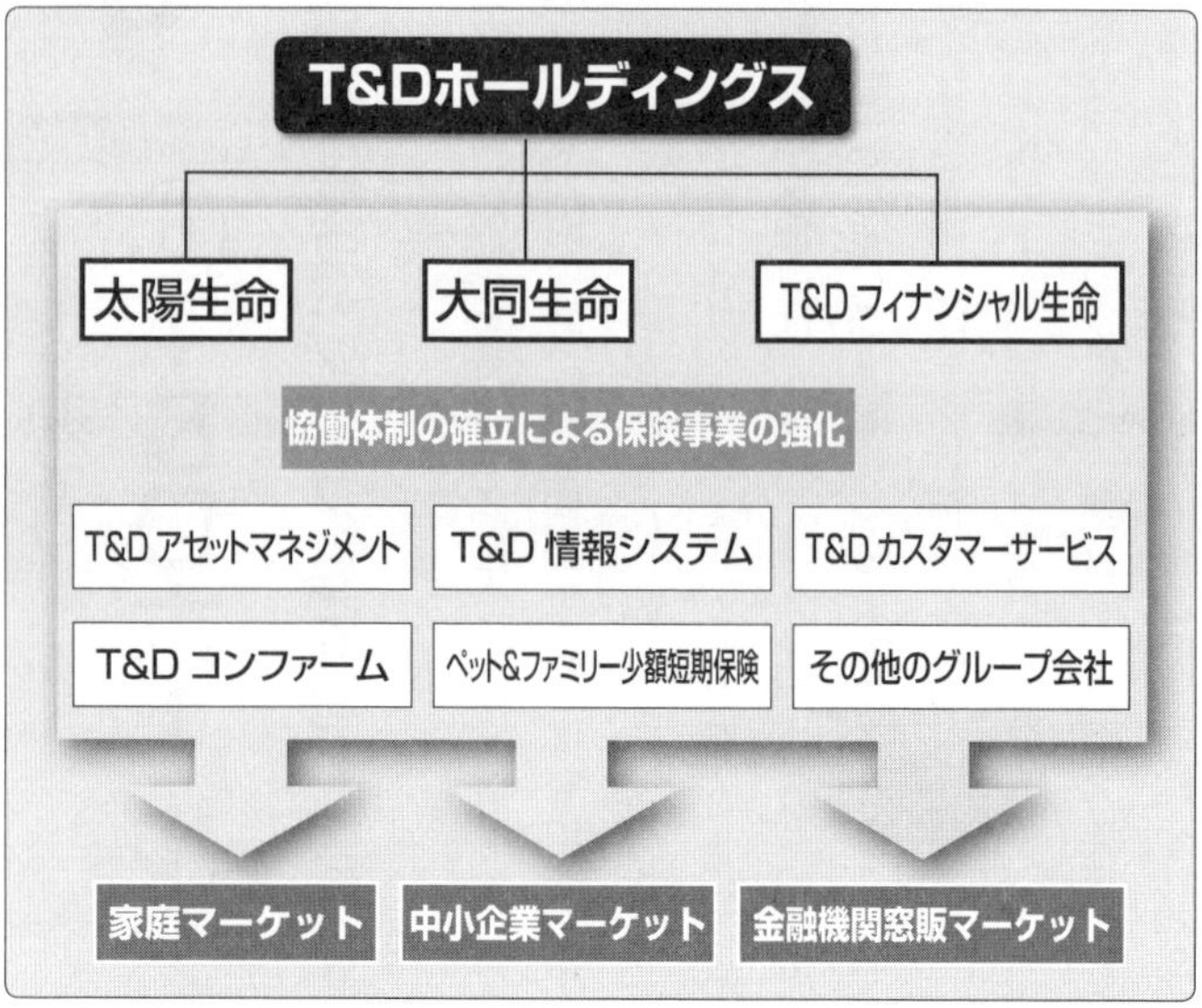

初は、営業職員チャネルと銀行窓販チャネルを両輪とした事業展開を行なっていたが、２００５年に営業職員チャネルを太陽・大同生命に移管し、銀行窓販の専門会社として再スタートしている。２０１６年3月末は、新契約高は低金利下で円貨建て一時払い終身保険の販売を停止したため前期比で減少したが、平準払い商品は増加しており、保有契約高は１兆８０８７億円で前期から若干だが増加している。

３社合計の２０１６年3月期末の保険料収入は１兆５７４５億円、基礎利益１５３０億円で、住友生命に次いで業界4位の地位を守っている。

今後10年を見据えて中核生保3社がフォーカスする新たなビジネスチャンスとして、太陽生命は家庭市場においてシニア層の人口の増加、一人暮らしの高齢者世帯の増加、年金・医療・介護における自助努力の必要性の高まりなど、家庭市場の開拓領域を一層拡大する。大同生命は、法人契約市場の「トータル保障提案」推進によるシェア拡大に加え、シニア層とも重なる経営者個人・個人事業主層の生活保障ニーズの高まりなどを背景に中小企業市場の開拓を急いでいる。

また、Ｔ＆Ｄフィナンシャル生命は、ニーズ、ライフスタイルの変化等によるチャネルの多様化に加え、シニア層の人口の増加に伴う資産形成・相続対策等ニーズの高まりなど、乗合代理店市場の開拓領域に力を入れる方針だ。

歴史

T&Dホールディングス

1999年	太陽生命、大同生命が全面的な業務提携を発表
	グループ名称を「T&D保険グループ」に決定
2001年	T&Dフィナンシャル生命としてグループ入り業務開始
2002年	大同生命、株式会社に組織変更。東京証券取引所・大阪証券取引所に上場
2003年	太陽生命、株式会社に組織変更。東京証券取引所に上場
2004年	株式会社T&Dホールディングスを設立。東京証券取引所・大阪証券取引所に上場（太陽生命、大同生命、T&Dフィナンシャル生命はT&Dホールディングスの完全子会社となる）
2005年	T&Dフィナンシャル生命、営業職員チャネルのグループ内再編を実施
2006年	グループ4社（T&Dホールディングス、太陽生命、大同生命、T&Dフィナンシャル生命）の本社機能及びT&Dアセットマネジメントを集約・移転
2007年	日本ファミリー保険企画（現ペット＆ファミリー少額短期保険）を子会社化
	T&Dアセットマネジメントを直接子会社化
2008年	太陽生命、"保険組曲BEST"発売
	T&Dフィナンシャル生命、400億円の資本増強を実施
2009年	T&Dホールディングス、新株式発行ならびに株式の売出しを実施
	太陽生命、500億円、大同生命、700億円の資本増強を実施
2011年4月	T&Dホールディングス、社長交代

10
CHAPTER4

主要企業のプロフィール

⑥ソニー生命保険

ライフプランナーによる営業提案を確立

ソニー生命は、1979年にソニーと米国最大の生命保険会社ザ・プルデンシャル・インシュアランス・カンパニー・オブ・アメリカとの合弁でソニー・プルデンシャル生命保険㈱として設立。その翌年の4月から営業を開始した。その後プルデンシャルから全株を買い取りソニー生命となった。

1994年4月にソニーの100％子会社となり、2004年4月にソニー損保、ソニー銀行とともに日本初の保険と銀行を傘下に置く金融持株会社、ソニーフィナンシャルホールディングスを設立、傘下に入った。2014年に創立35周年。

販売チャネルは、ライフプランナーと呼ばれる保険外交員によるコンサルティング営業及び募集代理店。ソニー生命創業時の1980年代は監督官庁の下、製品・価格・営業など様々な面で規制が強く、生保各社の経営形態・経営戦略は殆ど同じだった。

そこで、ライバルとの差別化戦略として新たなビジネスモデルを確立。大卒以上で異業種での営業実績をもった男性をライフプランナー（営業職員）として採用し、顧客の包括的な資産運用ニーズを把握しながら、営業提案ができる体制を構築。

営業開始以来、保有契約が順調に増加し続けているが、生保業界全体として死亡保障分野の販売が落ち込む中、ソニー生命ではこれまでどおり死亡保障分野をビジネスの中心に、主力商品は、死亡保障保険、医療・学資、生前給付保険などで成長してきた。

ソニー・ライフケアで介護事業に参入

2009年には、ソニー生命とエイゴングループ（南北アメリカ、ヨーロッパ、アジアの20カ国以上で事業を展開する世界有数の生命保険、年金保険およびアセットマネジメントを事業の柱とする企業グループ）のエイゴン・インターナショナルとの合弁で設立した、銀行窓販を担うソニーライフ・エイゴン生命が営業を開始。また、２０１３年には、一生涯にわたって安心して豊かに暮らせる社会の実現を目指して介護事業に参入、介護事業を統括する持株会社であるソニー・ライフケアを設立した。

歴史

ソニー生命保険

1979年	ソニー、ザ・プルデンシャル・インシュアランス・カンパニー・オブ・アメリカとの合併で、ソニー・プルーデンシャル生命設立
1980年	ソニー・プルデンシャル生命に商号変更
1987年	ソニー・プルコ生命に商号変更
1989年	がん保険発売
1991年	ソニー生命に改称
1992年	総合医療保険発売（終身医療保険で業界初）
1999年	総資産１兆円を超える
2000年	投資信託「グローバル・ラップ」販売開始
2004年	ソニー設立の金融持株会社に参画。 ソニー銀行による個人年金保険商品の販売開始
2008年	北京駐在員事務所を開設
2009年	台北駐在員事務所を開設。 金融庁より生命保険業免許取得
2010年	100% 出資子会社「株式会社リプラ」設立
2014年	北京駐在員事務所閉鎖

新商品開発にも積極的で、２０１４年には生存時に大きな病気やけがをした場合、収入の減少または治療費の支出などさまざまな経済的負担が発生しても、顧客が安心して生活を送れるよう特定障害状態・要介護状態の保障を充実させた商品である「生前給付終身保険（生活保障型）」および「生活保障特約14」を発売した。

グループ中核3事業（生命保険・損害保険・銀行）は、それぞれ独自性のあるビジネスモデルを構築し、着実に業容を拡大している。ソニー生命、ソニー損保およびソニー銀行は、いずれも既存の業界他社と異なるビジネスモデルを実現することで差異化。例えばソニー生命のライフプランナーが、ソニー損保の自動車保険やソニー銀行の住宅ローンを販売するなどのグループ内の連携を図っている。

２０１６年3月期決算では、保有契約高、保有契約件数が前期比5％超増加、保険料等収入は前期比12・5％増の1兆２８０億円で業界6位を守ったが、基礎利益は減少した。

11

CHAPTER4

主要企業のプロフィール

⑦フコク生命保険

堅実経営を武器に、有料契約を獲得

堅実経営で長い歴史を持っており、元来は徴兵保険会社であり、富国徴兵保険と称していた。戦後、生命保険会社に転換。旧根津財閥系企業に属するが、戦後、日本勧業銀行と親密な関係を持っている。このため、現在も同行の後身であるみずほ銀行が属するみずほフィナンシャルグループとは親密な関係を保っている。

バブル時代も含めて規模の利益を追わない「保有純増主義」を堅持。優良契約の獲得、アフターフォローの徹底によって失効・解約の防止に努め、解約失効率は低いことで定評がある。

銀行窓販にも前向きで、みずほ銀行や全国300強の信用金庫と提携。定額年金保険の販売で、生保業界内でトップクラスの販売実績を誇っている。2006年に共栄火災海上保険と業務提携。共栄火災の子会社だった共栄火災しんらい生命の80%を譲り受け、同社をフコクしんらい生命に社名変更。

商品戦略の特徴は第3分野商品の開発に積極的なこと。介護保障分野では、公的介護保険制度導入時から、制度の補完的な役割を果たす介護保障商品の開発に取り組み、公的介護保険の要介護2以上と認定された場合に保険金などを支払う、公的介護保険制度連動型の保険を販売。その後、主力商品である「ケア・イズム・アドバンス」や保障範囲をさらに広げた新タイプの介護商品を開発・販売している。

医療保障分野では、0泊1日の日帰り入院からの入院保障や、公的医療保険に連動した手術保障などの特徴を備えた「医療大臣プレミア」を発売。また、以前から日本初の高度先進医療特約や移植医療特約といった画期的な商品の開発にも積極的だ。

募集代理店チャネルでは代理店ショップ店頭での保険販売、代理店が運営する保険比較サイトを通じての通信販売や、代理店とフコク生命営業職員との共同募集販売など多様な販売形態の導入に取り組んでいる。

２０１６年３月期決算は、２社合算の新契約高は、フコク生命、フコクしんらい生命共に増加し、前年対比６・４％増の２兆18億円に。２社合算の保有契約年間保険料は、フコク生命が個人年金などの貯蓄性商品販売、フコクしんらい生命が金融機関窓販の新契約が伸びて２社ともに増加し、前年度比１・９％増の５７５２億円。うち、第３分野も０・８％増の

フコク生命グループの企業集団

フコク生命

- **保険事業**
  - フコクしんらい生命
- **保険関連事業**
  - 富国保険エージェンシー
  - 富国生命インシュアランスサポート
- **資産運用関連事業**
  - 富国生命投資顧問
  - 富国生命インターナショナル（英国）
  - 富国生命インターナショナル（米国）
  - 富国生命インターナショナル（シンガポール）
- **総務関連事業等**
  - 富国ビジネスサービス
  - フコク情報システム
  - 富国生命スタッフサービス

歴史

フコク生命保険

1923年	富国徴兵保険相互会社として創業
1945年	富国生命保険相互会社に改称
1961年	社員配当の自由化が認められ、業界最高水準の配当金決定
1962年	業界初の純保険料式責任準備金の積立実施
1985年	富国保険サービス設立
1986年	富国生命投資顧問設立
1990年	富国生命インターナショナル（英国）設立
1994年	富国生命インシュアランスサポート設立
2002年	富国生命インターナショナル（米国）設立 移植医療を保障する日本初の「移植医療特約」発売
2008年	フコクしんらい生命保険㈱業務開始
2015年	生活障害補償特約発売

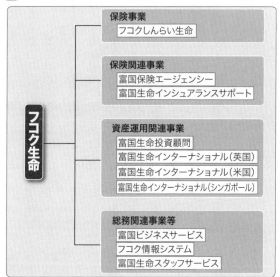

1092億円。2社合算の基礎利益は、1・2％減の948億円。高い健全性を維持し、連結ソルベンシー・マージン比率は145・8ポイント上昇の1341・5％と過去最高に。

顧客への一層のサービス向上にも力を入れており、2015年12月より、「フコク生命あんしん健康相談ダイヤルj」を開始。企業保険に加入している顧客は24時間無料で（一部コンテンツを除く）、「健康・医療相談」「専門医相談（セカンドオピニオン情報）」等の電話相談サービスの他、「メンタルヘルス対面カウンセリング」等の幅広いサービスが利用できる体制を作った。

新商品投入では、2015年10月1日に健康状態などの告知なしで加入できる、一時払い終身保険として「スマートAge」（5年ごと配当付一時払い終身保険［告知不要型］）を発売。

①加入時に健康状態などの告知は不要なため、健康に不安のある人でも加入できる。②保険料一時払いで、一生涯の死亡保障を確保する。③解約払戻金による資産形成機能を兼ね備えているため、各種の資金準備にも活用することができる―といった特徴がある。

また、2016年4月には、従来の保障内容をバージョンアップさせるとともに、生活習慣病の退院後療養や出産といった新たな概念の給付事由も盛り込んだ新型の医療保険『医療大臣プレミアエイト』（医療保険（16）・終身医療保険（16）［払戻金なし型］）を発売した。8大生活習慣病を手厚く保障、日帰り入院でも「10日分」の入院見舞金が出るなどに特徴がある。

低金利が続く環境下で、生保業界では運用強化が一層大事になっているが、2016年4月に、子会社である富国生命リサーチ（シンガポール）がシンガポールにおける資産運用業務を開始した。

フコク生命は現在、ロンドンおよびニューヨークの資産運用子会社を通じて、欧州および北米における有価証券投資を行なっているが、シンガポールを拠点としてアジアにおける資産運用を開始することで、グループにおけるグローバルな資産運用態勢を確立した。

12 CHAPTER4

主要企業のプロフィール

⑧朝日生命保険

営業力強化、ビジネスモデルの進化が課題

１８８８年に帝国生命保険として設立され、１９４７年に朝日生命保険相互会社として相互会社に変更。

旧古河財閥に属し、現在も古河グループや旧第一勧銀グループ（三金会）のメンバー企業として名を連ねている。このため、旧第一銀行（現在のみずほ銀行・みずほコーポレート銀行）と関係が深く、みずほグループに近い。

歴史も古い。生命保険大手5社の一角を長年に渡って占めていたが、バブル崩壊後の不良債権処理、有価証券運用の失敗などから財務体質が悪化。一時は経営不安説まで流れた時期もあった。

２００１年当時の不況と株安による経営悪化から、朝日生命の新規営業部門を東京海上あんしん生命保険へ移管。２００３年には、自社を株式会社へ転換させ、あんしん生命と合併し「ミレア生命保険」を発足させることを発表したが、２００３年1月に白紙撤回。ミレア保険グループからも脱退した。

ここ数年は、財務面の強化とともに、如何にして営業力を強化し保険料収入を増やすかが主要な課題になっている。主力商品は「保険王」。介護・死亡・医療保険を組み合わせて、ライフステージやニーズの変化に対応した保障を準備できるもの。また、第3分野商品としては、返戻金・死亡給付金をなくして保険料を低く抑えた「生活習慣病保険」（返戻金なし型）や入院準備費用、女性特定疾病に対応する商品など、ラインアップの強化を図ってきた。

なお、損害保険事業に関しては子会社を設立せず、親密な損害保険会社と業務提携を行なう戦略をとっている。

また、銀行窓販に積極的で2011年1月には窓販用の新商品として、医療保障とガン保障が一つの保険で準備できる「医療とがん『ダブルのそなえ』」を発売している。2016年6月27日より、代理店専用商品『スマイルメディカルネクスト（無配当新医療保険（返戻金なし型）S』を発売。代理店チャネル専用の保険商品ブランド『スマイルシリーズ』として販売している『スマイルメディカル（無配当医療保険（返戻金なし型）S』の保障内容を刷新したもので、短期化傾向にある入院及びがんを含む生活習慣病に対して、今まで以上に手厚い保障を準備。さらに、悪性新生物・6大疾病で所定の状態の時、以後の保険料の払込みが免除で保障が一生涯継続するため、長期化リスクや就業不能リスクがある生活習慣病の治療に専念出来る利点がある。

2016年3月期決算では、保険業績面では、新商品の投入効果等によって新契約が伸び、とくに同社が力を入れている第3分野の新契約・保有契約が好調だった。また、収益面では基礎利益は前年度並みの水準を確保。財務面では、健全性指標であるソルベンシー・マージン比率は前年度末より向上し、実質純資産額も前年度末より増加した。

これまでの10年間は、事業の効率化や保有契約の防衛、ダウンサイドリスクへの耐久力強化等を図ってきた。また、収益力の向上・財務面の強化を主眼に、営業面では新規契約への販売シフトによる営業職員チャネルの生産性向上と代理店事業の拡大等を通じた「保障性商品の保有契約（年換算保険料）反転」を、収益・財務面では、安定したフロー収益の確保やリスク性資産の削減等を通じた「健全性指標の大幅な向上」に取り組んだ。

資産運用収益拡大に注力

そして今実行中の中期計画（2015年～2017年度）では、これからの10年を見据え「マーケット競争の中で成果を出す3年間」かつ「将来の成長に向けた礎を築く3年間」と位置づけた。具体的には、「商品・サービスの開発やチャネル体制強化への投資拡大」「積極的な資産運用収益拡大」を図り、

1. ビジネスモデルの進化
2. 組織・働き方の進化
3. 財務体力の進化

の3大改革テーマのもと大胆な戦略を展開する。

例えば、1では国内生保マーケットを細かくセグメント化し、それぞれのニーズに沿った商品を最適なチャネルで提供。とくに、朝日生命の強みである「シニア層マーケット」「女性層マーケット」「経営者層マーケット」の3つを戦略マーケットと位置づけて商品の開発に取り組む。とりわけ、介護保険分野については2017年度までに保有契約件数業界No.1を目指している。

朝日生命グループの企業集団

朝日生命
- 朝日生命成人病研究所
- 朝日生命ライフアセットマネジメント
- 朝日生命エヌベスト投資顧問
- 朝日生命不動産管理
- 朝日生命生命カードサービス
- 朝日生命保険サービス
- 朝日生命生命ビジネスサービス
- A＆Iインシュアランス・ネクスト

など

歴史

朝日生命保険

1888年	帝国生命創業
1947年	朝日生命保険相互会社創立
1948年	業界に先駆け、団体月払保険の取り扱いを開始
1963年	新宿に本社社屋完成
1991年	ノート型パソコン「ハンディアイ」の全営業職員携帯を開始
2001年	画期的な保険システム「保険王」を発売
2002年	経営改革計画「朝日生命プロジェクトR」スタート
2004年	「生活習慣病保険」「介護終身年金保険」「介護一時金保険」の発売
2005年	「生活習慣病保険（返戻金なし型）」「レディースパック」の発売
2006年	「新医療保険（返戻金なし型）」「新がん保険（返戻金なし型）」「保険王イリョウのそなえ」の発売
2007年	「新長期生活保障保険」「保険王メディカル」の発売
	「新・営業職員体制」の構築
2009年	中期経営計画「Change(変革と挑戦)」スタート
	銀行窓口販売の取り扱いを開始
	「保険王『女性の保険　私らしく』」の発売
2010年	「保険王プラス」の発売
2011年	"医療"と"がん"「ダブルのそなえ」の発売
	保険ショップでの販売を開始
2014年	初期生活習慣病入院一時金特約（返戻金なし型）発売
	「かなえる終身保険」「かなえる定期保険」発売

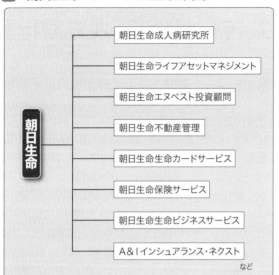

COLUMN

再編圧力増し、苦悩が続く「地方銀行」

メガバンクは人気も高いが

ある雑誌の2017年４月入社予定の就職戦線特集を読むと人気ランキングともいえる「学生の心をつかんだ企業」上位10社に銀行、保険、証券会社といった大手金融機関が７社入っている。銀行で人気が高いのはやはりメガバンクだ。

そんななか、地方銀行の人気は年々落ちている。かつては、地元の地方銀行に就職すれば親戚の誉れも高く、一生食いっぱぐれはないとさえ言われた。それが、地方経済の疲弊と共に、貸金ビジネスでの収益が落ち込む都度、地方銀行は金融庁から「数が多すぎる」とさんざん嫌みを言われてきた。

最近、その金融庁は「地方銀行の６割超が９年後の2025年３月期に、企業・個人向けの融資や金融商品の販売手数料などの顧客向けサービス業務の利益で経費を賄えない本業赤字になる」との試算を発表した。

何の事はない。「だから早くどこかと一緒になって強くなりなさい」とまたもや再編を催促したわけだ。「政府は、デフレも解消できないのに勝手なことばかり言うな」との地銀からの怨嗟の声が聞こえそうだ。

しかし、ゼロ金利の影響などもあって今後収益が落ち込むことは避けられない。

剰余金乏しく経営維持に不安も

三菱ＵＦＪグループ（約８兆6653億円）、みずほグループ（約３兆2382億円）。この数字は、2016年６月末の利益剰余金（分配しないで蓄えた利益）だ。これに対して、いくつかの地方銀行の利益剰余金は次の通りだ。千葉銀行（5375億円）、静岡銀行（6669億円）、常陽銀行（3376億円）、佐賀銀行（605億円）、島根銀行（79億円）。

決算で赤字になるとこの利益剰余金で穴埋めをしたり、新たな設備投資など攻めの経営の原資になる。剰余金がなくなっても、資本金や資本剰余金などを食いつぶさない限り倒産はしないが、この剰余金は安定経営の指標だ。

今の地方銀行は、含みが生じている国債などの債券を売って収益の化粧をやって、何とか利益を出しているが、含み益は一度はき出せばなくなる。

金融庁は、「取引先企業の経営改善に力を貸し、資金需要の拡大等に努力しろ」と言う。しかし、地方企業はデフレが治まらない日本経済に埋没して浮上が厳しい。地方銀行の苦悩は続いている。

5

CHAPTER

損害保険

業界のしくみ・展望・主要企業

1 CHAPTER5 損害保険会社のしくみと役割

損害発生のリスクから算出される保険料率

損害保険とは、自然災害や自動車の衝突事故など、偶然の事故により生じた損害を補償するもので、人の生死に対して保険金が支払われる生命保険とは大きく異なる。

日本損害保険協会に所属する損害保険会社は26社（2016年3月末現在）。

多くの損害保険会社は、海上保険か火災保険が設立の起源であり、よって、かつての保険の中心は海上保険と火災保険だった。

しかし、モータリゼーションの進展とともに自動車保険の構成比が急拡大。現在、ほとんどの損害保険会社において、自動車保険への依存度が高くなっている。

とはいえ、損害保険は社会の高度化・多様化とともに種類も増えていき、さまざまな商品が誕生している。保険商品として損害保険がどういうしくみで成り立っているか、まず理解しておこう。

契約者が支払う保険料（損害保険料）は、被保険者の損害を補償するための対価として、保険会社が保険契約者から受領する金銭である。その保険料は、保険事故が発生したときに、被保険者に支払われる保険金の限度額である保険金額に保険料率を乗じて算出される。

保険料率は、過去の損害発生における頻度（リスク）の統計などから綿密に計算される。この保険料率は長い間、保険業界全体が同一のものを使用してきた。だが、1993年に始まった日米保険協議をきっかけに1998年に自由化され、いまでは各社が独自に算出している。

また保険料は、保険金の支払い部分である「純保

損保26社の元受正味保険料、正味保険料（2015年4月～2016年3月）

保険種類	元受正味保険料			正味保険料		
	前年同期数値	当年度数値	増減率	前年同期数値	当年度数値	増減率
火　災	1,514,817	1,591,257	5.0	728,242	684,291	Δ6.0
海　上	222,671	218,404	Δ1.9	109,140	115,513	5.8
運　送	64,179	65,408	1.9	28,030	26,917	Δ4.0
自動車	3,863,948	3,991,169	3.3	2,130,773	2,110,931	Δ0.9
傷　害	1,037,300	999,493	Δ3.6	353,461	346,272	Δ2.0
新　種	1,089,836	1,176,970	8.0	484,921	515,306	6.3
自動車損害賠償責任	1,028,895	1,020,958	Δ0.8	770,819	769,615	Δ0.2
合　計	8,821,694	9,063,694	2.7	4,605,440	4,568,888	Δ0.8

出所：社団法人日本損害保険協会　　単位：百万円、%

険料」と、保険会社が運営していくためのコストにあたる「付加保険料」で構成される。この付加保険料には人件費や物件費、代理店手数料などが含まれる。

ヒト保険分野のニーズが拡大

保険会社を規制する法律である保険業法は、生命保険を第1分野、損害保険を第2分野、医療保険やがん保険などを第3分野と分類している。第3分野は生命保険会社、損害保険会社のどちらもが扱える商品である。

また、その他の分類方法として、多種多様な損害保険商品を、大きく次の4つに分けることができる。

①物保険
②ヒト保険
③賠償責任保険
④その他の保険

「物保険」は、その名の通り物にかける保険をいう。火災保険や自動車保険の車両保険、海外でカバンを盗まれたときの物損害（携行品損害）などに適用さ

損害保険のしくみ

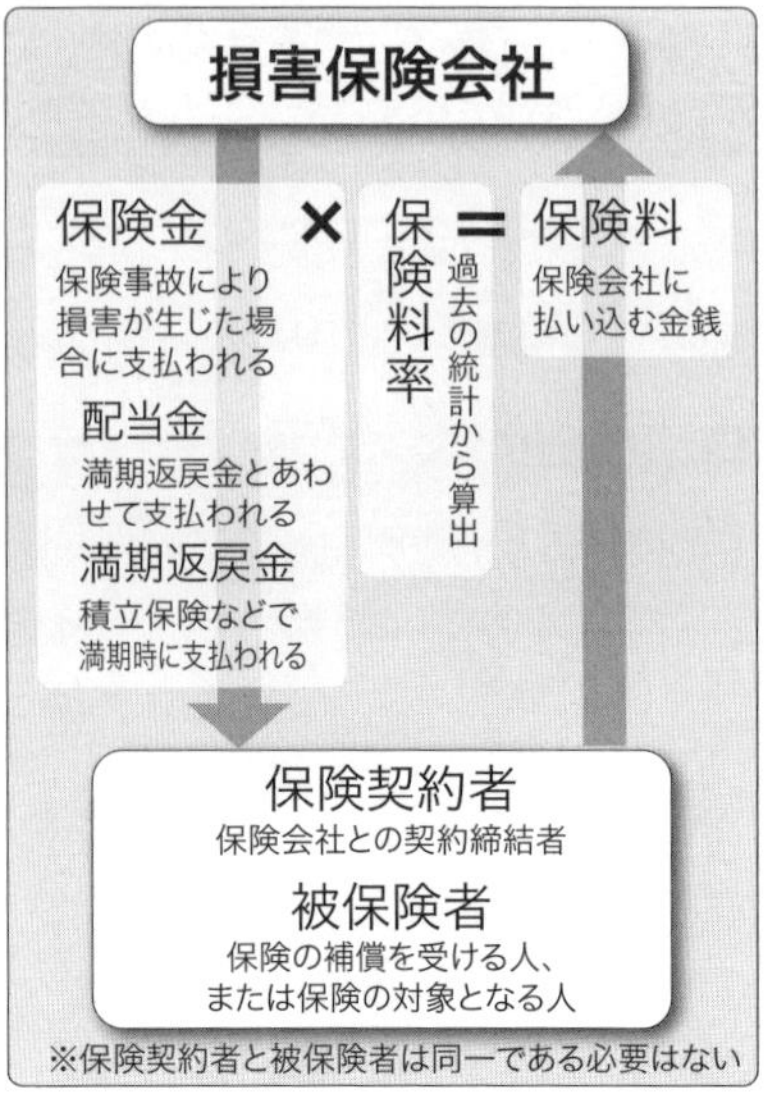

保険料の構成

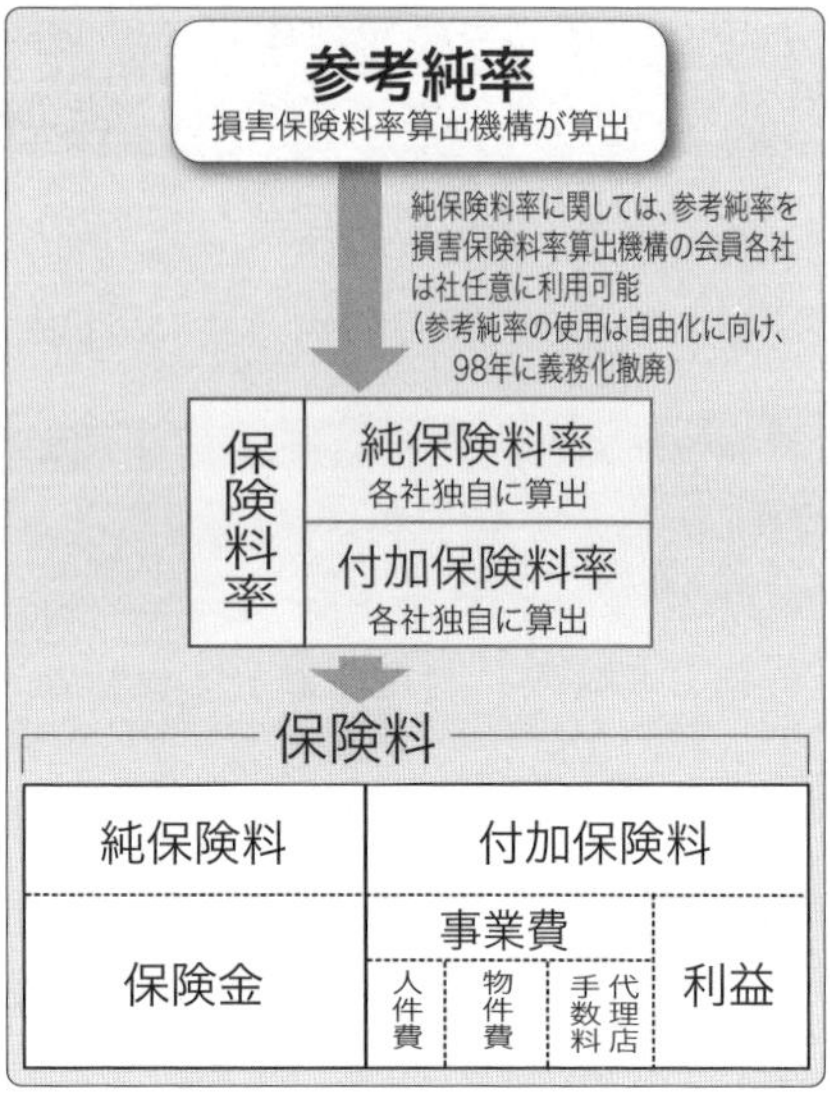

れる海外旅行傷害保険、工場の設備などにかけられる機械保険などがこれにあたる。

「ヒト保険」は、人の身体に関する保険で、傷害保険や医療保険、介護費用保険、さらには自動車保険の搭乗者傷害保険などが含まれる。

そして「賠償責任保険」は、他人の身体や物に損害を与えてしまったときに備える保険で、対人賠償と対物賠償がある。代表的なものとして個人賠償責任保険、生産物賠償責任保険（PL保険）、請負業者賠償責任保険、施設所有者賠償責任保険など。

「その他の保険」は、①～③に該当しない保険で、例えばゴルファー保険のホールインワン・アルバトロス費用の保険や、店舗などが火事にあったときの休業保険などがある。

高齢化社会の到来で、ヒト保険分野へのニーズが高まっているが、生命保険会社や外資系保険会社との競合も一段と激しさを増しているのが現状だ。

損害保険のさまざまな役割

損害保険には、自然災害や自動車事故などが発生

保険商品の分類

分　類	定　義	主な保険の種類
生命保険～第１分野	人の生死に対して一定額を支払う保険	定期保険、終身保険、個人年金保険、養老保険など
損害保険～第２分野	一定の偶然の事故によって生じる損害を支払う保険	自動車保険、火災保険、海上保険、賠償責任保険など
第３分野	生損保の垣根が低くなり、明確に区分できない保険分野	医療保険、がん保険、介護保険、傷害保険、所得保障保険など

分　類	定　義	主な保険の種類
物保険	対象が家財、車など何らかの品物である保険	火災保険、車両保険、海外旅行傷害保険、機械保険など
ヒト保険	対象がヒトの身体である保険	傷害保険、医療保険、介護費用保険、搭乗者傷害保険など
賠償責任保険	第３者に損害を与えたときに備える保険	個人賠償責任保険、生産物賠償責任保険（ＰＬ保険）、請負業者賠償責任保険など
その他の保険	上記に該当しない保険	ゴルファー保険（ホールインワン・アルバトロスの費用に対する）、休業保険など

した際の経済的・財産的な損失をカバーするという大きな役割があるが、それに加えて損害防止機能を持っているという点も見逃せない。自動車保険では、無事故の運転者に対して保険料を割り引く制度がある。火災保険でも、防火設備の有無や構造によって保険料に差が設けられている。つまり、危険度の少ない契約者や建築物に対して保険料を優遇することで、損害防止を促しているというわけだ。

また、被害者救済の機能も併せ持っている。日常生活で人的な被害を与えてしまった場合、被害者に対して何らかの賠償責任を負うことが求められる。しかし、個人の資力で負える賠償責任には限界がある。そこで、加害者が加入している損害保険で、被害者を救済することになる。

例えば自動車損害賠償責任保険は自動車損害賠償法に基づいて、自動車を使用する際に加入することが義務づけられている強制保険であるが、その目的は損害保険により、自動車事故による被害者を社会的な制度として救済しようというものだ。

2
CHAPTER5

最近の業界動向と海外戦略

保険料値上げ効果に限界も、海外に期待

損保業界は2010年4月から3メガ体制となった。東京海上日動火災を中心とする東京海上ホールディングス（東京海上グループ）、三井住友海上、あいおい、ニッセイ同和損保の3社が経営統合したMS&ADホールディングス（MS&ADグループ）、そして損保ジャパンと日本興亜損保が統合したSONPOホールディングス（SONPOグループ）の3グループだ。

それぞれが、生き残りを賭けた経営統合を選択し、当分はこの3メガ体制が続きそうだが、経営環境はかならずしも楽観視はできない。

損害保険大手3グループの2016年3月期連結決算は、最終純利益がいずれも過去最高となった。2015年秋の火災保険料引き上げ前の駆け込み需要や、主力の自動車保険が好調で全体の利益を押し上げた。加えて10数年来、大手各社が戦略課題にしてきた海外保険会社買収が収益の柱に育ってきた。

3グループ合計の連結正味収入保険料は、8兆8965億円で前年比3・7%増。MS&ADグループは、初めて3兆円の大台に乗った。3グループ合計の最終純利益は5956億円で同36・0%の増益を確保。中でも、SOMPOグループは前期比2・9倍増の1595億円を確保した。ちなみに、3グループの直近の最終純利益合計を見てみると、2014年3月期が3217億円、2015年3月期が4379億円で、3期連続伸張している。

これを、グループ傘下の主要損害保険会社別に2016年3月期決算を見ると次ページの表の様になる（単位億円）。

決算数字は、各グループとも好調だ。だが、今後

の経営は必ずしも楽観視できない。

　各社とも２０１５年10月に火災保険料を２・４％引き上げたことが収益増の大きな要因だからだ。

	最終純利益	正味収入保険料
東京海上日動	3,016	21,283
三井住友海上	1,139	15,071
あいおいニッセイ同和	310	11,920
損保ジャパン日本興亜	1,262	22,184

　また、２０１５年8、9月の九州地方の台風被害や北関東の水害など大規模災害が相次ぎ、保険金支払い総額は3グループとも膨らんだため、自然災害発生リスクが高まったとして10年超の火災保険の販売を中止した。このため２０１５年9月までに火災保険の駆け込み契約が急増し、収入を押し上げた。

　最も収益を押し上げたのは自動車保険の相次ぐ値上げだった。こうした、保険料値上げに頼る経営には限界がある。現実に、ＳＯＮＰＯグループは、今後の火災保険の駆け込み需要の反動を懸念している。

　一方で、こうした懸念をカバーできる有力な柱が育ってはいる。海外保険部門だ。例えば、２０１５年10月に米保険会社「ＨＣＣインシュアランスＨＤ」を買収した東京海上グループや、同じく同年２月に英国の損保大手アムリンを買収したＭＳ＆ＡＤグループは、今後正味収入保険料の押し上げが期待できると見ている。

　損保業界は、１９８０年代から始まった金融自由化以降、国内での競争激化と外資系保険会社の日本マーケットへの本格参入が進む一方で、１９９０年以降の自動車保険の不振、台風などの自然災害で業績が悪化。さらに、１９９６年の新保険業法施行、金融ビッグバン等により、算定会料率の使用義務が廃止され、リスク細分型自動車保険も認可されるなど、各社の特色を出した保険商品や自由な保険料率の設定が可能になった反面、商品開発競争が一層激しくなった。

　また、通販専業の外資系損保が日本の自動車保険市場に参入。２００１年からは、保険商品の銀行窓販が一部解禁され、商品や料率だけでなく販売チャネル多様化の時代を迎えた。一方で、急激な保険自由化による歪みも発生し、自動車保険等の保険金支払い漏れや、第3分野保険の不適切な不払い、更には火災保険料の取りすぎ等の不祥事が相次いだことにより、一部の会社で業務停止命令等の行政処分を受けることとなった。

こうした、自由化による競争激化が収益の拡大と効率経営を求めた結果、統合により規模の拡大と経営の効率化を目指した経営選択が行なわれて3メガ体制が構築された。また、商品や事務システムの見直し、少子高齢化などにより先細り傾向にある国内保険市場の苦境を打開すべく、東南アジアを中心に海外新興市場への積極的な進出などが進められた。

損保業界にとって国内の主力マーケットは自動車保険。だが、このマーケットは、少子高齢化、若者の車離れ、環境を配慮したエコカーや小型車などへのシフトが見られ、景気低迷に加えて、構造的なマーケット縮小が続いている。それだけではない。自動車部品の高性能化に伴い、修理費用が上昇していることも利ざやの縮小につながり、ここ数年は収益に苦しんできた。2016年3月期では、この自動車保険収益が改善したが、それも保険料値上げがあったためで、値上げ効果はいつまでも続かない。

近年、損保経営を揺るがしているのが東日本を襲った大地震、大型台風といった自然災害。東日本大地震では、民間損保は火災・地震保険で総額1兆5000億円を支払った。このためこの年の決算では、MS&ADグループが前年度比90・5%、東京海上グループは44・0%の減益、SONPOグループは129億円の赤字に転落した。こうした、自然災害に対しても実体は保険料の値上げで凌いでいる。

商品力では差別化が難しい上に、少子化・低成長が続く国内では損保業界も明るい将来図は描けない。そこで、損保各社が共通に力を入れているのが海外市場で、いまや、国内以上に有力な収益源になっている。

3メガ損保の海外事業は、ここ数年一気に加速している。もっとも積極的なのは東京海上グループ。同グループは、2000年以降に海外展開に力を入れ、今やグループのメインビジネスになっている。

2015年10月にアメリカのスペシャリティ保険グループHCCインシュアランスを買収し、アメリカの保険市場での事業基盤を確立した。2016年

３月期決算では、グループ中核である東京海上日動火災の最終純益が３０１６億円なのに対して、海外保険会社の合計最終利益は１１１５億円と37％を占めた。

損害保険大手3グループの2016年3月期連結決算

	正味収入保険料	最終利益
東京海上	3兆2655（4.4）	2545（2.9）
MS&AD	3兆789（4.7）	1815（33.2）
損保ジャパン日本興亜	2兆5521（1.8）	1595（2.9）

単位：億円。カッコ内は前期比増減率%

損保大手3グループの海外展開

	東京海上ホールディングス	MS&AD	SOMPOホールディングス
海外戦略	2008年キルン（英）とフィラデルフィア（米）を買収。 2015年 HCC インシュアランス・ホールディングス（米）買収を発表	2004年三井住友海上火災保険がアヴィヴァ（英）のアジア事業買収。 2015年三井住友海上火災保険がアムリン（英）を買収発表	2010年テネット社（シンガポール）とフィバシコルタ（トルコ）買収。 2011年ベルジャヤソンポ社（マレーシア）子会社化。 2013年マリチマ社（ブラジル）出資。 2014年キャノピアス社（英）買収。 2015年仏再保険会社ＳＯＯＲ ＳＥへ資本参加

対して、「ＡＳＥＡＮで№１になる」というのがＭＳ＆ＡＤグループの目標。Ｍ＆Ａで買収した海外保険会社の商品・ノウハウを既存の顧客基盤に活用するなどシナジーの創出を進める一方で、新興国などでは従来同様にチャネルの買収などＭ＆Ａを含めた地盤強化を図っている。２０１６年３月期の海外保険子会社最終利益は２８５億円で、グループ利益全体の15・７％を占めた。

一方、ＳＯＮＰＯグループのグローバル展開は、欧米を軸とした先進国市場への進出と、アジア、ラテンアメリカ、ＭＥＮＡ地域を中心とする新興国における取り組みの強化という２つの柱からなっている。

２０１６年３月期決算では、海外連結子会社合計の純利益は２０５億円（持ち分割合などの調整後で１９３億円）で、グループ全体純利益の12・３％を占めた。アジアには、６子会社あるが合わせて43億円。市場別戦略では先進国においては、キャノピアス社買収による損保スペシャルティ分野への本格参入などにより、今後の安定的な利益貢献が期待できるとしている。

3

CHAPTER5

進む業界再編と代理店改革

覇権を巡る買収合戦で戦国時代に

２０１６年2月、ＭＳ＆ＡＤグループが総額約６４２０億円で買収した英損害保険大手アムリンの買収が完了し、正式にグループ傘下になった。そして、今回の買収でＭＳ＆ＡＤグループは、業界トップの東京海上グループを完全に視野に捉えた。

２０１６年3月期決算では、東京海上グループと業界2位のＭＳ＆ＡＤグループとの正味収入保険料（連結）の差は僅か１８６８億円。一方で、東京海上グループは、２０１５年10月に買収し、既に連結利益に貢献しているアメリカのスペシャリティ保険グループＨＣＣへの今後に対する期待は大きい。両グループのトップ争いがさらに激化している。

今後の両グループにとって、海外業務とともに金融自由化以降、損保代理店が自動車保険などと一緒に医療保険などを取り扱うことで事業を拡大してきた、傘下生命保険の動向も大きなポイントになっている。

この分野ではＭＳ＆ＡＤグループが一歩リードしている。傘下の三井住友海上あいおい生命と三井住友海上プライマリー生命2社合計による経常利益は５８５億円。対して、東京海上グループ傘下のあんしん生命は２９０億円と差があり、新しい買収に出る可能性は強い。また、ＭＳ＆ＡＤグループにとって、今後傘下の三井住友海上火災、あいおいニッセイ同和損害保険の中核2社をこのままにしておくのか、合併させるのかといった課題が残されている。

新保険業法が２０１６年5月末に施行された。従来から損保会社は代理店ルートでの販売が一般的であったが、これら伝統的なチャネルに加えて、銀行窓販、ネット販売、通販ダイレクトに続いて「ほけんの窓口」等保険ショップの展開が新たなチャネルとして注目されている。

銀行窓販（保険商品販売）の解禁は、段階的に行なわれ、２００１年４月に住宅ローンにかかわる生命保険や火災保険から始まり、次に個人年金保険など貯蓄性の高い保険商品の一部、さらに一時払い終身保険、一時払い養老保険、積立傷害保険などが解禁された。そして２００７年12月に全面解禁された。

この銀行窓販とともに、損保の販売戦略で大きなインパクトを与えつつあるのが通販ダイレクト専門会社の登場。個人分野ではネットやモバイル（メール機能を有する携帯電話）などのメディア活用による通販ダイレクトビジネスが自動車保険販売の主力になっている。

その一方で、代理店などで利益主義

損害保険の募集形態

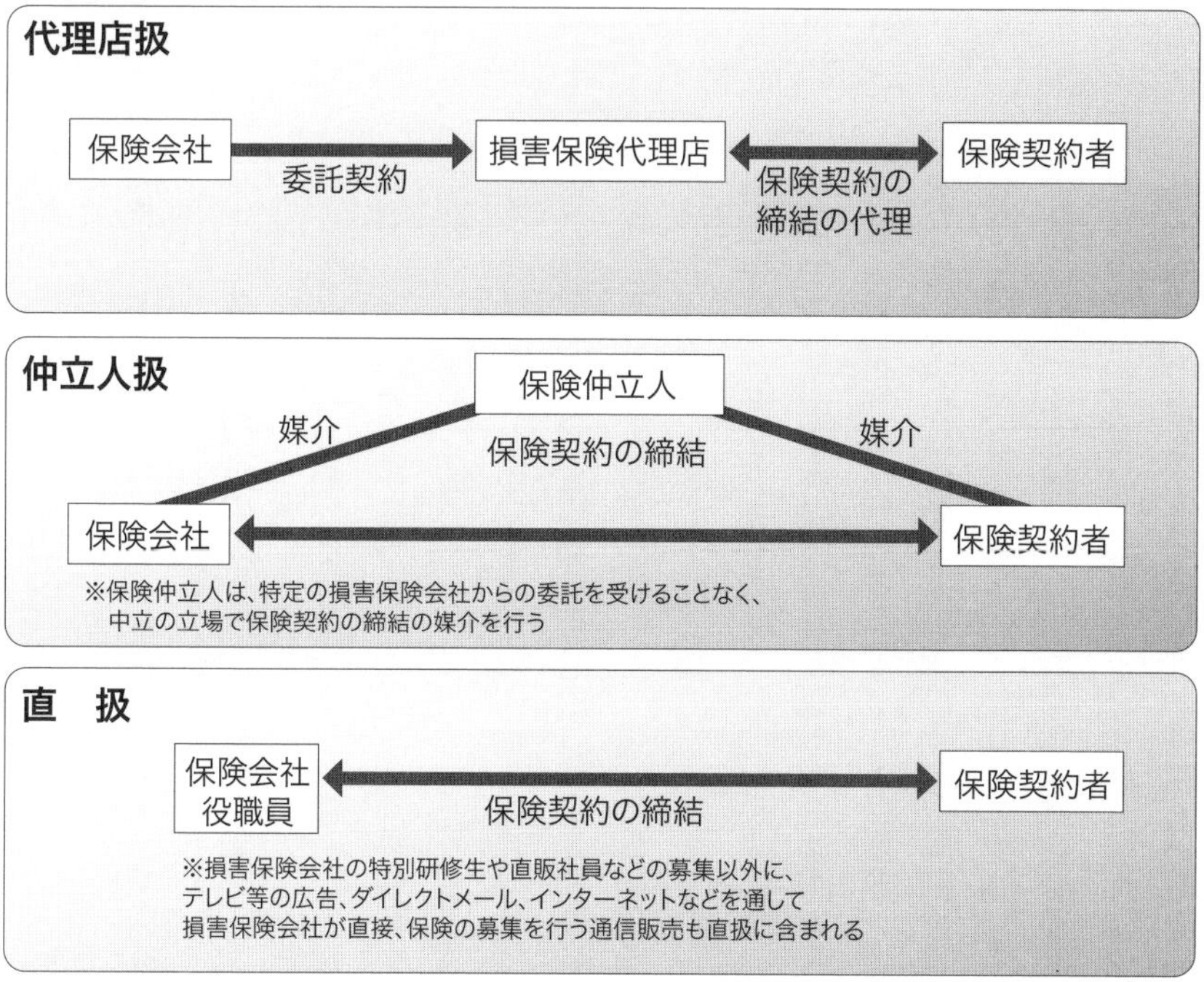

出所：日本損害保険代理業協会のホームページをもとに作成

に走り、顧客ニーズを反映しなかったり、無視するような保険販売も増えている。今回の保険法改正では、より顧客の立場に立った説明と、顧客のニーズに合ったプランの提供が各々求められる。

損害保険の歴史は古く、現在の損害保険のルーツは「海上保険」とされる。14世紀のイタリアの商業都市で行なわれた「冒険貸借」といわれるものだ。この冒険貸借とは、船主が船の積荷を担保に金融業者から航海資金を借り入れ、無事に船が帰還できれば元金とともに高率の利息を付けて返済する。しかし、難破などの海難事故に遭って帰還することができなければ、借入金の返済は免除されるという、一種の金銭消費貸借だった。金融業者は、資金の貸し出しと船の航海のリスクを負担するため、冒険貸借には融資機能だけでなく、海難損害の補償を行なうといった損害保険の機能も併せ持たせたのだった。

その後、海上保険はイタリア商人によってイギリスに広まり、飛躍的な発展を遂げた。17世紀後半にはエドワード・ロイドが経営するテムズ河畔のロイズ・コーヒー店に、船主や荷主などの海事関係者が集まり、海上保険の取り引きが盛んに行なわれた。ロイドの死後、コーヒー店に出入りしていた海事関係者が作ったグループが、あの「ロイズ」である。

幕末に日本の海上保険制度が確立

日本でも、17世紀には冒険貸借に類似した「海上請負」と呼ばれる制度があったが、現在の保険とはほど遠い性質のものだった。今日のような海上保険制度が確立されたのは幕末から明治維新にかけてで、横浜において保税倉庫内に保管されている貨物に火災保険を付けたものが始まりだ。当時は外国保険会社が中心で、１８８１年には横浜で保険業を営む外国保険会社は７２２社を数えた。

日本で最初の損害保険会社となったのは東京海上（現在の東京海上日動火災）で、１８７９年に設立された。海上保険に始まる日本の損害保険制度はその後も発展し続け、１９１４年には日本で初めての「自動車保険」も登場した。第2次大戦後は経済復興とともに損害保険事業も大きく成長。モータリゼーションの進展とともに、その役割も増していっ

損害保険が契約できる店、場所について（2016年3月末現在）

販売チャンネル		店数	構成比
保険商品の販売を専門に行なう代理店（専業代理店）		42,319	20.9%
専業代理店以外の代理店（副業代理店）	自動車関連業（自動車整備工場、自動車販売店）	99,919	49.4%
	不動産業（住宅販売会社、賃貸住宅取扱会社）	24,394	12.1%
	卸売・小売業（自動車関連業を除く）	5,688	2.8%
	建築・建設業	4,327	2.2%
	公認会計士、税理士、社会保険労務士等	3.840	1.9%
	金融業（銀行等、銀行等の子会社、生命保険会社、消費者金融会社）	2.339	1.2%
	うち銀行等（銀行、信用金庫、信用組合、農協）	(1,127)	(0.6%)
	旅行業（旅行会社、旅行代理店）	2,298	1.1%
	運輸・通信業	1,845	0.9%
	その他（製造業、サービス業等）	15,179	7.5%
合計		202,148	100.0%

注：専業代理店以外の代理店の場合は、その代理店の業務に関連する保険商品のみを取り扱っている場合がある

た。

こうした損害保険の普及には代理店の存在が欠かせない。損害保険の募集形態には主に「代理店扱」「保険仲立人扱」「直扱」の3つがあるが、損害保険契約の実に9割以上は代理店を経由している。自動車保険にしても、保険募集を担ってきたのは自動車ディーラーや自動車整備工場などの兼業代理店。そして個人・法人を問わず代理店を本業としている専業代理店だ。これらの代理店は、保険業法にもとづき、官庁に登録するほか、損害保険会社とのあいだ

[参考]専属代理店と乗合代理店
（2016年3月末現在）

分類	店数（概数）	構成比
専属代理店	153,236	75.8%
乗合代理店	48,912	24.2%
合計	202,148	100.0%

で代理店委託契約を結んで保険募集を行なう。

代理店の歴史は、海上保険制度の確立とともに始まる。幕末から明治維新にかけて横浜に進出した外国損害保険会社が活用していたといわれる。

日本の最初の損害保険会社である東京海上は、1879年の創業と同時に、代理店への業務委託を開始し、その第1号となったのが「函館代理店」（第百十三銀行）だ。また、東京海上は、海運や貿易に関わる大手商社や銀行にも代理店を委託した。これらは現在の企業代理店や金融機関代理店のような存在だった。

1900年に保険業法が公布

保険事業の免許・監督制度が確立されたのは、1898年の保険業取締規制、1900年の保険業法と保険業法施行規則が公布されたことによる。戦後の1947年に保険業法が改正され、翌1948年には保険募集の取り締まりに関する法律（募取法）が制定された。

これによって代理店の登録制、不正募集行為の取り締まり、保険料の別途保管義務などが明文化された。

1952年には、火災保険代理店格付制度が導入された。代理店を「特別」「甲」「乙」の3段階に格付けし、業績に応じた手数料体系にするというものだった。この格付制度はその後、4段階への区分や資格テストの導入などによって定着が図られた。

損害保険は自動車保険や火災保険などのノンマリン分野と、貨物保険や船舶保険などのマリン分野に分かれる。火災保険を中心とした戦後の募集体制は、モータリゼーションの進展や経済・社会環境などの変化で時代にそぐわなくなったことから、1973年4月には、自動車保険を加えた「ノンマリン代理店制度」が発足した。翌1974年には傷害保険も加えられた。

ただ、このノンマリン代理店制度も契約者のニーズに対応しきれなくなったため、1980年に「新ノンマリン代理店制度」として刷新。

これは募集制度の強化を目的にした新制度で、その後の保険募集を支える中核となった。もっとも、損害保険料などの自由化を契機に2001年4月に代理店制度も自由化された。これによって、代理店手数料が自由化され、代理店の優勝劣敗も進んだ。

また、保険募集は保険ブローカーにも認められ、最近ではインターネットを活用して保険募集を行なう保険会社も登場している。

1996年3月期に60万店を超えていた代理店数も、それ以降は減少し続け、2011年3月期には約20万2000店にまで落ち込んでいる。これには2001年3月の保険業法等施行規則の改正が大きく影響している。この改正により生命保険会社本体が損害保険会社の代理店となることができるようになったため、個人代理店の減少に拍車をかけた。自由化は、とりわけ中小・零細代理店に深刻な影響を与えたといえる。

さらに、顧客対応力強化、業務の効率化に加え、保険金不払い問題を受け販売体制の改善を図るため、統廃合による代理店大型化への動きを進めている。

2015年3月末での、損害保険の販売チャネルの現状は以下になっている。


（　）内は構成比。

□専業代理店　4万2319店（20.9％）
□副業代理店　15万9829店（79.1％）

うち、自動車関連（自動車整備工場、自動車販売店）9万9919店、不動産業（住宅販売会社など）2万4394店、建築・建設業4237店、金融業（銀行、生命保険会社など）2339店。

自由化によって、生命保険会社や銀行といった金融機関も保険代理店となる道が開け、販売面での競争も厳しさを増している。さらに証券仲介業の解禁で、代理店は投信など資産運用商品も取り扱えるようになった。

経営の自由度は増した代理店だが、それ以上に競争力が問われる。今後も代理店の減少が続くことになりそうだ。

4
CHAPTER5

主要企業のプロフィール

①東京海上ホールディングス

海外保険のM&Aに積極的、HCC収益力に期待

東京海上ホールディングス（以下東京海上グループ）は、2002年4月に東京海上火災保険と日動火災海上保険の経営統合によって設立された、日本で初めての保険持株会社。

当初は持株会社の名称をミレアホールディングスとし、傘下に東京海上火災と日動火災海上が並列していた。しかし、2004年10月に東京海上火災と日動火災海上が合併して東京海上日動火災保険（TMNF）が誕生、国内最大の損害保険会社になった。

東京海上日動の源流のひとつである東京海上火災は、1879年創業で日本初の海上保険会社。1944年に、同社と明治火災保険（1891年設立）と三菱海上火災保険（1919年設立）が合併し、新たに東京海上火災として設立された。一方の日動火災海上保険は1898年創業の東京物品火災が前身であるが、同社は1914年に日本動産火災保険に継承される。戦後の1946年に、合併前の日動火災海上に改称している。

東京海上グループは東京海上ホールディングスや世界に展開する子会社179社および関連会社26社より構成。傘下には、東京海上日動のほか、2006年9月に経営統合し完全子会社化した日新火災海上保険や生保子会社の東京海上日動あんしん生命ほか、アジアの保険事業を統括するミレアアジア、投資顧問・投資信託会社の東京海上アセットマネジメントなど連結子会社が連なる。

商品開発では、バラバラに加入していたさまざまな保険をひとつにまとめ、総合的コンサルティングによって、顧客一人一人のリスクにあった補償をオーダーメイドできる生・損保一体型保険「超保険」

が、2002年の発売以来現在まで180万世帯以上の顧客が契約しているロングセラー商品になっている。このほか、2015年度には抗ガン剤治療などの最新の治療実体に対応した「がん治療支援保険NEO」などを発売、がん保険新契約件数は11万件に成長している。

　また、2000年以降は海外展開に一段と注力。インドでは2001年に農業協同組織を持つIFFCO社と合弁会社を設立、地域に貢献する損保会社として、低所得者の多い農村部でもサービスを開始。自動車保険では日本のモデルをインド流に発展させた自動車ディラーとの提携販売などを行なっている。また、2008年には、3月に英国ロイズ「キルン社」の買収を完了、12月にはサブプライムショックの打撃によって弱体化した米国の、学校、協会など特定業種向けパッケージ損害保険を提供する「フィラデルフィア・コンソリデイティッド社」を買収した。

　グループはこれまで、将来に向けた成長戦略として、海外保険事業の規模・収益拡大策を積極的に展開し、海外保険事業の占める比率は、過去

東京海上グループの事業領域と主なグループ会社

東京海上ホールディングス

- 国内損害保険事業
  - 損害保険業
    - 東京海上日動火災
    - 日新火災海上
    - イーデザイン損害保険
  - 少額短期保険業
    - 東京海上ミレア少額短期保険
- 国内生命保険事業
  - 東京海上日動あんしん生命
- 海外保険事業
  - 損害保険業
    - Philadelphia Indemnity Insurance Company
    - First Insurance Comany off Hawaii. Ltd.
    - Tokio Marine America Insurance Company
    - Safety National Casualy Corporation
    - Houston Casualy Corporation
    - U. S. Specialty Insurance Company
    - Tokio Marine Underwrighting Limited
    - HCC International Insurance Company PLC
  - 生命保険業
    - Reliance Standard Life Insurance Company
    - Reliance Standard Life Insurance Company of Texas
    - HCC Life Insurance Company
- 金融・一般事業
  - 東京海上アセットマネジメント

10年間に飛躍的に拡大しているが、海外事業飛躍のきっかけを作ったが2015年。この年の10月、アメリカのスペシャリティ保険グループHCCインシュアランスおよびその傘下の保険会社を買収した。買収額は約9413億円で、日本の金融機関による海外M&Aでは過去最大規模のものだった。

HCC社は、アメリカ、イギリス、スペインなどで、医療・傷害保険、会社役員賠償責任保険、航空保険、保証・信用保険、農業保険といった特定のリスクを対象とした「スペシャリティ保険」と呼ばれる商品を販売する大手保険会社。100種類以上の保険種目を取り扱っており、高いリスク分析力などを強みに欧米の保険市場で確固とした地位を築いている。

これに対して、東京海上グループが展開する保険事業は、自動車保険、火災保険といった一般的な損害保険商品が主体。HCC社との商品競合度が低いため、収益に対して大きなシナジーが期待できる。同時に、HCC買収を通してアメリカの保険市場での事業基盤を確立させた。

2016年3月期決算では、正味収入保険料は国内損保事業・海外保険会社ともに拡大し、3兆2655億円で前期比4・4%増えた。最も寄与したのが、全収入保険料の42・1%を占めた主力の自動車保険。東京海上グループの場合、自動車保険は事故頻度の高いシニアドライバーの増加、修理費単価上昇などで2011年度までの数年間は苦しい時期を過ごしたが、ここ数年は事業費削減、保険料値上げ等を背景に収益が急激に改善している。

生命保険業にも注力

海外展開と並んで注力している生命保険は、国内生保事業における保有契約の拡大や、変額年金の解約が減ったことで増収。当期純利益は、国内損保事業での自然災害の増加や国内外の大口事故の増加等があったものの、金融派生商品損益の改善や有価証券売却益の増加等により増益となった。

また、資産運用等損益は、東京海上日動からの配当金収入の増加、金融派生商品損益の改善に加え、有価証券売却益の増加等により増益。しかし、力を入れている海外保険会社の収益は、自然災害に係る発生保険金が減少した一方、大口事故や現地決算における為替換算損に加え、新興国通貨に対する円高進行の影響等もあって前期比10％の減益となった。

グループの２０１６年３月期企業別利益は以下になっている。

グローバル水準の成長性・資本効率の実現に向けた「持続的利益成長ステージ」と位置づけている２０１７年度までの、新中期経営計画「ToBe a Good Company 2017」では、国内保険事業では、「生損一体のビジネスモデル」等の深化・高度化、マーケット顧客基盤の深掘り強化を目指す。国内生命保険事業では年平均で８％程度の成長を目指すと共に、海外保険事業では、グループ全体の利益成長ドライバーとして、引き続きグローバルな成長機会と分散の効いた事業ポートフォリオの構築を追求している。

2016年３月期企業別利益　(億円、カッコ内は前年増減率％)

連結純利益	2,545	(＋2.8)
東京海上日動	3,016	(＋62. 8)
日新火災	61	(-51. 2)
あんしん生命	147	(-48.9)
海外保険会社合計	1,115	(-10.4)
金融・一般会社合計	34	(＋6.8)
のれん償却、その他消去	1,829	

歴史

東京海上ホールディングス

2001年	東京海上と日動火災、共同持株会社の設立に関して合意
2002年	ミレアホールディングス株式を東京証券取引所・大阪証券取引所に上場（初値97万円）、ADR（米国預託証券）をナスダックに登録
2003年	東京海上日動あんしん生命保険株式会社発足
2004年	東京海上日動火災保険株式会社発足
2005年	ミレアアジア傘下の台湾損保2社が合併し、新安東京海上物産保険会社が発足
	ブラジル損保レアルセグロス社、同生保・年金会社レアルヴィダ社に、それぞれ100％、50％出資
2006年	日新火災海上保険株式会社と経営統合を行ない、完全子会社化
2007年	変額年金再保険子会社トウキョウ・マリン・ブルーベル・リ社をイギリス領マン島に設立
	東京海上日動を通じ、シンガポール・マレーシアの保険グループアジアジェネラルホールディングス社を買収
2008年	東京海上日動を通じ、英国ロイズ キルン社を買収
	商号を東京海上ホールディングス株式会社（英文表記：Tokio Marine Holdings, Inc）に変更
	東京海上日動が100％出資する東京海上日動火災保険（中国）有限公司の中国現地法人化
	東京海上日動を通じ、米国損害保険グループフィラデルフィア・コンソリデイティッド社を買収
	グループ中期経営計画「変革と実行2011」策定
2010年	トウキョウ海上日動が100％出資する東京海上日動火災保険（中国）有限公司の広東支店を開業
	マレーシアの大手商業銀行 RHB 銀行との連携に合意
2011年	東京海上日動が100％出資する東京海上日動火災保険（中国）有限公司の江蘇支店設立認可を取得
	インドにおける合弁生命保険会社エーデルワイス・トウキョウ・ライフ・インシュアランス・リミテッドの開業
2014年	東京海上日動あんしん生命、東京海上日動フィナンシャル生命が合併

5
CHAPTER5

主要企業のプロフィール

②MS&ADインシュアランスグループホールディングス

新中期経営計画を、統合の進化・発展期間と位置付け

ＭＳ＆ＡＤインシュアランスグループホールディングス（ＭＳ＆ＡＤグループ）は、２００９年４月に、三井住友海上グループ、あいおい損害保険、ニッセイ同和損保の3社が経営統合し発足した企業集団。

２０１０年10月には、あいおい損保とニッセイ同和損保が合併。２０１１年４月の三井住友海上プライマリー生命（旧三井住友海上メットライフ生命）の完全子会社化に続き、同年10月に三井住友海上きらめき生命とあいおい生命が合併し現在（次ページ集団図）の形になった。

現在、海外では、中国の生命保険会社への出資、マレーシアにおける生命保険およびタカフル事業への進出など、アジア等の成長領域を中心に積極的な事業投資を行なっている。

ＭＳ＆ＡＤグループの、２０１６年3月期決算は損保の正味収入保険料は、火災保険の商品改定前の駆け込み需要による増収に加え、自動車保険の料率改定などもあって国内では三井住友海上が４・３％の増収、あいおいニッセイ同和損保が２・７％の増収だった。また、海外では、アジア、欧州、米州の各地域が増収したことから、海外保険子会社全体でも14・９％の増収。この結果、グループ連結では前期比４・7％増収の3兆７８９億円となった。

一方、生命保険料も1兆３５６3億円と、前期比87・９％の大幅な増収。これは、三井住友海上プライマリー生命が、変額保険、定額保険ともに販売が好調だったことが主因で、同社の生命保険料は過去最高額となった。この結果、純利益は１８１５億円で、前期比33・2％の増益となった。

MS&ADグループの国内主要企業集団の構成

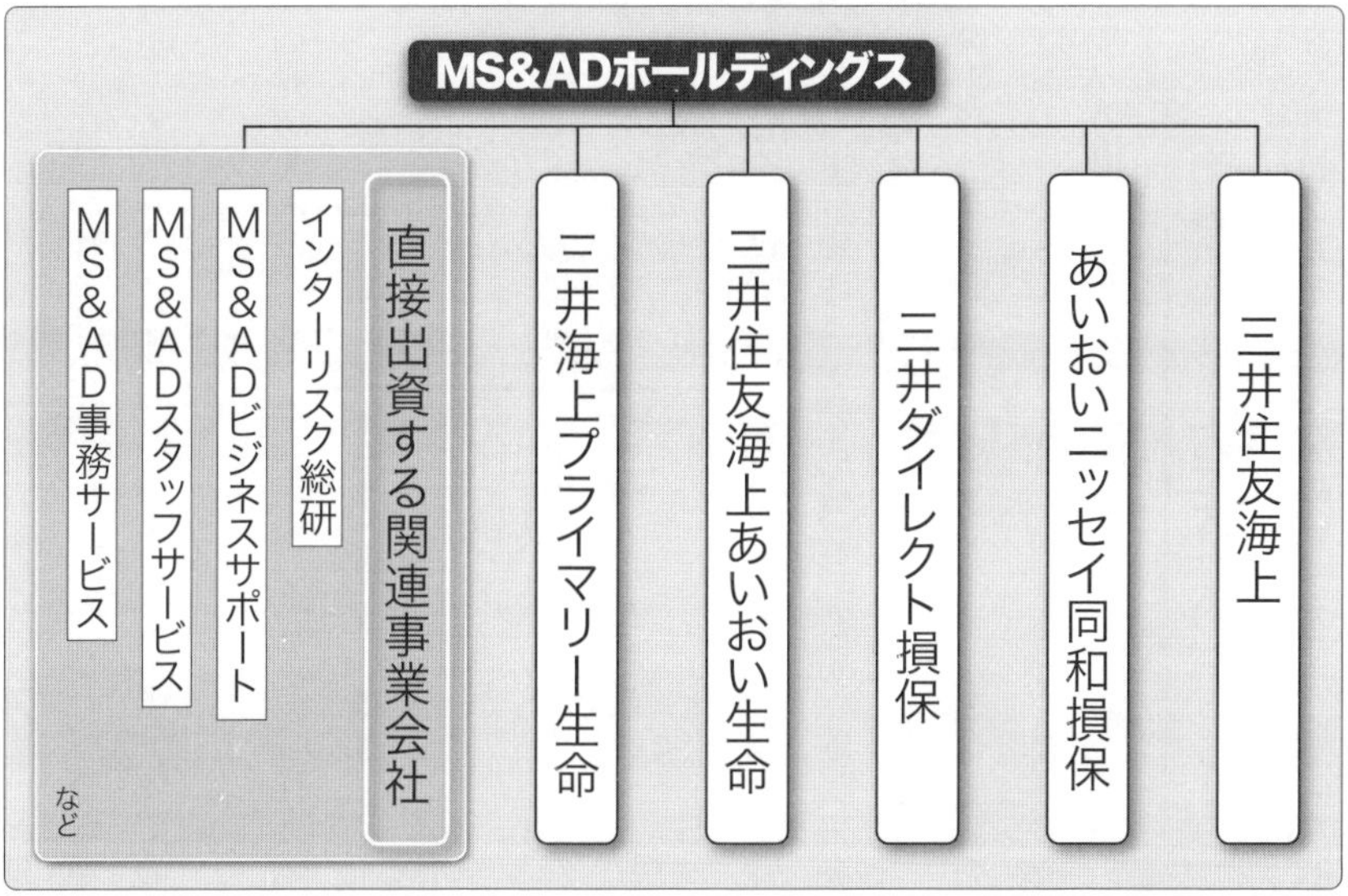

他の損保同様に、種目別正味収入保険料では自動車保険料が全体の48・6％と半分近くを占め、次いで火災保険の15・3％となっている。ちなみに、主なグループ企業の純利益比率を見ると、三井住友海上が１１３９億円で62・7％、あいおいニッセイ同和損保が３１０億円で17・0％、三井住友海上プライマリー生命が１７８億円で９・８％となっている。

ＭＳ＆ＡＤグループは、２０１４〜２０１７年度を計画期間とする中期経営計画「ネクスト　チャレンジ２０１７」に取り組んでいる。この4年間を「統合の進化・発展期間」と位置付け、前半2年間（ステージ1）を「機能別再編実施を中心とした、一層の飛躍のための態勢強化期間」、後半2年間（ステージ2）を「再編効果を含めた飛躍実現期間」としている。

この中期計画でのグループ基本戦略として①機能別再編の完遂、②グループガバナンスの強化とERM経営の推進、③環境変化に合わせた事業構造の変革、④プロフェッショナルとしてチャレンジする企業文化の浸透と人材の育成を掲げている。

このうち中期計画の柱である「機能別再編」とは、グループ保険会社各社の強みを活かしつつ事業再編を行なうもので、具体的には①グループ全体での「成長」と「効率化」の実現。②多様化する顧客ニーズへの対応を図るため、中核損保2社（三井住友海上、あいおいニッセイ同和損保）の特長を最大限発揮。③持株会社を中心としたグループガバナンス体制の強化―の3つの実現を目指している。

例えば、商品の共同開発では、グループ共同での商品・サービス開発を進めている。ちなみに、これまで共同開発した例としては、三井住友毎上・あいおいニッセイ同和損保による中堅・中小企業の海外進出をサポートする「海外危機管理費用保険」の発売や、三井住友海上・あいおいニッセイ同和損保・インターリスク総研による災害発生時に福祉施設を守る「地震・水害BCP（事業継続計画）作成支援ツール」の提供などがある。

海外事業は有力な収益の柱

MS&ADグループも海外保険事業は、有力な収益の柱に位置づけている。2016年3月期の海外保険子会社最終利益は285億円で、グループ利益全体の15・7％を占めている。

グループの海外事業は、「海外地域事業」（「トヨタリテール事業」を含む）、「海外再保険事業」「アジア生保事業」の3つの事業分野で構成。海外地域事業は〝MSIG〟という独自のブランドを持ち、またトヨタリテール事業では、〝ToyotaInsurance〟といったブランドで事業を展開し、グループ全体の方針・戦略の下で、3つの事業分野それぞれの持続的な成長と収益の拡大を目指している。

これまで、新興国などでは従来同様にチャネルの買収などM&Aを含めた地盤強化をはかってきた。地域に密着した意思決定管理を行なうため、シンガポール、英国、米国に3つの地域持株会社を設立し、3極体制を軸とした事業展開を行なっている。

最重要地域はアジア。これまで買収戦略が効果を発揮し、既にアジア市場で大きな支配力を確保しているがそれは主に損保分野中心。2011年5月に、インドネシア最大手のシナールマス・グループ傘下

歴史

MS&AD インシュアランスグループホールディングス

2008年	持株会社体制に移行し、三井住友海上グループホールディングス株式を東京証券取引所・大阪証券取引所・名古屋証券取引所に上場
	三井住友海上グループホールディングスを設立
2009年	あいおい損害保険株式会社、ニッセイ同和損害保険株式会社および三井住友海上グループによる経営統合合意を発表。併せて、持株会社の商号、事業内容、本社所在地、代表者、株式移転計画等を発表
2010年	MS&AD インシュアランス グループ ホールディングスに社名変更
2011年	三井住友海上メットライフ生命保険株式会社を完全子会社化し、同社を三井住友海上プライマリー生命保険株式会社に社名変更
2012年	三井住友海上きらめき生命保険株式会社とあいおい生命保険株式会社が合併し、三井住友海上あいおい生命保険株式会社が誕生

の生保会社シナールマス生命に50％出資（日本円で約６７２億円）したが、生保分野への進出で業界勢力地図を塗り替えている。

今後も、海外での影響力を確保するために各市場で５位以内のシェアを確保することが重要とし、アジアを中心にＭ＆Ａ（合併・買収）を検討、予算の枠は決めていない。

また、欧州・中東では、２０００年に日系損保として初めてロイズシンジケートを設立し、自前のアンダーライターにより、大企業物件を中心に世界各地のリスタの引き受けを行なっている。

米州では、日系グローバル企業を中心に保険の引き受けを行なっており、中南米では２０１１年から欧州大手のマフレ社（本社スペイン）と提携し、相互のネットワーク活用や再保険取引などの事業提携を拡大している。２００４年には、三井住友海上がＡＶＩＶＡ（英）のアジア部門を、同じく２０１５年にはアムリン（英）を買収している。

6
CHAPTER5

主要企業のプロフィール

③SONPOホールディングス

3メガ体制の一角を占める、生保事業強化し収益の柱に

SONPOホールディングスは、2010年に損保ジャパンと日本興亜損保の共同持株会社・損保ジャパン日本興亜ホールディングスとして発足。

損保ジャパンは安田火災海上と日産火災海上の合併（2002年）により発足し、同年12月に大成火災海上保険を吸収合併。日本興亜損保は日本火災海上と興亜火災海上の合併（2001年）により発足し、2002年に太陽火災海上を吸収合併した。

2014年に損保ジャパンと日本興亜損保が合併し、損保ジャパン日本興亜に。単体の損害保険としては保険料収入が日本国内最大に。同社を中核にしたグループには、損保事業ではセゾン自動車火災、そんぽ24が加わり、国内生命保険事業では損保ジャパン日本興亜ひまわり生命がある。また、その他事業として、アセットマネジメント、ヘルスケア事業も行なっている。2016年6月にグループ名を「SONPOホールディングス」に変更。

グループは、こうした多くの合併により発足していることから前身企業が多く、みずほ銀行の前身の一つである旧富士銀行の取引企業で構成される芙蓉グループのほか、旧三和銀行、旧第一勧銀、日産系各企業との関係が深い。

いまや東京海上グループ、MS&ADグループと並ぶ、いわゆる「三メガ損保」の一角を占めている。

グループ名をSONPOグループへ変更と共に、新中期計画を策定した。中期計画の柱として事業オーナー制を導入。各事業部門（国内損保、国内生保、介護・ヘルスケア、海外保険）のトップを事業オーナーと位置づけ、事業戦略立案・投資判断・人材配

SONPOグループ企業集団

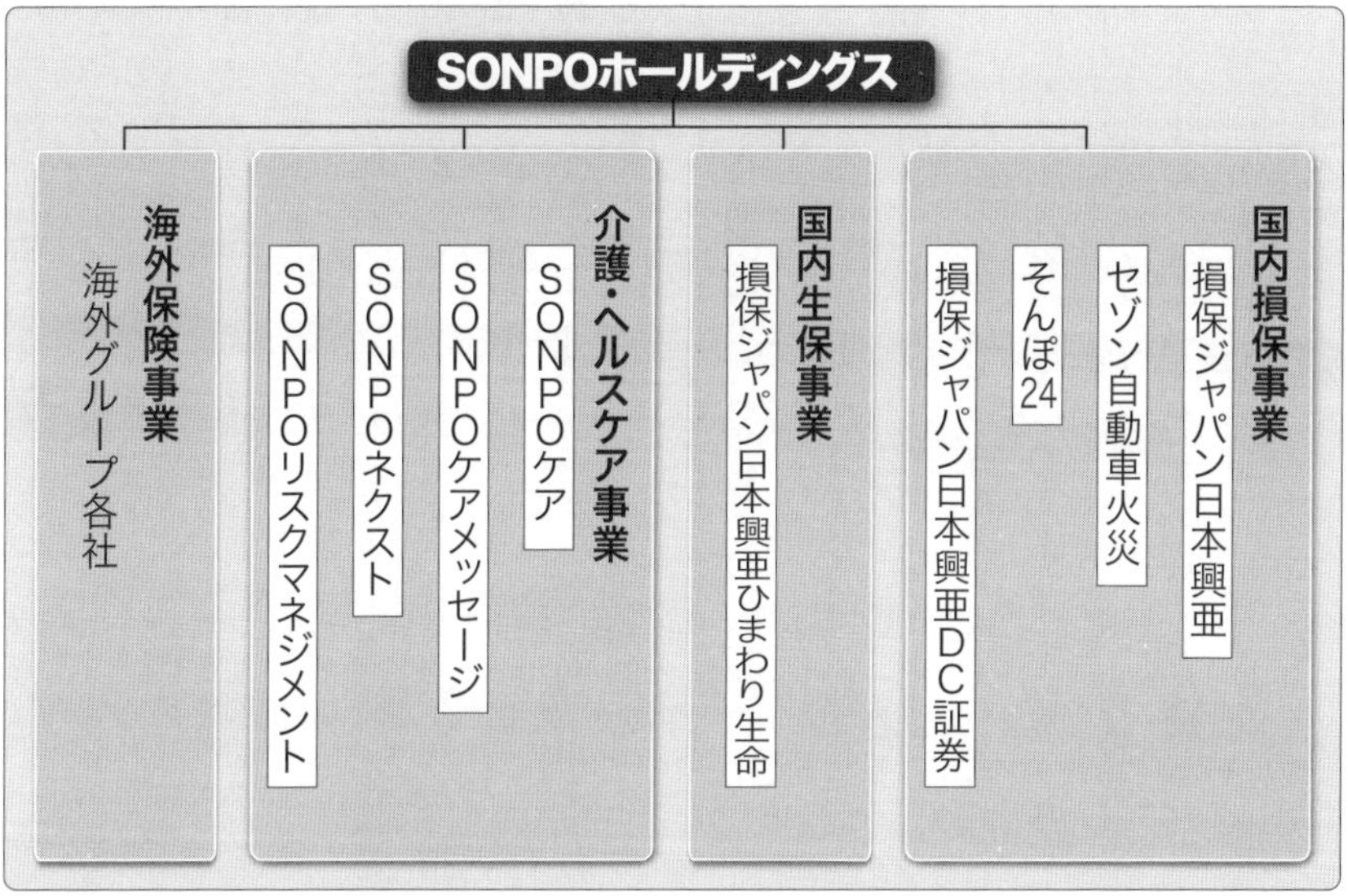

置などの権限を委譲し、顧客により近い事業部門が柔軟かつ敏捷な意思決定・業務執行を行なうグループ経営体制に変更した。

２０１６年3月期決算は、損保ジャパンと日本興亜損保の合併一時コストがなくなったことなどを背景に、連結純利益が１５９５億円と前年度比約3倍増。損害率・事業費率が改善し、コンバインド・レシオ（除く自賠責・家計地震）は2・3ポイント低下し94・5％になった。

一方、ひまわり生命は医療保険中心に成長、当期純利益は１１６億円と19・4％の増益、海外グループ会社も株式売却益の計上などもあり増益となった。

グループ連結最終純利益１５９５億円に占める、主要子会社の比率は①損保ジャパン日本興亜＝12・8％（１２６２億円）、②海外連結子会社＝12・8％（２０５億円）、③損保ジャパン日本興亜ひまわり生命＝7・3％（１１６億円）。国内損害保険部門がグループの柱だが、その中心は自動車保険で全正味収入保険料（２０１６年3月）約2兆２１８４億円の48・2％を占めている。長年苦しんできた自動車部門だが、保険料値上げ効果もあって改善している。

　ただ、グループとしては今後は損保ジャパン日本興亜およびひまわり生命を中心にした国内生保事業、介護・ヘルスケア事業、海外部門への期待が大きい。介護・ヘルスケア事業では、今後の目標として①「高齢者の方の尊厳・自立」と「より安心・安全な介護サービス」を両立、②介護、未病・予防、医療連携などの複合的な在宅サービスを一体的に提供、③他業種連携を含めた、介護・ヘルスケア周辺事業領域の強化を掲げている。

介護事業のメッセージ買収

　そして、2016年3月には公開買い付けで介護事業大手のメッセージを買収。メッセージは「アミーユ」などのブランドで有料老人ホームを展開し、サービス付き高齢者向け住宅（サ高住）が主力で、今回の買収でSONPOグループは、介護業界のトップクラスになった。また、2016年4月に、ヘルスケア分野強化に向けてグループ傘下の損保ジャパン日本興亜リスクマネジメント、全国訪問健康指導協会、損保ジャパン日本興亜ヘルスケアサービスの3社が合併し「SONPOリスクケアマネジメント」を発足させた。

　グローバル展開は2本の柱をもっている。1つは、欧米を軸とした先進国におけるスペシャルティ市場、つまり高い専門性と高度な技術を駆使して財物保険や海上保険の引き受けを行なう市場への本格的な進出。

　もう1つは、アジア、ラテンアメリカ、MENA地域（Middle East & North Africa）を中心とする新興国における取り組みの強化。

　その戦略の中心はM&Aで、2009年のマリチマ社（ブラジル）への出資、2010年のテネット社（シンガポール）およびフィバシゴルタ社（トルコ）買収、2011年のベルジャヤソンポ社（マレーシア）子会社化など、主に新興国におけるM&Aを行なっている。欧米市場においては、2014年5月にキャノピアス社の買収を完了した。株式の取得価額が約992億円という、当社グループがこれまでに行なった買収の中でも最大規模のものだった。

２０１６年3月期決算では、海外連結子会社合計の純利益は２０５億円で、グループ全体純利益の12・3％を占めている。

今後、市場別戦略では先進国においては、キャノピアス社買収による損保スペシャルティ分野への本格参入などにより、安定的な利益貢献が期待できる。新興国では、リテール分野を中心とした事業拡大を図っており、直近2年間でＡＳＥＡＮ地域における元受収入保険料の増収率は約38％で、ＡＳＥＡＮ地域の損保業界全体の増収率と比較して2倍以上の伸びを達成している。

今後は、新興国では買収などを通じてすでに業界10位前後のポジションを得ているブラジル、トルコ、マレーシアを重点地域とし、各国でのメジャープレーヤーとなることを目指している。

ＳＯＮＰＯグループの子会社である「SOMPO HOLDINGS（ASIA）PTE. LTD.」は、２０１６年6月、マレーシアの大手銀行グループの1つであるCIMBグループとＡＳＥＡＮ地域で損害保険の銀行窓口販売を行なう提携契約を締結した。これにより、ＳＯＮＰＯグループはＡＳＥＡＮ4カ国（マレーシア、インドネシア、シンガポール、タイ）でCIMBが持つ支店網を通じて損保商品を販売することが可能となる。

両社では長期にわたる協業によってビジネスを成長させていくことを目指している。

歴史

NKSJホールディングス

2009年10月	損害保険ジャパンおよび日本興亜損害保険が、経営統合に関する契約を締結
2010年4月	NKSJホールディングス設立
	東京証券取引所・大阪証券取引所に上場
2010年5月	連結子会社である株式会社損害保険ジャパンを通じてシンガポール損害保険会社Tenet Insurance Company Limitedの発行済全株式を取得し、連結子会社に
2010年10月	連結子会社である損保ジャパン・アセットマネジメント株式会社および子会社であるゼスト・アセットマネジメント株式会社（連結子会社）に商号変更。損害保険ジャパンおよび日本興亜損保を直接子会社に
2010年11月	子会社であるエヌ・ケイ・リスクコンサルティング株式会社のリスクコンサルティング事業を株式会社損保ジャパン・リスクマネジメント（子会社）に事業譲渡し、NKSJリスクマネジメント株式会社（子会社）に商号変更
2015年	和民の介護株式会社の全株式を取得して同社を連結子会社化するとともに、SONPOケアネクストに商号変更
2016年	メッセージの株式を取得し、連結子会社化に

主要企業のプロフィール

7
CHAPTER5

その他の損保会社

①トーア再保険

トーア再保険は、日本唯一の総合再保険会社。前身は1940年に設立された東亜火災海上保険。一時、再保険業務を停止した時期もあったが1947年に再保険専門会社として再発足し、翌年の1948年に東亜火災海上再保険に社名変更。1952年に海外再保険取り引きを開始。1975年にロンドンに、1982年にニューヨークにそれぞれ駐在員事務所を開設した。

再保険は「保険会社のための保険」で、保険会社がリスクを分散するために契約する保険。全世界で数千社もの保険会社や再保険会社が関係している再保険ビジネスに国境はない。トーア再保険は米国、スイスに連結子会社を持っているほか、世界中に張り巡らされた再保険の強力なネットワークに支えられている。

グループは、2015年4月より、新中期経営計画「Re TOA RE 2017」をスタート。めざすべき中長期ビジョンおよびグループ全体としての数値目標を明確にしたうえで、その実現・達成に向けた事業戦略の推進と経営管理基盤の強化を図っている。

めざす企業像として、「世界の顧客から選ばれ、顧客とともに発展する再保険グループ」を掲げている。これは、持続的成長を遂げていくためには、常にグループ全体の視点やグローバルの視野をもって事業展開を進めていかねばならないことを意図している。

具体的には、中長期ビジョンの実現とグループ数値目標の達成のための土台となる基本事業戦略と経営管理基盤を定め、うち基本事業戦略は、顧客マーケティングと事業ポートフォリオを項目として掲げ、ビジョンや数値目標の達成に向けたグループ全体の

トーア再保険の関連会社

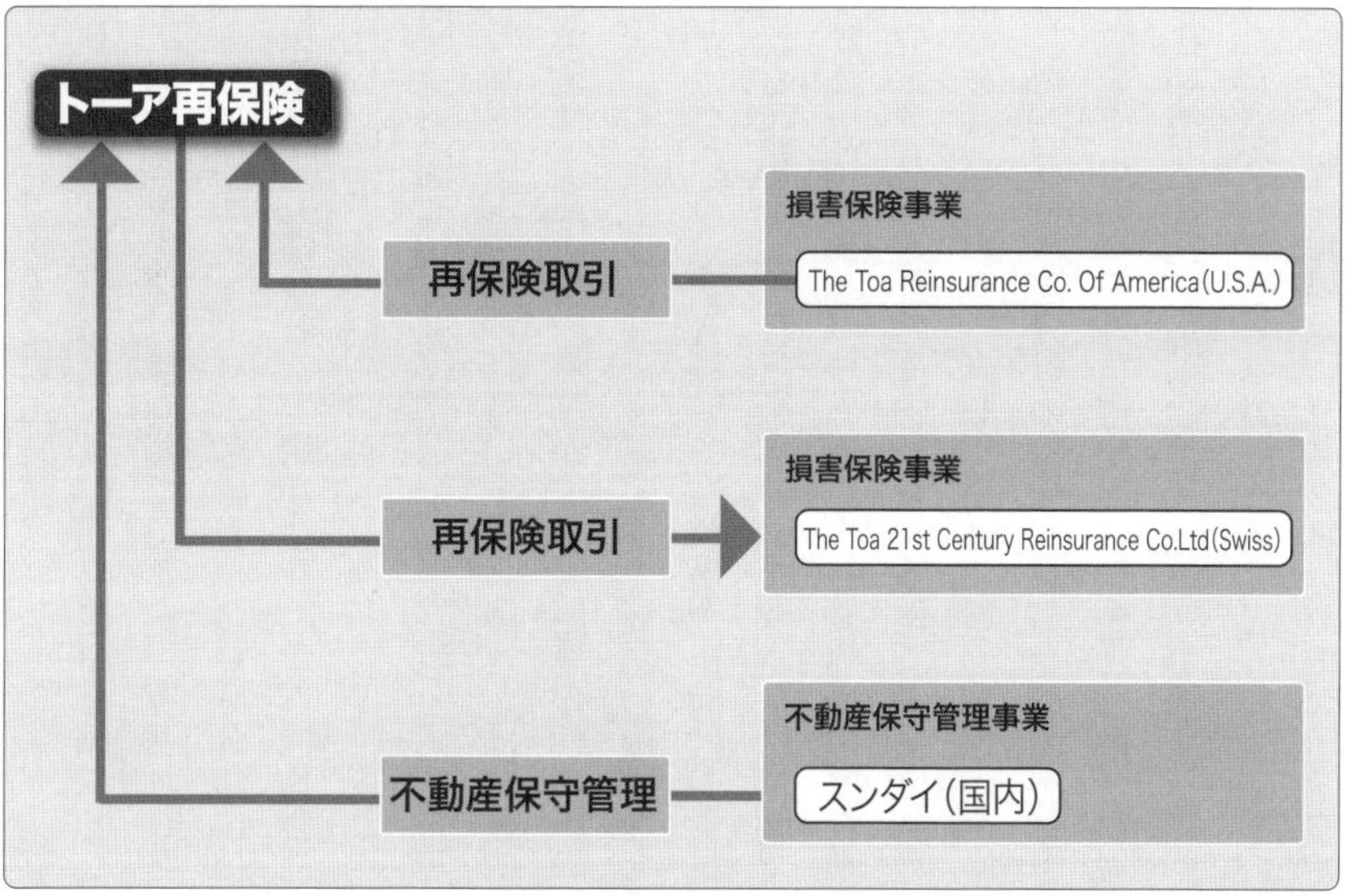

戦略内容を示している。また、経営管理基盤は、基本事業戦略を推進するための基盤（インフラ）となるものであり、ERM、ICT/Operational Process、CSRの3項目を掲げ、それぞれグループ全体で推進すべき強化内容を示している。

２０１６年3月期決算は、経常収益は、保険引受収益が前連結会計年度に比べ33億円減少の２２４０億円（うち正味収入保険料２２３７億円）。資産運用収益が前連結会計年度に比べ22億円増加の２０８億円。その他経常収益が2億円となった結果、前連結会計年度に比べ11億円減少の２４５１億円となった。

以上の結果、経常利益は、前連結会計年度に比べ94億円減少の96億円。当期純利益は、前連結会計年度に比べ1億円減少の56億円。

②共栄火災海上保険

共栄火災海上保険は、１９４２年に農漁協・信用金庫・生協など各種協同組合の前身である産業組合が母体となって誕生した。これまで、業界初の積立型火災保険「建物更新保険（タテコー）」やホールインワン保険を発売するなど多くの話題を集めた。

2001年に東京海上火災、朝日生命を軸にしたミレア保険グループに参画していたが、翌2002年にミレア保険グループから離脱。2003年には、損害保険としては珍しく「相互会社」から株式会社に移行した。

同時に全国共済農業協同組合連合会（JA共済連）の傘下に入った。以降、JA共済連とは一体的な事業運営を進めているほか、JA関連の代理店網を全国にもち、JA共済を補完する商品の販売などを手がけている。JA以外では信用金庫向けの営業展開にも積極的で、各信金向けのビジネスは主軸業務のひとつに成長しつつある。損保業界の中堅ながら、約1000人近い直営社員を抱えての直販制度に強みを持っている。直販制度は、積立型保険を中心とした、家計保険分野の損保商品の全商品を総合的に販売する固有の外務員制度で、委託・乗合が大半の代理店と違い、直販制度は会社本体と一体となった経営が行なえるメリットもある。

主力の自動車保険は、リスク細分型のマイスタイル自動車保険と長期契約・分割プランの組み合わせが中心だ。

2015年4月に、個人向け自動車保険「KAPくるま（総合自動車保険）」に自転車事故を補償する特約を新設。2016年4月には、農業生産の法人化や大規模化、6次産業化などの流れが加速していくのに対応して、経営リスクを保障する商品をJA共済連と開発し発売、従来の『農業者賠償責任保険』をベースにパワーアップした。農業者向けパッ

共栄火災海上グループ提携先、関連先

グループおよび提携先企業・団体

- 全国共済農業協同組合連合会
- 富国生命保険相互会社
- フコクしんらい生命保険

関連企業・団体

- 日本損害保険協会
- 日本共済協会
- 損害保険料率算出機構
- 損害保険事業総合研究所

ケージ保障『農業応援隊』は異物混入などの賠償責任リスク、出荷した農産物・加工品の改修リスク、労務管理リスクなどを包括的に保障する商品だ。

ＴＰＰ交渉への参加時点から、農業の事業リスクが大きなテーマになると予測できた。和食ブームもあって農産物が海外に出ていく流れが大きくなると判断、農産物を輸出した農業者が被る可能性のある食中毒や異物混入などの賠償責任リスクを保障する海外ＰＬ（製造物責任）に対応した商品も作った。

２０１６年４月からの新中期計画では、「保険の仕事は最終的に人」との考えから、どれだけ人を育成できるかを課題として、人材育成と営業基盤づくり、財務基盤の強化に取り組んでいる。そして、持続的成長と企業価値の増大を図ることを念頭におき、自動車保険などの拡販につながる整備工場や専業代理店などの、一般チャネルの販売網拡充、事業基盤の強化などを行なっている。

③ソニー損保

ソニー損保は、金融持株会社であるソニーフィナンシャルホールディングス（ＳＦＨ）の傘下企業。ソニー生命、ソニー銀行などから構成されているダイレクト保険会社として１９９９年秋に営業開始。なお、ソニーは、ＳＨＦ株式の60％を保有する親会社であり、ＳＨＦはソニーグループの金融分野に属している。

２０１６年３月期決算は、主力商品である自動車保険を中心に保有契約件数が伸びた結果、正味収入保険料は前年度より４・２％増の95・５億４９００万円。保有契約件数は、自動車保険とガン重点医療保険を合わせ１７９万件。経常利益は、自動車保険の事故率の低下により支払準備金繰入額が減少したこともあり前年度より11・２％増の46億８０００万円。当期純利益は、前年度より15・８％増の25億８６００万円。単体ソルベンシー・マージン比率は、前年より63・９ポイント上昇し、６９３・５％。保険金の支払い能力に問題がないとされる基準である２００％を大きく上回る支払い余力を保持している。

経営面では、圧倒的に自動車保険の収入保険料が多く、全体の90％近くを占めていて、次いで傷害保険が9・6％で火災保険の比率はほぼゼロ。

それだけに、自動車関連のサービス充実には力を入れている。その一環として2016年1月、顧客の万一の車の事故や故障などのトラブル時に、その場での的確な行動をナビゲートするスマートフォン向けアプリ「トラブルナビ」の機能を強化。電話でロードサービスを呼び出すときに、トラブル現場の位置情報やトラブル箇所の写真などのデータを送信できるようにした。この結果、顧客の電話での説明の負担を減らせるほか、口頭での説明で生じがちな曖昧さが解消され、より正確かつスムーズなロードサービス出動が可能になった。

2015年10月には、技術料が全額自己負担となる先進医療の中でも、特に高額となる「陽子線治療」および「重粒子線治療」について、ソニー損保から医療機関に直接保険金を支払うサービスを開始。先進医療保険は、先進医療による治療を受けた場合に、技術料と同額を通算2000万円まで保障するが、顧客に技術料を一時的に立替えてもらう必要がある。そこで、同サービスを利用すれば陽子線治療および

ソニー損保　正味収入保険料と経常利益の推移

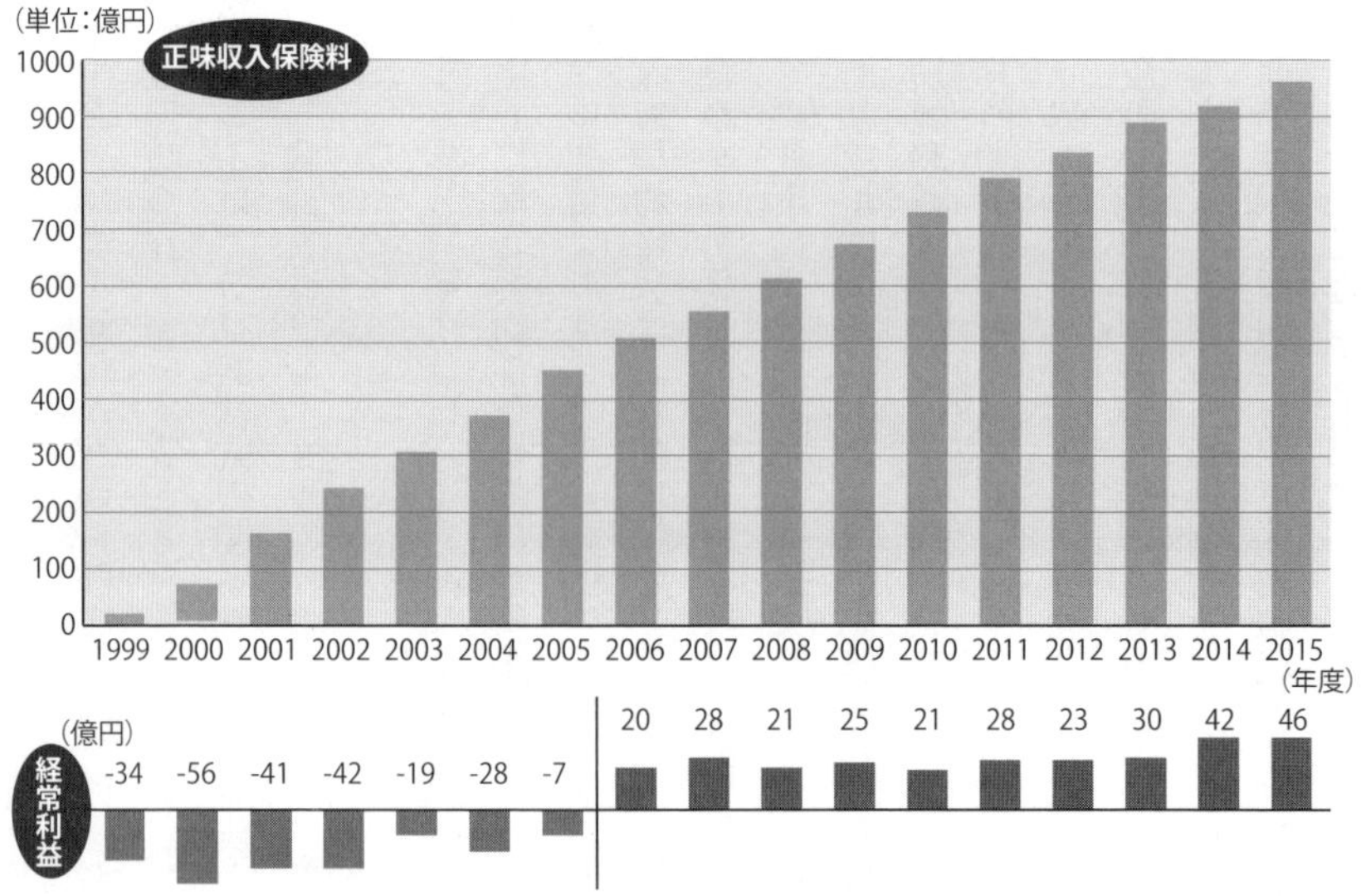

重粒子線治療については、一時的な経済的負担を軽減することができるようにした。

④朝日火災海上保険

朝日火災海上は１９５１年に、野村証券、大和銀行（現りそな銀行）、第一銀行（現みずほ銀行）、そのほか財界人および有力各社の発起により設立。同年３月に海上および運送保険の事業免許を受け、営業を開始。２０１１年５月から野村ホールディングスの連結子会社に。

２０１３年４月からの３カ年中期経営計画では、営業事務オペレーション改革により営業店との連携による代理店サポート体制が充実。多店舗型代理店への販路拡大、大規模モータース代理店への営業展開が推進された一方、保険募集人の適正化による代理店募集網の体制整備をおこなった。また、資産運用では責任準備金対応債券による運用、為替ヘッジおよび保有株式の売却等を行ない、リスクの低減を行なった。

同社の、主力商品のひとつがスーパージャンプ（満期返戻総合保険）。商品内容は、①建物や家財などを対象に、火災、落雷、破裂、爆発、風災、雹《ひょう》災、雪災、水災などの災害リスクを幅広く補償。②１回の災害で受け取る保険金が、災害発生時の契約金額に満たない限り、何度でも保険金を受け取れる。

くるまの保険・ＡＳＡＰ（個人用自動車保険）も主力商品のひとつで、ゴールド免許割引、ＡＳＡＰ安心プラン割引の２つの専用割引があり、適用条件を満たした顧客は、割安な保険料で契約できる。

朝日火災海上の企業集団

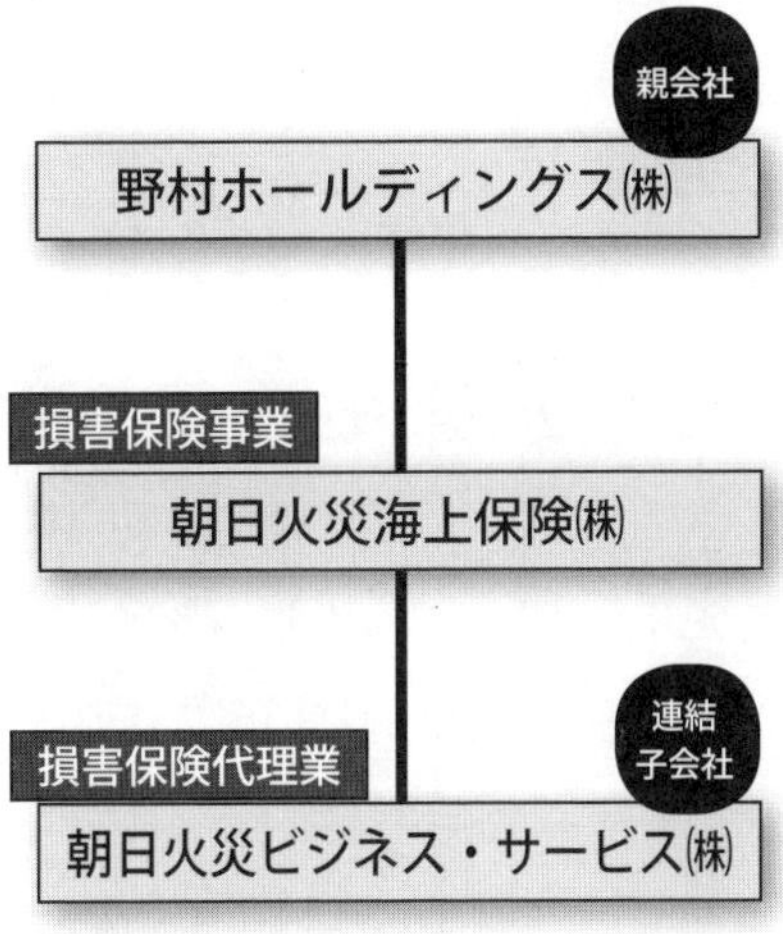

2016年3月期決算は、正味収入保険料は火災、傷害保険が前年度比で減少したが主力の自動車保険が3・7%増収だったことで、321億9600万円と1・6%増となった。ただ、最終利益は5億2300万円で半減した。

⑤セコム損害保険

セキュリティ業界のリーディングカンパニー、セコムグループ傘下の保険会社。1950年設立の東洋火災海上が前身で、1998年にセコムが買収。2004年にフコク生命と業務提携。

ベンチャーマインドで新しい分野を開拓する損害保険会社をコンセプトに、家庭生活・事業活動を安心して営むことができるための保険を世の中に提供しているというのが特色だ。

たとえば、ホームセキュリティ、オール電化の導入で保険料が安くなる「セコム安心マイホーム保険」や、事故現場にセコムの緊急対処員がいつでも駆けつけることができる「セコム安心マイカー保険」など、セコムグループのサービスを融合させた独創的な保険商品で、顧客の関心を得ている。また、自由診療・公的保険診療を問わず、がん治療にかかった費用を実額補償する「自由診療保険メディコム」が、主力商品としてシェアを拡大している。

事業内容は

□自動車・火災・傷害・自賠責・ガン治療費用保険等各種損害保険の引受け及び再保険
□損害調査・保険金の支払い
□セコムグループ内のリソースを活用した、新商品の開発——など。

2016年3月期決算は、正味収入保険料は456億2800万円と前年比4・2%増だったが、台風による損害の増加などが響いて、営業利益は減少した。

正味収入保険料の内訳を見ると、火災保険収入が176億2400万円で構成比は38・6%、自動車保険収入は77億6500万円で同17・0%。メガ3損保など、ライバル損保のほとんどが自動車保険主力なのに比べると、親会社であるセコムというセキュリティ色を受け継いでいる経営構造になっている。

6

CHAPTER

活躍する金融マンたち

CHAPTER 6
INTERVIEW
金融業界の仕事

海外でも今と同じ仕事をやってみたい

三井住友銀行
コーポレート・アドバイザリー本部
第1部　部長代理
長沢翔太さん

大学時代には、応援団に所属し学内の体育系・文化系クラブの応援に精を出した長沢さん。就職先には会社が生産した製品を営業マンの立場で社会に広めて暮らしに役立てるメーカーに勤めたいと考えていた。「しかし、製品が消費者の手元に届くまでにはいくつものステップがあり、顧客の顔が見えにくいのでは。それよりも、ダイレクトに顧客に働きかける事で具体的な反応がある仕事の方が向いているのでは」と思うようになった。

そうした折り、就活の説明会で、「企業の社長さんや経営陣に近い方と直接仕事でやり取りをしながら様々なビジネスでの相談事を受けるという、銀行の法人営業について説明を受け、これが自分がやりたい仕事だ」と思うようになった。

三井住友銀行に入行したのは、2007年4月で大阪の備後町法人営業部に配属された。ここでの仕事は、顧客である中堅・中小企業が抱えている様々な課題、悩みなどを聞いてその解決策を一緒になって探したり、また、銀行サイドから顧客企業の経営に役立つ融資や海外取引などの提案を行なうこと。総勢25人ぐらいの部隊で、部長・副部長の下に2~3チームに分かれた7~8人の担当者がいる。

当然、入行直後の長沢さんには担当企業はない。OJT（オン・ザ・ジョブ・トレーニング）の形で先輩とペアを組んで、訪問外交を行ないながら法人営業のイロハを教わることからのスタートだった。訪問した企業は、業種は様々、規模も中堅・中小企業から上場大企業までと幅広かった。当初は、企業のホームページや、銀行内にある企業レポートを隅から隅まで読み込んで担当企業のことを知ることから始めた。

先輩と一緒に企業回りをすることもあったが、主な仕事は先輩が獲得してきた案件に必要な諸手続きを行なうこと。例えば、融資案件では決定をする前にグループ長、部長、銀行本店審査部の承認を貰うための書類の作成も行なった。

この備後町法人営業部時代で学んだ事は多かった。顧客との友好関係の持続の仕方も、学んだ一つだ。

中堅・中小企業界は、オーナーが自分で会社を立ち上げて成長させた企業が多く、オーナーの意向が経営判断に強く影響する。こうしたオーナー社長には叱られたり、指導を受けることも多かったが「叱られた社長さんに会いに行くのには勇気がいる。それでも気落ちせずに根気強く社長の興味のある話にどうやって持って行けるかを、過去の担当者が残してくれた情報を使いながら、出来るだけ距離を作らずに接点を作った」という。

長沢翔太
神戸大学法学部卒業後、2007年４月入行し、備後町法人営業部に配属。2010年５月にコーポレート・アドバイザリー本部　第二部に異動。2013年５月にＳＭＢＣ日興証券に出向。2014年５月に現在のコーポレート・アドバイザリー本部　第１部に異動。

こうして先輩の指導を受けながらＯＪＴを終え、一人前の法人営業マンとして担当企業を与えられての行員生活を送った長沢さんは、3年後の２０１０年10月に大阪本店のコーポレート・アドバイザリー本部の第2部に異動になり、新しい世界に踏み出した。このコーポレート・アドバイザリー本部は、業種ごとの提案力を高めるために２００６年に設置されたセクション。

三井住友銀行では企業に対する提案部隊として「投資銀行部門」が担っていたが、投資銀行部門は個別商品・サービス（M&A、シンジケート・ローン、プロジェクト・ファイナンスなど）の提案に特化した専門部隊であったため、フロントの人たちが提案、サービス内容を特定しないと対応が難しいケースもあった。そこで、各業界の専門家を配置して、顧客企業のニーズを把握、あるいは先取りして個別商品・サービスの提案に繋げる役割を担う部署を設立した。

つまり、銀行には集積され、共有する企業情報以外に、各支店にも銀行のビジネスになるような情報が眠っている。それらの情報に横串を入れ、企業の提案営業に有効に活用しようとの組織だった。

担当業界は主に30数社の産業機械のメーカーや商社で、ここでの具体的な動き方はこうだ。まず、担当する産業機械の業界環境を踏まえて、各企業がどのような個別戦略で動いているか、今後のトレンドはどうなるかを予見する。例えば、最近のトレンドならIOT（モノのインターネット化）に関連する動きや自動車の電装化を捕まえて、顧客企業の3年後、5年後の事業成長のために銀行がどのようなアドバイスができるかといった観点から提案活動を行なう。

長沢さんが、具体的に手がけた案件には次のようなケースがある。ある製品のメーカーに対して、国内市場が縮小する中での生き残りのため、製品シェアの確保や製造コストの引き下げを狙って、同業メーカー同士の協業、事業再編の提案を行なった。

また、ある企業の場合では製品のラインナップ充実のために、その企業にはない製品を製造していた企業のM&Aを提案した。

一番苦労したのは、提案に持って行くプロセスには一つも同じケースはないことだ。置かれている外部環境は企業毎に異なる。その際、まず始めるのは、市場規模などのマーケット動向や競合他社の動向といった外部環境事実の整理、把握。その後「○○○さんは今解決しなければならない課題はこうでは」と投げかけ、「解決手段としてはこういう手段があります」と提案に落とし込む。

その結果、例えばM&Aの提案に相手企業が賛同し、具体的案件になったら、専門部隊である投資銀行部門に「クロージングまで交渉を進めて下さい」と案件を渡す。問題解決のための提案には、M&Aや海外進出、販売提携だったり、財務戦略や資本政策など様々な手法が出口戦略としてあるが、提案内容を案件化し、各専門部隊に橋渡しするまでが、ここでの長沢さんの仕事だ。

今でこそ、自信を持って担当企業の経営陣にも会って話が出来るが、支店の法人営業から今のコーポレート・アドバイザリー本部に来たときには、苦労した。先輩に担当企業へは業界担当者として紹介して貰うが、最初は相手に話せることがない。

担当業界といっても、関連情報が多くある業界もあれば全くと言っていいほどない業界もある。また、何を相手担当者に話せばよいのか、興味を持って貰えるかも解らなかった。「顧客自身の業界の話なので、顧客の方が詳しいのは当たり前。その上で、どのような情報を伝えればその価値を見いだしてもらえるかを知ることは大変なことだった。」と長沢さんは語る。しかし、多くの経験を経る中でいろいろな企業を訪問し、そこでいろいろな人に会い、違った話をすることで情報も蓄積されてきた。

　長沢さんは、自分のことを人見知りするタイプだという。何回か会っている人には資料もなく話も出来るが、外交で初めての人に会うときには「話す資料をしっかり作り、ディスカッションに持ってゆけるように準備をした」という。

　そして、2年前の2014年に、現在のコーポレート・アドバイザリー本部第1部（東京）に転勤になり、ここでも主に産業機械のメーカーや商社を担当している。

　この提案ビジネスで、一番醍醐味を感じるのは顧客との議論を通じて自分のアイディアを業界のプロの人たちに説明した結果、「賛同する」と真剣に検討してもらえる時だ。「日頃、情報を収集したり企業訪問する中で出来上がったアイディアが実行され、時には新聞等で大きく報じられ、売り上げ・利益に貢献できる。このような時に一番喜びを感じる」という。

　その長沢さんに、今後の夢を尋ねるとこういう返事が返ってきた。「最近の担当顧客の多くは、海外でのビジネス拡大に興味を持っていますが、現状の自分では現地の情報を生で収集するのは難しいので、満足した海外展開に関連した提案が出来ない。今後チャンスがあれば、海外で今と同じようなビジネスをやってみたい」。

長沢さんの一日の行動

8時過ぎ
出社
8時30分～12時
メール処理、訪問外交に向けての資料整理などの準備、企業訪問、社内での打ち合わせ
12時～1時
昼食
1時～5時
訪問外交に向けた資料整理、企業外交、打ち合わせ
5時～7、8時
上司への報告、訪問外交の記録、打ち合わせ 明日に向けての資料作成
8時前後
退社。時には深夜まで資料作成なども。

CHAPTER 6
INTERVIEW
金融業界の仕事

開発商品は自分の子供みたいなモノ

住友生命保険
商品部　商品開発室
副長
齋藤卓磨さん

大学では文学部で、日本語の文法の研究に没頭し、保険・金融などに触れてこなかった齋藤さんだが、学生時代に大学生協の委員になり共済を担当。新入生などへの加入推奨で共済の説明をやってきたので、保険には最初から興味もあった。

生命保険を職場に選んだ最大のきっかけは、就活セミナーでの経験。保険金の支払いを受ける人が感謝しているビデオを見て、「こういう使命が保険にはあるんだ」と感激して思わず泣いてしまい、「生命保険は金銭面でご契約者に役立つ以外に、医療・介護にも密接に結びついていて暮らしを支えているという理念に惹かれた」。

住友生命への入社は2008年4月。リーマンショックで知られる米国発の金融危機が起こる5カ月前だ。入社後、1カ月間の社内研修を経て、沼津支社の三島支部に配属された。ここでは、OJT（オン・ザ・ジョブ・トレーニング）の形で店頭での事務処理や、営業職員と一緒で訪問外交を初めて経験した。

そして、入社3カ月後に沼津支社に配属になり、齋藤さんは本格的に生保職員として歩み始めた。ここでも、営業職員が販売してきた保険商品毎の販売比率分析などの仕事に加えて、営業職員に同行、1軒1軒ピンポーンと個人宅の呼び鈴を鳴らしての保険商品の提案販売を行なう外交訪問や、アンケート集めなどをやった。「少しでもお客さまにコンサルティングを行なう上で、役に立ちたいという気持ちはあったが、実際にお役に立ったかどうかは……」。

この訪問で初めてご契約をいただいた。当時のことは「自分のことを信頼して貰えたと嬉しかった」と今でも鮮明に覚えている。契約をしてくれたのは50歳代の女性で、自分の研修時代の苦労話などをしていたら「実は今入っている医療保険について、希望していないのに転換を進められており、解約も考えている」という話になった。そこで、「住友生命には同じような商品があります」と当時販売していた終身医療保険「ドクターＫＩＮＧ」（現在は名称が変わり「ドクターＧＯ」）を説明しご契約いただいた。

沼津支社には2年半いたが、最後の頃になるとルーチンワークは後輩職員に任せ、齋藤さんは、新入営業職員の資格取得のための勉強会サポートや、商品内容の勉強会の実施などが主な仕事になった。

こうした、支社での様々な経験を経て、２０１０年10月に現在の商品部商品開発室に配属になった。商品開発は、入社時からやってみたい仕事だったので「希望が叶い嬉しかった」。商品開発室ではプロジェクト毎にチームが編成され、いくつもの商品開発が同時進行で動いている。初めに参加したのは、まだ、大手生保のどこも手を付けていなかった抗がん剤治療や疼痛緩和ケアを保障する、将来のがん治療を見据えた新商品「がんＰＬＵＳ」を開発していた５人の開発チーム。５年の開発期間を必要とし、チーム入りした時には、開発を初めてから数年が経っていた。

ここでは、チームリーダーの下で新商品を仕上げるが、新商品が出来上がるまでのプロセスはこうだ。まず、商品の企画を行なう商品開発室が商品コンセプトなどの概要を作る。それを、事務・サービス、システム、営業部門などの関連セクションに「こういう商品を作りたい」と諮り、それぞれの視点からの課題を出して貰う。その課題を、関連セクションと協議を重ね、解決したうえで、経営会議で方向性を決定する。

商品設計で難しいのは、いかにバランスよく仕上げるかだ。契約者にとっては保障が厚く保険料が安い商品がベストだが、保険会社にとっては保険金を

齋藤卓磨
2008年3月に東京大学文学部を卒業
2008年4月に住友生命に入社
2008年5月に沼津支社（当初3カ月間は三島支部）に配属
2010年10月に商品部商品開発室に配属となり、現在に至る

確実に支払う上で十分な保険料をいただかなければならない。システム部門からは、「システム開発を効率的に行なうためにはこのような方策が考えられる」、事務部門からは「お客さまサービスの観点からこの部分に工夫が必要だ」といった意見が出る。

そうした関係部門の意見をうまく調整しながら商品開発室長、商品部長の了解を経て、役員会に上げるための企画案として仕上げるのがチームリーダーの重要な仕事だ。

「がんＰＬＵＳ」は、２０１3年3月末に発売されたが、開発チームの一員として、齋藤さんがまず始めたのは、抗がん剤の使用期間、保障の中身といったがん保険の基本的な部分の勉強。同時に、がん保険市場のデータ分析などの資料を作成して、リーダーに報告を行なうのも齋藤さんに課せられた仕事だった。そして、発売が日程に上ると、ニュースリリース原稿や販売拠点向けの教材などの作成、発売後には別の新商品開発に携わりながら、並行して「がんＰＬＵＳ」の保障がセットできる商品の見直し、販売後の評価なども行なった。

そして、入社8年経った現在、どういうコンセプトの商品化に取組んでいるかは教えてもらえなかったが、ある新商品開発のリーダーとして忙しい毎日を送っている。

リーダーになるために別段資格も必要ないし、商品開発部門での経験年数といった条件もない。若くても「こういう商品のアイディアがあります」と上司などに進言し、開発許可が得られればリーダーになれるチャンスはある。しかし、10年以上のベテランがいる部内だけに、リーダーになるのは易しくはない。それだけに「自分としては、リーダーになって商品の開発をしたかったので、今はとても充実している」と齋藤さんは語る。

新商品開発は、先々を見据えて作る必要がある。過去の流れを踏まえて、将来どうするか、どうなるのかを考え、将来そのとおりに進むかどうかは別にして、ビジョンを持ちながら、では今はどういう商品対応をするか、を決めなければならない。

「商品部の後輩ぐらいには『私がリーダーとなって開発した』と覚えていてもらえるかも知れないが、

別に自分の名前が残らなくても良い。開発商品は自分の子どもみたいなモノで愛着があり、その商品が長く愛されてほしい」。

商品開発のリーダーには、アイディアから商品に仕上げるための経験、知識、スキルはもとより、プロジェクトを走らせる力が必要だ。時には、他部門との調整で関係者とぶつかる時もあるが、「皆がお客さまのため、会社のために良いと思って頑張っている。ぶつかっても必ず解り合える」と齋藤さんは語る。

商品開発室に異動してこれまで、２つの大きな商品開発に加えて、プロジェクト単位で見ると商品の改良なども含めて、かなりの数の商品開発に携わった。その間、多くの苦労もあったが、自分が携わった商品が実際に発売された時は、商品開発をやっていて本当に良かったと充実感を感じた。

■ 齋藤さんの平均的な一日の仕事

8：00
出社 メール処理、会議用の資料作成 社内会議
12：00
食事
13：00
社内会議出席 社内関係部門ヒアリング 大阪本社とのテレビ会議
20：00
退社

また、こういう事もあった。齋藤さんは、がん商品の開発の関連で、医療現場でがん患者の方々を支えている医療関係者など、尊敬するいろいろな人に出会う。「ある病院内に、がん患者の方々が何か困ったときに相談するがん相談支援センターがあったんです。ある時そこで、がん患者の方々の相談を日々受けているスタッフの方の一人に『住友生命さんが出している、がんの保険やがんの情報冊子は、がん患者の方々にとって本当に良いモノです』と言ってもらえた。この時は本当に嬉しかった」。

最後に、将来への夢を含めて今後どういう仕事に従事したいかを語って貰ったら、こういう返事が返ってきた。

「実は、リーダーとして開発しているいまの商品を念頭に置いて、もっと先を見据えて考えているアイディアがあるのですが、それも自分の手で仕上げてみたい。また、商品開発以外の仕事で言えば、もう一度保険販売の最前線に出てみたいし、システム部門や支払い部門などこれまで経験したことのない仕事もやってみたい」。

CHAPTER 6
INTERVIEW
金融業界の仕事

担当エリアの支店から信頼される存在に

SMBC日興証券
アセットマネジメント・マーケティング部
リテール・マーケティング課
大関千尋さん

大学では社会学部で学び、金融の世界とはかなり遠い場所で過ごした。就活を始めた3年生の頃は、リーマンショックの後遺症がまだ残っていた影響で、就職戦線は氷河期。ある金融機関が募集した投資銀行ビジネスのインターンシッププログラムに1週間参加し、そこで初めて金融の世界を知った。

SMBC日興証券との初めての接点は会社説明会の場。この時、SMBC日興証券は旧4大証券の一角で、厚い顧客基盤を持っている事、証券会社は銀行の間接金融と並んで大切な、直接金融の世界を担っている事などを知った。

当初「証券業界は、ストイックな世界で厳しい」と聞いていたが、この説明会を通して証券界に対する見方が一変した。世界のマーケットが複雑に相関するビジネスのスケール感や、マーケットのスピード感に大きな魅力を感じた。

総合職として2011年に入社後、2カ月間の新入社員研修を経て渋谷支店に配属になった。個人顧客や中堅・中小企業などの法人顧客に対して金融商品を販売する、いわゆるリテールビジネスの最前線の場で、2年間過ごした。

配属後の4カ月間は、担当顧客は持たずに新規開拓のため外交訪問を重ねた。「新入社員の大関と申します。今日はご挨拶に参りました。できればお隣の方の名刺もいただけますか」と言って、名刺集めと共に商品の提案も行なった。大関さんが顧客に提案したのは主に個人向け国債と投資信託。

面白がって名刺はくれるが、取引をしてくれるかは別問題だった。

この期間が終わると、新規開拓に加え、先輩社員から顧客の引継ぎも受け、担当顧客を持つようになり、電話や外交訪問による本格的な営業活動を行なった。当時のことを大関さんはこう語る。「お客様と話をしても、最初から商品の中身に対して興味を持ってくれる人はあまりいませんでした。そこでお取引への糸口が見つかるように、法人のお客様であればその会社の事業内容について関心を持ち、話題にしたり、個人のお客様であればご家族の話やご趣味の話を聞いたりしながら、まずは人と人との信頼関係を構築することを意識していました」。

大関さんならではの工夫も試みた。商品知識の少ない新入社員の外交訪問では、一般的に上司が選んだ商品を持参するが、このほかに、大関さん自身が選んだ商品も持参した。

例えば、お客様の反応を見て、上司が選んだ商品に関心が無いと思ったら「すみません。もう3分だけ時間を下さい。この商品は、私が一番良いと思っている商品です」と、自身が選んだ商品を、渾身のセールストークで説明をした。しかし、結果的に空振りに終わる日々が多かった。

初めて、取引をして貰えたのは、渋谷支店に配属になってから1カ月後。商品はインドネシアの企業の株を運用対象にした投資信託だった。実はその投資信託は、入社時研修の時に説明を受けた商品で、豊富かつ若年層に厚みのある人口構成や多様な資源といった、今後成長が期待できる要素を沢山持ったインドネシアの将来を買うもので、その解り易さで大関さん自身が興味を持っていた投資信託だった。

こうして渋谷支店での1、2年目は新規開拓中心の日々が続いた。性格的に、初めて会った人と言葉を交わすのが好きな方だった。就活での面接では、「リテール部門で中小企業などを担当するコンサルタントとして働きたい」と言っていたし、新規開拓

大関千尋

立教大学社会学部メディア社会学科卒業後、2011年４月にＳＭＢＣ日興証券に入社。研修後に渋谷支店に勤務。
2013年４月に、現在の本社部署であるアセットマネジメント・マーケティング部に異動。
休日は運動不足の解消も兼ねてゴルフに挑戦中。

の訪問は、辛いというよりも「色々な方に出会える良い機会」とむしろ楽しみながら取り組んだ。

この渋谷支店時代に印象に残っているエピソードとして、ある法人顧客の新規開拓がある。入社してまだ間もない頃、電話口で証券投資に興味があることは確認出来たものの、ガードが固く、全く取り合ってもらえない法人があった。

なんとか顧客になってもらいたいと思いながらも進展がないまま夏休みを迎え、北海道旅行をしていた時、その法人の社長から「今日なら時間がとれる」と電話があった。しかし、北海道にいるので駆けつける事が出来なかった。「落ち込んでいると支店から電話があり、支店長が休暇中の私に代わって訪問してくれることになったという連絡でした。部下を信頼して、支店長自ら動いて下さったことに感激し、お客様の為、支店の為に貢献して恩返ししたいと強く思いました」。

その日の訪問がきっかけになり、その半年後には法人口座を開設し取引を開始。更にその後には、社長の個人口座も開設し、法人、個人ともに大きな取引を任せてくれるようになった。

2年間の支店での営業経験を経て、2013年4月に現在のアセットマネジメント・マーケティング部に異動になった。アセットマネジメント・マーケティング部の主な仕事は投資信託の販売支援。具体的には、投資信託を実際に運用している委託会社（運用会社）と連携を取りながら、担当エリアの支店で、新商品を導入する際の社員向け勉強会や顧客向けセミナーの実施、支店への投資信託に関連する情報提供や顧客への同行訪問などを行ない、支店が円滑に投資信託の販売に取り組めるようサポートを行なっている。

初め大関さんは、担当チームのサブとして支援に携わったが、2015年4月からは担当チームのメインを務めている。「今でも試行錯誤の日々を送っています」と語る大関さんだが、支店での営業と現在のセクションでは心の持ち方が全く異なるという。

担当エリアを支援するには、一人の力では限界がある。委託会社（運用会社）や上司、同僚と一体となって取り組まなければ、大きな成果は得られない。また、アセットマネジメント・マーケティング部が支店に対して投資信託販売の支援を行なうのと同じように、社内には債券や株式などの販売支援を行なう部がある。

各部の担当者は、自分たちが支援する商品の販売額を増やすために努力をする。しかし、例えばある部が突出して支店に自分たちの商品を押しつけたりすれば、そこに軋轢も発生するし、全社的な商品バランスも崩れる。支店が、スムーズに仕事が出来るように、他部門の担当者とのコミュニケーションを取るのも大切な仕事になる。

「支店での営業では『お客様の為に』が第一だったが、今の部署ではそれに加えてチームプレーが重要。周りの人達の為にどれだけ役に立てるのか、といった気持ちが大切」と語る。

投信信託の勉強会や顧客セミナーでの講師をしながら支店からの問い合わせに対応する日々。支店の投資信託販売計画の相談に乗ることもある。

このインタビューを行なった前日には、大先輩である担当エリアの支店長約20人の前で「投資信託販売について」をテーマに話をしたが、大先輩の前で話をするのは、いくら勉強をしても、大きなプレッシャーだった。

厳しい中でも、日々やりがいを感じている大関さんだが、「『提供してもらった資料を参考にしたら約定に繋がった』、『同行訪問してもらったお客様から大口の取引を頂いた』と報告をもらうときや、自分の取組みが支店の力になったと感じられた時が本当に嬉しい」と話す。

最後に、今後の目標を訊くと「担当エリアの支店から一層信頼される存在になりたい」との答えが返ってきた。

■大関さんのある一日に仕事

7：30
出社、新着資料やメールチェック
9：00
デスクワーク、セミナーや勉強会の準備 支店からの問い合わせ対応
15：30
担当する支店へ移動
16：00
勉強会
18：00
退社

7

CHAPTER

金融業界企業データ

&関連ウェブサイト

※企業データは各社の公開情報（2016年10月時点）などをもとに作成。不明な項目については掲載していません（採用関連情報は、執筆時点で確認できたもののみを掲載しています。詳細等については各社ホームページなどを参照のこと）。

株式会社 三菱UFJフィナンシャル・グループ

▫本社所在地　〒100-8388　東京都千代田区丸の内2-7-1
▫主な経営陣　取締役代表執行役社長グループCEO・平野信行
▫設　立　2001年
▫従業員数　3万5214名、単独（15年3月）
▫平均年齢　40.0歳（15年3月）
▫平均年収　1113万円（15年3月）
▫経常収益　5兆6384億200万円（15年3月期）
▫資本金　2兆1415億円（16年9月30日現在）
▫事業内容　傘下子会社およびグループの経営管理、ならびにそれに付帯する業務
▫URL　http://www.mufg.jp/

株式会社 三菱東京UFJ銀行

▫本店所在地　〒100-8388　東京都千代田区丸の内2-7-1
TEL 03-3240-1111
▫代表者　頭取・小山田 隆
▫設　立　1919年
▫従業員数　単体3万5214名（15年3月末）
▫資本金　1兆7119億円（16年3月末）
▫事業内容　金融業およびその他付帯業務
▫新卒採用　（11年度）総合職、総合職（特定）、アソシエイト職
▫初任給　大卒総合職20万5000円、大卒アソシエイト職19万5000円
▫URL　http://www.bk.mufg.jp/

三菱UFJ信託銀行 株式会社

▫本店所在地　〒100-8212　東京都千代田区丸の内1-4-5
TEL 03-3212-1211（代）
▫代表者　取締役社長・池谷幹男
▫設　立　1927年
▫従業員数　単体6879名（15年3月）
▫資本金　3242億7900万円
▫事業内容　銀行業務および信託業務
▫新卒採用　（11年度）ジェネラルコース、ビジネスコース
▫初任給　大卒ジェネラルコース20万5000円／ビジネスコース19万5000円
▫URL　http://www.tr.mufg.jp/

株式会社 みずほフィナンシャルグループ

▫本社所在地　〒100-8176　東京都千代田区大手町1-5-5
TEL 03-5224-1111（代）
▫代表者　取締役兼執行役社長グループCEO・佐藤康博
▫設　立　2003年1月
▫従業員数　1318名（16年９月）
▫平均年齢　40.0歳（15年３月）
▫平均年収　947万円（15年３月）
▫資本金　２兆2557億円（15年９月）
▫事業内容　子会社経営管理業務および付随業務
▫新卒採用　（16年度）基幹職（総合、専門）、特定職（コース別採用）
▫初任給　基幹職／院卒23万円、大卒20万5000円、特定職／大卒19万5000円、短大卒17万5000円（16年４月）
▫ＵＲＬ　http://www.mizuho-fg.co.jp/

株式会社 みずほ銀行

▫本店所在地　〒100-0011　東京都千代田区内幸町1-1-5
TEL 03-3596-1111（代）
▫代表者　取締役頭取・林 信秀　※11年６月20日
▫設　立　2013年７月
▫従業員数　27355名（13年３月）
▫平均年齢　36.8歳（13年３月）
▫平均年収　673万円（13年３月）
▫資本金　１兆4040億円（16年３月）
▫事業内容　銀行業務および付随業務
▫ＵＲＬ　http://www.mizuhobank.co.jp/
※新卒採用はみずほフィナンシャルグループとの合同採用。採用情報はみずほフィナンシャルグループを参照

みずほ信託銀行 株式会社

▫本店所在地　〒103-8670　東京都中央区八重洲1-2-1
TEL 03-3278-8111
▫代表者　取締役社長・中野武夫
▫設　立　2003年３月
▫従業員数　3240名（16年３月）
▫平均年齢　39.7歳（16年３月）
▫資本金　2473億円（16年３月）
▫事業内容　銀行業務および信託・併営業務
▫ＵＲＬ　http://www.mizuho-tb.co.jp/
※新卒採用はみずほフィナンシャルグループとの合同採用。採用情報はみずほフィナンシャルグループを参照

株式会社 三井住友フィナンシャルグループ

- 本社所在地　〒100-0005　東京都千代田区丸の内1-1-2
- 代表者　取締役社長・宮田孝一
- 設　立　2002年
- 従業員　単体183名（10年３月）
- 平均年齢　40.7歳（10年３月）
- 平均年収　1294万円（10年３月）
- 経常収益　３兆1664億円（10年３月期）
- 資本金　２兆3378億9500万円（16年９月期）
- 事業内容　傘下子会社の経営管理、並びにそれに付帯する業務
- URL　http://www.smfg.co.jp/

株式会社 三井住友銀行

- 本店所在地　〒100-0005　東京都千代田区丸ノ内1-1-2
- 代表者　頭取兼最高執行役員・國部毅
- 設　立　1996年
- 従業員数　２万8149名（15年９月）
- 資本金　１兆7709億円（15年９月）
- 事業内容　普通銀行業務および付帯業務
- 新卒採用　（15年度）総合職、ビジネスキャリア職、一般職
- 初任給　大学院卒総合職・総合職（リテールコース）23万円、四大卒総合職・総合職リテールコース20万5000円、四大卒ビジネスキャリア19万5000円、短大・専門卒ビジネスキャリア17万5000円
- URL　http://www.smbc.co.jp/

株式会社 りそなホールディングス

- 本社所在地　大阪本社：〒540-8610　大阪府大阪市中央区備後町2-2-1　TEL 06-6268-7400
　東京本社：〒135-8581　東京都江東区木場1-5-65 深川ギャザリア W2棟　TEL 03-6704-3111
- 代表者　取締役兼代表執行役社長・東 和浩
- 設　立　2001年
- 従業員数　936名（16年３月）
- 平均年齢　45.0歳（15年３月）
- 平均年収　955万円（15年３月）
- 資本金　504億7200万円（15年３月31日現在）
- 事業内容　銀行等子会社の経営管理、ならびにそれに付帯する業務
- 新卒採用　（16年度）ソリューションフィールド、カスタマーサービスフィールド
- 初任給　院卒23万円、大卒20万5000円、短大・専門卒17万5000円（15年4月実績）
- URL　http://www.resona-gr.co.jp/

株式会社 りそな銀行

- 本店所在地　〒540-8610　大阪府大阪市中央区備後町2-2-1
　TEL 06-6271-1221
- 代表者　代表取締役社長・東 和浩
- 設　立　1918年
- 従業員数　単体9296名（16年３月）
- 平均年収　684万円（15年３月）
- 資本金　2799億2800万円（16年３月）
- 事業内容　銀行業
- URL　http://www.resona-gr.co.jp/resonabank/

※採用はりそな銀行と埼玉りそな銀行の合同採用。採用情報はりそなホールディングスを参照

株式会社 埼玉りそな銀行

- 本店所在地　〒330-9088　埼玉県さいたま市浦和区常盤7-4-1
- 代表者　代表取締役社長・池田一義
- 設　立　2002年
- 従業員数　3153名（14年３月末）
- 平均年収　628万円（13年３月）
- 資本金　700億円（16年３月期）
- 事業内容　銀行業
- URL　http://www.resona-gr.co.jp/saitamaresona/

※採用はりそな銀行と埼玉りそな銀行の合同採用。採用情報はりそなホールディングスを参照

三井住友トラスト・ホールディングス 株式会社

- 本店所在地　〒100-0005　東京都千代田区丸の内1-4-1
- 代表者　取締役社長・北村邦太郎
- 設　立　2002年
- 従業員数　単体46名（14年３月）
- 平均年齢　45.4歳（15年３月）
- 平均年収　1249万円（15年３月）
- 資本金　2616億872万5000円（16年３月末）
- 事業内容　銀行持株会社
- 新卒採用　（16年度）Gコース（全国転勤型）、Aコース（地域限定型）
- 初任給　院卒総合職23万5000円、大卒総合職21万円（各コース共通）
- URL　http://smth.jp/

三井住友信託銀行 株式会社

- 本店所在地　〒100-0005　東京都千代田区丸の内1-4-1
- 代表者　取締役社長・常陰 均
- 設　立　1925年
- 従業員数　13463名（16年３月）
- 資本金　3420億円（16年３月）
- 事業内容　リテール信託業務、法人向け金融サービス、証券代行業務、不動産業務他
- URL　http://smth.jp/corporate

※2012年４月、住友信託銀行、中央三井信託銀行なおよび中央三井アセット信託銀行が合併して誕生。

株式会社 セブン銀行

- 本社所在地　〒100-0005　東京都千代田区丸の内1-6-1
- 代表者　代表取締役社長・二子石謙輔
- 設　立　2001年４月
- 従業員数　460名（16年11月）
- 平均年齢　44.9歳（15年３月）
- 平均年収　670万円（15年３月）
- 資本金　305億7200万円（16年11月）
- 事業内容　ATM事業、金融サービス事業
- 新卒採用　（15年度）銀行業務全般
- 初任給　大卒21万3500円（15年４月実績）
- URL　http://www.sevenbank.co.jp/

野村ホールディングス 株式会社

- 本店所在地　〒103-8645　東京都中央区日本橋1-9-1
  TEL 03-5255-1000（代）
- 代表者　グループ CEO・永井浩二
- 設　立　1925年
- 従業員数　連結２万8865名、単体111名（16年３月）
- 平均年齢　42.0歳（16年３月）
- 平均年収　1515万円（16年３月）
- 営業利益　3576億4500万円（16年３月期）
- 資本金　5944億9300万円（16年３月31日現在）※単独
- 事業内容　持株会社
- ＵＲＬ　http://www.nomura.com/jp/

野村證券 株式会社

- 本社所在地　日本橋本社　〒103-8011　東京都中央区日本橋1-9-1
  TEL 03-3211-1811（代）
  大手町本社　〒100-8130　東京都千代田区大手町2-2-2アーバンネット大手町ビル
  TEL 03-3211-1811（代）
- 代表者　代表執行役社長・永井浩二
- 創　業　1925年
- 従業員数　１万2756名（13年３月末）
- 平均年齢　39.4歳
- 平均年収　1087万円
- 資本金　100億円（16年３月）
- 事業内容　証券業
- 新卒採用　（17年度）総合職Ａ・Ｂ・Ｃ、FA
- 初任給　総合職Ａ・Ｂ・Ｃ大卒24万円、FA 大卒25万円
- ＵＲＬ　http://www.nomura.co.jp/

野村アセットマネジメント 株式会社

- 本社所在地　〒103-8260　東京都中央区日本橋1-12-1
  TEL 03-3241-9511（代）
- 代表者　CEO 執行役社長・渡邊国夫
- 設　立　1959年
- 社員数　914名（16年９月）
- 営業収益　1120億円（14年３月）
- 資本金　171億8035万円（16年３月）
- 事業内容　投資助言・代理業および投資運用業に係る業務
- 新卒採用　（16年度）全域型社員
- 初任給　大卒24万円（16年４月実績）
- ＵＲＬ　http://www.nomura-am.co.jp/

株式会社 大和証券グループ本社

- 本社所在地　〒100-6751　東京都千代田区丸の内1-9-1 グラントウキョウ ノースタワー
  TEL 03-5555-1111（代）
- 代表者　執行役兼代表執行役社長・日比野隆司
- 発　足　1999年
- 従業員数　9名（14年３月末現在、単独）
- 平均年齢　42.0歳（16年３月）
- 平均年収　1212万円（16年３月）
- 営業収益　6537億1100万円（16年３月期）※連結
- 資本金　2473億円（16年９月）
- 事業内容　証券関連業務及びその遂行を支援する業務を営む国内及び海外の子会社、関連会社の株式を所有することによる当該会社の支配・管理
- URL　http://www.daiwa-grp.jp/

大和証券 株式会社

- 本社所在地　〒100-6752　東京都千代田区丸の内1-9-1 グラントウキョウ ノースタワー
  TEL 03-5555-2111（代）
- 代表者　代表取締役社長・日比野隆司
- 開　業　1999年
- 従業員数　13649名（14年９月、連結）
- 営業収益　2526億5400万円（14年９月期）
- 資本金　1000億円（16年３月）
- 事業内容　総合証券業
- 新卒採用　（16年度）総合職、エリア総合職
- 初任給　大卒24万5000円
- URL　http://www.daiwa.jp/

みずほ証券 株式会社

- 本社所在地　〒100-0004　東京都千代田区大手町1-5-1 大手町ファーストスクエア
  TEL 03-5208-3210（代）
- 代表者　取締役社長・坂井辰史
- 設　立　1917年
- 従業員数　6994名（16年３月）
- 営業収益　4413億円（15年３月末日）
- 資本金　1251億円
- 新卒採用　M職、A職
- 初任給　M職院卒25万5000円、M職大卒23万円、A職院卒21万6000円、A職大卒21万3000円、短大・専門卒18万8000円
- 事業内容　金融商品取引業
- URL　http://www.mizuho-sc.com/

三菱UFJモルガン・スタンレー証券 株式会社

- 本店所在地　〒100-6317　東京都千代田区丸の内2-5-2
  TEL 03-6213-8500（代）
- 代表者　取締役社長兼最高経営責任者・長岡 孝
- 創　業　1948年
- 従業員数　5209名（16年３月）
- 営業収益　3025億3400万円（16年３月期）
- 資本金　405億円（16年６月）
- 事業内容　総合証券としての業務全般
- 新卒採用　（16年度）総合職、エリア総合職、地域職、IBコース、FE（クオンツ・IT開発）コース、システムコース
- 初任給　総合職大・院卒23万円、エリア総合職大・院卒23万円、地域職大・院卒19万円、
  IBコース大卒23万円、IBコース 院卒24万円、FEコース院卒24万円、
  システムコース大卒23万円、システムコース院卒24万円
- URL　http://www.sc.mufg.jp/

SMBCフレンド証券 株式会社

- 本店所在地　〒103-8221　東京都中央区日本橋兜町7-12 山種ビル
  TEL 03-3669-3211（代）
- 代表者　代表取締役社長・團野耕一
- 設　立　1948年
- 従業員数　1890名（16年３月末）
- 営業収益　500億1500万円（15年３月期）
- 資本金　272億7000万円（16年３月）
- 事業内容　金融商品取引業およびそれに附随する業務等
- 新卒採用　（16年度）営業職（広域職、地域職）
- 初任給　広域職院卒23万3000円、広域職大卒22万7000円、地域職院卒21万6000円、地域職大卒21万2000円
- URL　http://www.smbc-friend.co.jp/

日本生命保険 相互会社

- 本店所在地　〒541-8501　大阪府大阪市中央区今橋3-5-12
　TEL 06-6209-5525
- 代表者　代表取締役社長・筒井義信
- 設　立　1889年
- 従業員数　7万519名、うち内勤職員1万8564名（16年3月末）
- 資本金　1兆2500億円
- 保険料等収入　7兆2018億円（10年3月期）
- 総資産　55兆1656億円（16年3月）
- 事業内容　生命保険業、付随業務・その他の業務
- 新卒採用　（16年度）総合職、営業総合職、CS総合職、法人職域FC、業務職
- 初任給　総合職大卒20万5000円、営業総合職大卒24万5000円、CS総合職大卒20万円、法人職域FC大卒20万円、業務職大卒18万5000円、短大卒17万5000円（以上、15年度）
- URL　http://www.nissay.co.jp/

第一生命保険 株式会社

- 本社所在地　〒100-8411　東京都千代田区有楽町1-13-1
　TEL 03-3216-1211（代）
- 代表者　代表取締役社長・渡邉光一郎
- 設　立　1902年
- 従業員数　5万4864名、うち内勤職員1万2027名、営業職員4万2837名（15年9月末）
- 資本金　3431億円
- 保険料等収入　3兆2663億円（14年4月～15年3月）
- 総資産　36兆3701億円（11年3月末）
- 事業内容　生命保険業
- 新卒採用　（16年度）基幹職（グローバルコース・エリアコース）、機関経営職、総合営業職
- 初任給　グローバルコース：院卒27万470円、大卒24万5880円、
　エリアコース：大卒21万5150円、短大卒19万9170円
- URL　http://www.dai-ichi-life.co.jp/

住友生命保険 相互会社

- 本社所在地　本　　社　〒540-8512　大阪府大阪市中央区城見1-4-35　TEL 06-6937-1435
　東京本社　〒104-8430　東京都中央区築地7-18-24　TEL 03-5550-1100
- 代表者　取締役代表執行役社長・橋本雅博
- 創　業　1907年
- 従業員数　4万2245名、うち職員1万1001名、営業職員3万1244名（16年3月）
- 保険料等収入　3兆220億円（15年4月～16年3月）
- 総資産　27兆6415億円（16年3月）
- 事業内容　生命保険業、付随業務及び法定他業
- 新卒採用　（16年度）総合職、一般職、営業職
- 初任給　総合職大卒、院卒21万円、一般職東京・大阪地区18万1100円、
　その他地区17万600円～18万1100円（15年4月実績）
- URL　http://www.sumitomolife.co.jp/

明治安田生命保険 相互会社

- 本社所在地　〒100-0005　東京都千代田区丸の内2-1-1
  TEL 03-3283-8111（代）
- 代表者　取締役 代表執行役社長・根岸秋男
- 設　立　1881年
- 従業員数　４万1045名、うち営業職員３万531名（16年３月）
- 保険料等収入　３兆3578億円（15年４月〜16年３月）
- 総資産　36兆5766億円（16年３月末現在）
- 事業内容　①個人および企業向け各種保険・年金商品・投資信託等の金融商品の販売。契約保全サービス、介護サービスなどの保険業務および関連業務　②貸付、有価証券投資、不動産投資などの資産運用
- 新卒採用　（16年度）総合職（全国型、地域型）、法人総合営業職（地域型）
- 初任給　総合職全国型大卒25万1600円、総合職地域型22万7060円、法人総合営業職（地域型）大卒22万円、短大卒20万円（首都圏など大都市圏）（15年４月初任給）
- ＵＲＬ　http://www.meijiyasuda.co.jp/

三井生命保険 株式会社

- 本店所在地　〒135-8222　東京都江東区青海1-1-20 ダイバーシティ東京オフィスタワー
  TEL 03-6831-8000
- 代表者　代表取締役社長・有末真哉
- 設　立　1927年
- 従業員数　１万340名（うち営業職員7280名）（16年３月）
- 保険料等収入　5501億円（16年３月期）
- 総資産　７兆955億円（16年３月）
- 事業内容　個人ならびに企業向け各種保険商品の販売、保全サービスと受託資産の運用
- 新卒採用　（16年度）総合職（全国型）
- 初任給　総合職院卒22万8000円、大卒20万円
- ＵＲＬ　http://www.mitsui-seimei.co.jp/

朝日生命保険 相互会社

- 本社所在地　〒100-8103　東京都千代田区大手町2-6-1 朝日生命大手町ビル
  TEL 03-6225-3111
- 代表者　代表取締役社長・佐藤美樹
- 創　業　1888年
- 従業員数　職員4346名、営業職員１万2098名（16年３月末）
- 保険料等収入　4014億円（15年４月〜16年３月）
- 総資産　５兆5241億円（16年３月末）
- 事業内容　各種保険商品の販売・保全サービス・資産運用等
- 新卒採用　（16年度）総合職、総合職（首都圏型）、エリア総合職
- 初任給　総合職院卒・大卒20万円、総合職（首都圏型）大卒19万円、
  エリア総合職大卒・短大卒17万円（15年度実績）
- ＵＲＬ　http://www.asahi-life.co.jp/

東京海上ホールディングス 株式会社

- 本社所在地　〒100-0005　東京都千代田区丸の内1-2-1　東京海上日動ビル新館
　TEL 03-6212-3333
- 代表者　取締役社長・永野 毅
- 設　立　2002年
- 従業員数　474名（16年３月末）
- 平均年齢　40.6歳（11年）
- 平均年収　1437万円（16年３月）
- 正味収入保険料　３兆7372億円（16年３月期）
- 資本金　1500億円（16年３月）
- 事業内容　保険持株会社として傘下子会社の経営管理およびそれに附帯する業務
- ＵＲＬ　http://www.tokiomarinehd.com/

東京海上日動火災保険 株式会社

- 本店所在地　〒100-8050　東京都千代田区丸の内1-2-1　東京海上日動ビルディング
　TEL 03-3212-6211（代）
- 代表者　取締役社長・北沢利文
- 創　業　1944年
- 従業員数　１万7148名（16年３月末）
- 平均年齢　40.7歳
- 平均年収　821万円
- 正味収入保険料　２兆1283億円（2015年度）
- 資本金　1019億円（16年３月）
- 事業内容　損害保険業、業務の代理・事務の代行、債務の保証、投資信託の販売業務
- 新卒採用　（17年度）グローバルコース、エリアコース
- 初任給　グローバルコース院卒22万7470円、大卒21万470円、エリアコース院卒18万4510円、大卒17万4280円、短大卒16万4500円（16年４月実績）
- ＵＲＬ　http://www.tokiomarine-nichido.co.jp

損害保険ジャパン日本興亜 株式会社

- 本社所在地　〒160-8338　東京都新宿区西新宿1-26-1
　TEL 03-3349-3111
- 代表者　取締役社長・西澤敬二
- 創　業　2014年
- 従業員数　２万6380名（16年３月）
- 正味収入保険料　２兆2184億円（15年度）
- 資本金　700億円（16年３月）
- 事業内容　損害保険事業
- 新卒採用　（16年度）総合系グローバル、総合系エリア
- 初任給　総合系グローバル院卒25万4170円、大卒・短大卒23万7860円、総合系エリア院卒18万3630円～20万5880円、大卒・短大卒17万3510円～19万4370円（16年度実績）
- ＵＲＬ　http://www.sjnk.co.jp/

MS&ADインシュアランスグループホールディングス 株式会社

- 本社所在地　〒104-0033　東京都中央区新川2-27-2　東京住友ツインビルディング西館
- 代表者　代表取締役社長・柄澤康喜
- 設　立　2008年4月
- 従業員数　305名（16年3月末）
- 資本金　1000億円
- 事業内容　保険持株会社として、次の業務を行なうことを目的とする。
  1. 損害保険会社、生命保険会社、その他保険業法により子会社とすることができる会社の経営管理
  2. その他前号の業務に付帯する業務
- URL　http://www.ms-ad-hd.com/index.html

三井住友海上火災保険 株式会社

- 本社所在地　〒101-8011　東京都千代田区神田駿河台3-9
- 代表者　取締役社長・原 典之
- 設　立　1918年
- 従業員数　1万4691名（16年3月）
- 平均年齢　40.5歳（16年3月）
- 平均年収　747万円（16年3月）
- 資本金　1395億9552万3495円（16年3月）
- 事業内容　損害保険業
- 新卒採用　（16年度）全域社員、地域社員、地域社員（看護）
- 初任給　全域社員24万1000円、地域社員18万480円～19万2000円、
  地域社員看護19万2000円
- URL　http://www.ms-ins.com/

あいおいニッセイ同和損害保険 株式会社

- 本社所在地　〒150-8488　東京都渋谷区恵比寿1-28-1
  TEL 03-5424-0101（代）
- 代表者　取締役社長・金杉恭三
- 創　立　1918年
- 従業員数　1万4182名（16年3月）
- 平均年齢　43.0歳
- 平均年収　680万円
- 正味収入保険料　1兆1920億円（16年3月）
- 資本金　1000億円（16年3月）
- 事業内容　損害保険事業
- 新卒採用　（16年度）全域型コース、地域型コース、アクチュアリーコース
- 初任給　全域型・アクチュアリー23万4500円～23万5500円、地域型17万5000円～18万5225円
- URL　http://www.aioinissaydowa.co.jp/

金融業界関連ウェブサイト

◉銀行関連ウェブサイト◉

全国銀行協会	http://www.zenginkyo.or.jp
日本銀行	http://www.boj.or.jp
㈳全国地方銀行協会	http://www.chiginkyo.or.jp
㈳第二地方銀行協会	http://www.dainichiginkyo.or.jp
㈳信託協会	http://www.shintaku-kyokai.or.jp
㈳全国信用金庫協会	http://www.shinkin.org
㈳全国信用組合中央協会	http://www.shinyokumiai.or.jp
全国労働金庫協会	http://all.rokin.or.jp

◉証券関連ウェブサイト◉

日本証券業協会	http://www.jsda.or.jp

◉生保・損保関連ウェブサイト◉

㈳生命保険協会	http://www.seiho.or.jp
㈶生命保険文化センター	http://www.jili.or.jp
㈳日本損害保険協会	http://www.sonpo.or.jp
㈳日本損害保険代理業協会	http://www.nihondaikyo.or.jp
損害保険料率算出機構	http://www.giroj.or.jp

◉カード・消費者金融関連ウェブサイト◉

日本クレジットカード協会	http://www.jcca-office.gr.jp
(社) 日本クレジット協会	http://www.j-credit.or.jp

◉その他関連ウェブサイト◉

経済産業省	http://www.meti.go.jp
マネー情報 知るぽると 金融広報中央委員会	http://www.shiruporuto.jp
金融庁	http://www.fsa.go.jp
住宅金融支援機構	http://www.jhf.go.jp
日本郵政	http://www.japanpost.jp
日本取引所グループ	http://www.jpx.co.jp
㈳投資信託協会	http://www.toushin.or.jp
㈳金融先物取引業協会	http://www.ffaj.or.jp

【著者紹介】
齋藤 裕(さいとう・ひろし)

1947年、福島県生まれ。

金融・経済専門情報誌の編集長を経て、1999年に独立。

現在、フリーランサーとして執筆・評論活動に専念している。

銀行、証券、保険など金融機関を中心に30年以上の豊富な取材経験をもち、

『中央公論』(中央公論新社)、『エコノミスト』(毎日新聞社)などで健筆をふるっている。

主な著書に『大合併時代の金融業界再編成』(東洋経済新報社)、

『銀行が2分の一消える日』(中経出版)、

『証券はどうなる』(ダイヤモンド社)、

『投資銀行業界大研究』(産学社)などがある。

E-mail : 510saito@d3.dion.ne.jp

金融業界大研究[第4版]

第4版1刷発行●2016年12月15日

著 者
齋藤 裕

発行者
薗部 良徳

発行所
㈱産学社
〒101-0061 東京都千代田区三崎町2-20-7 水道橋西口会館
Tel.03 (6272) 9313　Fax.03 (3515) 3660
http://sangakusha.jp/

印刷所
㈱ティーケー出版印刷

ISBN978-4-7825-3446-5 C0036